国家骨干建设院校优质核心课程教材

Qiaoliang Xiabu Jiegou Shigong yu Jiance

桥梁下部结构施工与检测

戴　洁　主　编
肖　芳　副主编
刘伟强　主　审

人民交通出版社

内 容 提 要

本书为国家骨干建设院校优质核心课程教材。全书系统地介绍了公路桥梁下部结构构造和施工及检测方法。共分5章,包括桥梁下部结构构造、施工预备知识、桥梁基础施工、桥梁墩台施工及桥梁下部结构检测。

本书为高职高专道路与桥梁工程技术专业教学用书,亦可作为培训教材或自学用书,也可供有关工程技术人员参考。

图书在版编目(CIP)数据

桥梁下部结构施工与检测/戴洁主编. —北京:人民交通出版社, 2013.3

国家骨干建设院校优质核心课程教材

ISBN 978-7-114-10356-8

Ⅰ.①桥… Ⅱ.①戴… Ⅲ.①桥梁结构—下部结构—桥梁施工—工程施工②桥梁结构—下部结构—检测 Ⅳ.①U445②U443.2

中国版本图书馆CIP数据核字(2013)第023215号

国家骨干建设院校优质核心课程教材

书　　名: 桥梁下部结构施工与检测
著 作 者: 戴　洁
责任编辑: 卢仲贤　袁　方　王绍科
出版发行: 人民交通出版社
地　　址: (100011)北京市朝阳区安定门外外馆斜街3号
网　　址: http://www.ccpress.com.cn
销售电话: (010)59757973
总 经 销: 人民交通出版社发行部
经　　销: 各地新华书店
印　　刷: 北京市密东印刷有限公司
开　　本: 787×1092　1/16
印　　张: 12
字　　数: 306千
版　　次: 2013年3月　第1版
印　　次: 2013年7月　第2次印刷
书　　号: ISBN 978-7-114-10356-8
定　　价: 24.00元

广东交通职业技术学院

道路桥梁工程技术专业(群)教材编审委员会

序

2010年，广东交通职业技术学院成为我国首批启动的国家骨干高职院校建设单位，道路桥梁工程技术专业（以下简称路桥专业）成为重点建设专业（群）。

随着重点专业（群）建设项目的实施，进一步深化了人才培养模式、课程体系的改革，与其相适应的配套教材成了课程改革的必然要求。为适应这一需要，广东交通职业技术学院专业教师与广东省公路行业企业的专家和一线技术人员一道，紧密结合，组成教材编写小组，经过长期的调研，掌握了大量的第一手资料，通过充分的论证，制订了编写大纲。

在此基础上既结合广东本土的诸多实际又满足工学结合课程的要求，编写了路桥专业（群）部分核心课程的教材，具体包括：《建筑材料》、《公路软土地基处理技术》、《路面施工与检测》、《桥梁上部结构施工与检测》、《桥梁下部结构施工与检测》、《建筑施工技术》一套六本。

以上教材的编写，其素材来源广泛，既取材于工程一线，又融入了行业新规范、新标准，同时兼顾行业企业的新技术、新工艺、新材料等方面的运用，使教材内容紧密结合生产实际，融"教、学、做"为一体，力求体现能力本位，突出实践技能训练和动手能力培养的特点，并注重先进性、典型性与通用性的有机结合，使其适合高职院校师生使用。

教材的编写，其人员的代表性体现在校内包括专业带头人、骨干教师，校外包括代表性企业的专家、技术骨干。编写人员普遍具有长期从事职业教育或一线生产、管理的实践经验，有深厚的理论基础和丰富的工程实践经验，两者结合，相得益彰，准确把握了教材的深度和广度，使其更具教学的适用性和可操作性。

在此，向为本教材的编写付出辛勤劳动的行业企业的领导、专家、工程技术人员表示崇高的敬意和诚挚的谢意！

广东交通职业技术学院

道路桥梁工程技术专业（群）教材编审委员会

2012年12月

序

前　言

本教材是根据当前高等职业教育的特点,结合高职高专学生教育培养目标和学生就业岗位群的特点,按照工学结合的要求编写的。

本教材以桥梁下部结构常用构造、施工方法和检测技术为主要内容。全书共有5章:

(1)公路桥梁下部结构构造,主要介绍公路桥梁墩台与基础的构造;

(2)桥梁施工预备知识,主要介绍桥梁下部结构施工测量内容、桥梁施工常用机具和设备及混凝土工程施工的基本操作;

(3)桥梁基础施工,主要介绍公路桥梁常用的浅基础、桩基础和沉井基础的施工方法和工艺;

(4)桥梁墩台施工,主要介绍石砌墩台、混凝土墩台、装配式墩台与高桥墩的施工方法和特点;

(5)桥梁下部结构检测,主要介绍地基承载力检测、扩大基础检测、灌注桩和基桩承载力检测方法,以及沉井施工检测和墩台身、锥坡和盖梁检测。

本教材第一章由广东交通职业技术学院戴洁编写;第二章由广东交通职业技术学院肖芳编写;第三章和第四章由广州市公路工程公司刘瑞盛与戴洁合作编写;第五章由清远市交通运输局清城局李传鹏编写。全书由戴洁主编统稿,由广州市交通工程质量监督站刘伟强主审。

由于编者水平有限,书中难免存在错误,敬请读者批评指正。

编　者

2013年2月

目　　录

第一章　公路桥梁下部结构构造 …… 1
　第一节　公路桥梁墩台构造 …… 1
　第二节　公路桥梁基础构造 …… 18
　思考题 …… 32
第二章　桥梁施工预备知识 …… 33
　第一节　桥梁下部结构施工测量 …… 33
　第二节　桥梁施工常用机具和设备 …… 38
　第三节　混凝土工程施工基本操作 …… 48
　思考题 …… 61
第三章　桥梁基础施工 …… 62
　第一节　浅基础施工 …… 62
　第二节　桩基础施工 …… 72
　第三节　沉井基础施工 …… 90
　思考题 …… 97
第四章　桥梁墩台施工 …… 99
　第一节　石砌墩台施工 …… 99
　第二节　混凝土及钢筋混凝土墩台施工 …… 102
　第三节　装配式墩台施工 …… 106
　第四节　高桥墩施工 …… 110
　第五节　墩台顶部施工与支座安设 …… 115
　第六节　桥梁墩台附属工程施工 …… 117
　思考题 …… 119
第五章　桥梁下部结构检测 …… 120
　第一节　地基承载力检测 …… 121
　第二节　扩大基础检测 …… 129
　第三节　钻(挖)孔灌注桩检测 …… 139
　第四节　基桩承载力检测 …… 158
　第五节　沉井施工检测 …… 166
　第六节　墩台身、锥坡和盖梁施工检测 …… 170
　思考题 …… 178
参考文献 …… 179

第一章　公路桥梁下部结构构造

第一节　公路桥梁墩台构造

一、概述

桥梁墩台是桥墩和桥台的合称，墩台与其基础统称为桥梁下部结构。它们是桥梁结构的重要组成部分，对桥梁上部结构起支承作用，并将荷载有效地传递给地基基础，起着“承上启下”的作用。

桥墩指两跨以上桥梁的中间支承结构物，它除了承受上部结构传来的作用力外，还要承受流水压力、水面以上风荷载以及可能出现的冰压力、船舶或漂流物的撞击作用（对于跨线桥为桥下车辆的撞击作用）。桥台一般指桥头两端设置的支承与挡土的结构物，它既要支承上部结构，又要衔接两岸接线路堤，挡土护岸并承受台背填土及填土上汽车引起的土侧压力。因此，桥梁墩台不仅自身结构应具有足够的强度、刚度和稳定性，而且对地基的承载力、沉降量、地基与基础之间的摩擦力等也提出了一定的要求，以避免在上述作用力的影响下产生过大的沉降、水平位移或者转动，影响上部结构的正常工作。此外，桥梁墩台的造价通常在桥梁总造价中占有很大的比例，而在施工上有时比建造桥跨结构更为复杂和艰巨。

桥梁上最常用、最基本的墩台类型，总体上可分为重力式墩台和轻型墩台两种。

1. 重力式墩台

重力式墩（台）的主要特点是靠自身重力来平衡外力而保持稳定。因此，墩、台身比较厚实，可不用钢筋，而用符合材料强度等级的天然石材或片石混凝土建成。它适用于地基较好的大、中跨径桥梁，或流水、漂流物较多的河流中。在砂石料供应方便的地区，小桥也往往采用重力式墩台。其主要缺点是圬工体积较大、自重大，因而阻水面积较大，对地基承载力要求也较高。如图 1-1 所示，桥梁墩台一般由墩（台）帽、墩（台）身和基础三部分组成。

2. 轻型墩台

一般而言，轻型墩台的墩（台）身承力截面较小、相对长细比较大、整体刚度较小，受力后允许在一定范围内发生弹性变形。所用的建筑材料通常以钢筋混凝土和少筋混凝土为主，但也有一些轻型墩台通过验算后可以用圬工材料浇（砌）筑。这种墩台外形轻巧美观，是目前公路桥梁中广泛采用的墩台形式之一，特别是广泛应用在较宽、较大的城市立交桥和高架桥中。

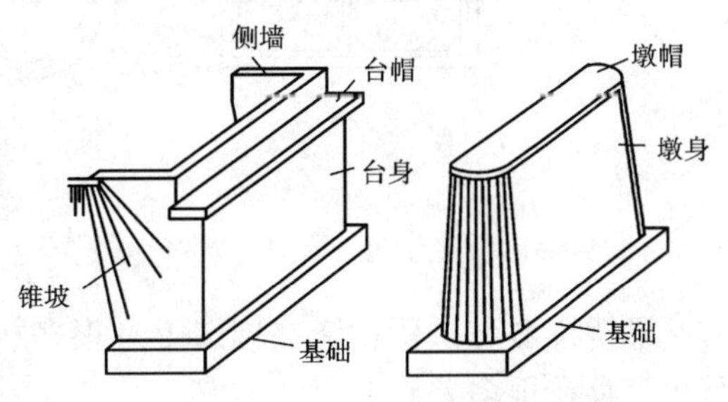

图 1-1　梁桥重力式墩台

近年来，国内外的城市立交桥、高架桥中，涌现出了许多结构匀称、构造轻盈、形式优美的桥梁墩台形式。如图 1-2 所示，主要有单柱式墩、多柱式墩、矩形薄壁墩、叉形墩及各种构造墩,如T形、V形和X形墩等。这些墩台除满足结构受力的要求外,还给城市以开阔明朗的视觉空间,起到了美化城市的作用。

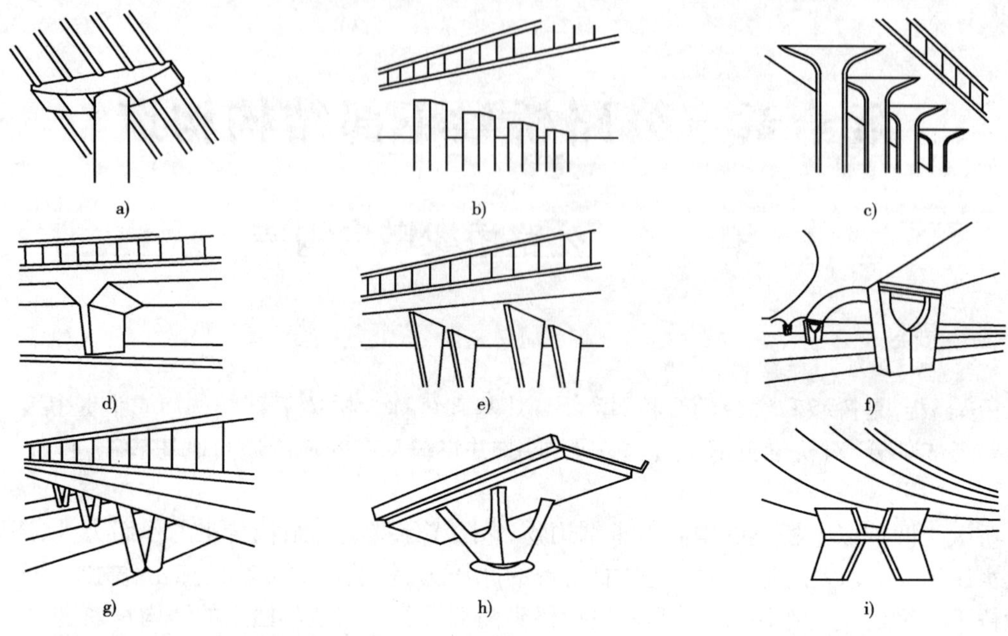

图1-2　各种轻型桥墩

a)单柱式墩;b)多柱式墩;c)T形墩;d)矩形薄壁墩;e)薄壁墩;f)V形墩;g)双叉形墩;h)四叉形墩;i)X形墩

二、桥墩构造

按桥墩的构造形式,可分为实体墩、空心墩、柱式墩、排架式墩及框架墩等;按桥墩墩身横截面形状,可分为矩形墩、圆端形墩、尖端形墩及各种截面组合而成的空心桥墩(图1-3);按桥墩受力与变形特点,可分为刚性墩和柔性墩;按桥墩施工工艺,可分为就地浇(砌)筑桥墩、预制安装桥墩。

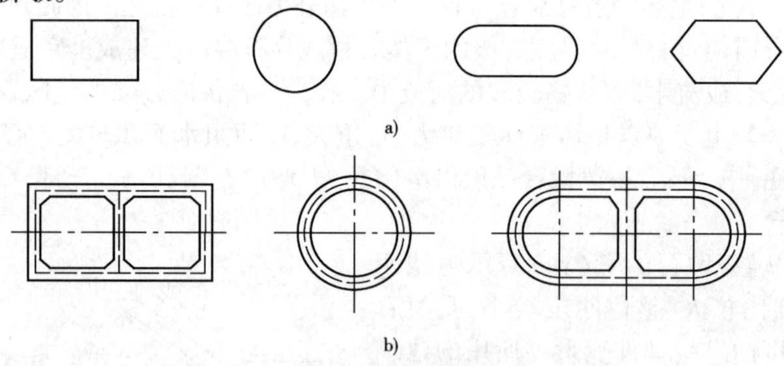

图1-3　桥墩截面形式

a)实心墩;b)空心墩

梁桥桥墩和拱桥桥墩在构造上有很多相似之处,但由于两种桥型的受力特点不同,桥墩形式又存在很多差异。

(一)梁桥桥墩的构造

1.实体桥墩

实体桥墩是由墩帽、墩身和基础构成的一个实体结构。按其截面尺寸和桥墩重量的不同,又可分为实体重力式桥墩(图1-4)和实体薄壁式(墙式)桥墩(图1-5)。

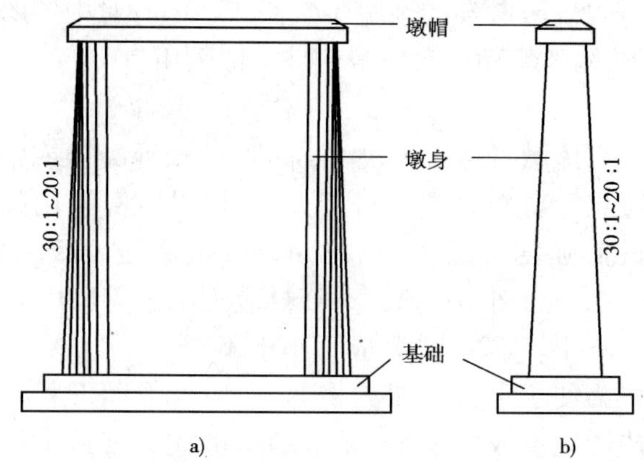

图1-4 实体重力式桥墩

实体重力式桥墩是一实体圬工桥墩,主要靠自身的重量(包括桥跨结构重力)来平衡外力,从而保证桥墩的强度和稳定。桥墩自身刚度大,具有较强的防撞能力,但同时存在阻水面积大、圬工体积大的缺陷,比较适合于修建在地基承载力较高、覆盖层较薄、基岩埋深较浅的地基上。

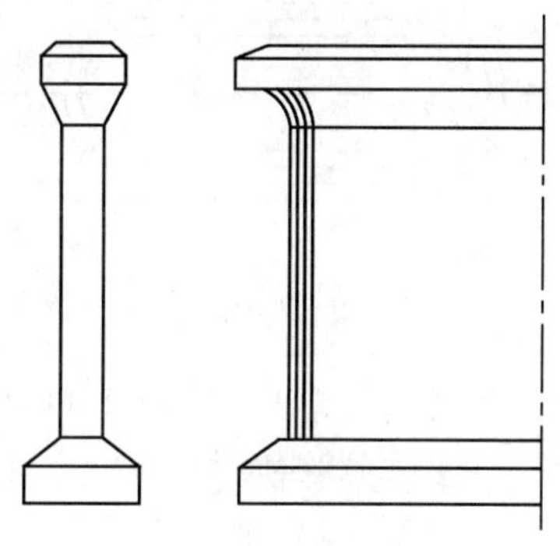

图1-5 实体薄壁式(墙式)桥墩

实体薄壁式(墙式)桥墩可用混凝土、浆砌块石或钢筋混凝土材料建成,此结构显著减少了圬工体积,但抵抗冲击的能力较差,不宜建在流速大并夹有大量泥砂的河流或可能有船舶、冰块、漂流物撞击的河流中,一般用于中、小跨径桥梁上。

(1)墩帽

墩帽是桥墩顶部的传力构件,它通过支座承托着上部结构,并将荷载传至墩身。因此对墩帽的厚度和材料的强度要求较高,其厚度随桥梁跨径而定,对于大(特大)跨径桥梁不应小于50cm,对于中、小跨径桥梁不应小于40cm。墩帽一般要用C20以上的混凝土或钢筋混凝土做成,对于大、中跨径的桥梁,在墩帽内应设置构造钢筋;小跨径桥梁除在严寒地区外,可以不设构造钢筋。钢筋直径一般为8~16mm,采用间距15~25cm的网络布置。另外,在支座支承垫板的局部范围内设置1~2层钢筋网,其平面分布尺寸约为支承垫板面积的两倍,钢筋直径为8~12mm,网络间距为5~10cm。墩帽一般在四周设50~100mm的檐口(图1-6a),在一些桥面较宽、墩身较高的桥梁中,为了减小墩身及基础的圬工体积,常常利用挑出的悬臂或托盘来缩短墩身横向长度。悬臂式或托盘式墩帽(图1-6b、c)一般采用C20或C25钢筋混凝土。

b)

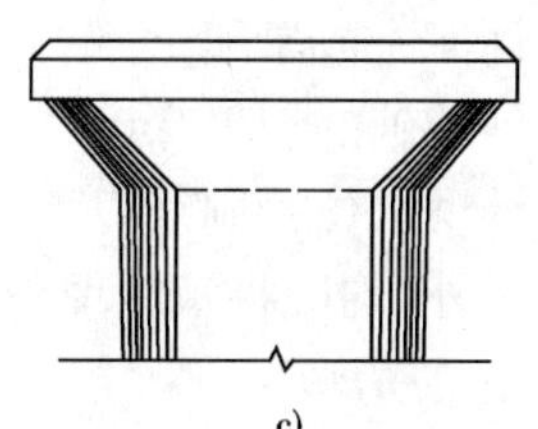

图1-6 墩帽形式

a)普通式;b)悬臂式;c)托盘式

(2)墩身

墩身是桥墩的主体。对小跨径桥梁重力式桥墩墩身的顶宽不宜小于 80cm;对中等跨径桥梁不宜小于 100cm;对大跨径桥梁视上部结构类型而定。墩身侧坡一般采用 20∶1 ~ 30∶1,小跨径桥的桥墩也可采用直坡。

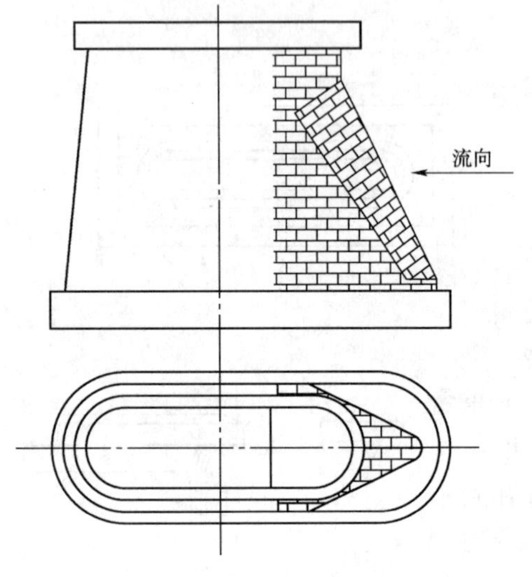

图 1-7　带破冰棱体桥墩

实体墩身通常由块石、浆砌片石、混凝土或钢筋混凝土等材料建造。对于大、中桥梁墩身采用的材料最低强度等级为:石材 MU40,混凝土 C25,砂浆 M7.5。对于小桥的墩身,石材应不小于 MU30,混凝土应不小于 C20,砂浆应不小于 M5。

为便于水流和漂流物通过,墩身平面形状可以做成圆端形或尖端形;无水的岸墩或高架桥墩可做成矩形;在水流与桥梁斜交或流向不稳时,宜做成圆形。在有强烈流冰、泥石流或漂流物的河流中的桥墩,应在其迎水端做成破冰棱体(图 1-7),破冰棱体应高出最高流冰水位 100cm,并应低于最低流冰水位时冰层底面以下 50cm。破冰棱体与桥墩应构成一体,其倾斜度宜为 3∶1 ~ 10∶1(竖∶横);选用强度等级不小于 MU60 的石材或 C40 混凝土预制块镶面,镶面砌筑的砂浆强度等级不应低于 M20。若采用混凝土破冰棱体,在其迎水表面应埋设钢板或角钢。

实体薄壁桥墩(图 1-5)可用钢筋混凝土材料建成,一般不设侧坡。由于它可以显著减少圬工体积,因而被广泛使用于中小跨径的桥梁中,但其抗冲击力较差,不宜建在流速大并夹有大量泥砂的河流或可能有船舶、冰、漂流物撞击的河流中。

(3)基础

桥梁墩台基础的种类很多,见本章第二节的介绍,这里仅简要介绍天然地基上的刚性扩大基础。刚性扩大基础应采用 M5 以上砂浆砌筑 MU30 以上块石建成,或用 C20 以上混凝土浇筑而成,或用同强度等级的片石混凝土浇筑而成。它的平面尺寸为墩身底截面尺寸四周加上基础襟边,襟边尺寸约为 25 ~ 75cm。此外,襟边尺寸还受基础的刚性扩散角的影响。扩散角的取值为:对于片石、块石和料石砌体,当用强度等级为 M5 的砂浆砌筑时,不应大于 30°;当用 M5 以上的砂浆砌筑时,不应大于 35°;对于混凝土砌筑时,不应大于 40°。扩大基础可以设置单层,也可设置成 2 ~ 3 层台阶形式。基础襟边尺寸在扩散角的限值以内时,襟边受力可不作验算。

为了保持美观和结构不被破坏,基础顶面一般应设置在最低水位以下(不小于 50cm);在季节性河流或旱地上,不宜高出地面。另外,为了保证持力层的稳定性和不受扰动,除岩石地基外基础的埋置深度,应在天然地面或河底以下(不小于 100cm);如有冲刷,基底埋深应在设计洪水位冲刷线以下(不小于 100cm);对于上部结构为超静定结构的桥梁基础,除了非冻胀土外,均应将基底埋于冻结线以下(不小于 25cm)。

2. 空心桥墩

对于高大的桥墩或位于软弱地基桥位的桥墩,为了减少圬工体积、减轻自重以及减小地基的负荷,可将墩身内部做成空腔体或部分镂空,形成空心桥墩。空心桥墩有两种形式:一种为部分镂空体桥墩,另一种为薄壁混凝土空心桥墩。

(1)部分镂空体桥墩

部分镂空体桥墩,如图1-8所示。这种空心桥墩在外形上具有实体重力式桥墩的基本特点,只是自重较实体桥墩轻,能节省一定数量的圬工材料。对于采用部分镂空体桥墩应注意如下几个方面:

①墩身应在截面强度和刚度均足以承担和平衡外力的前提下进行镂空。

②在陆地上或不受船筏撞击、磨损及不受冰冻侵害的高水位以上部分,才宜于采用中间镂空的截面。

③墩帽下应有足够厚度的实体过渡段,将墩帽的压力均匀分布到墩壁,实体过渡段厚度不小于100~200cm。

④镂空部分的墩身周围应设置适当的壁孔,作为泄水孔或通风孔,孔径宜为20~30cm。值得指出,空心墩身如不设泄水孔,将使墩壁承受静水压力,而且壁外河水通过墩壁微细缝向墩内渗透,使结构受损。此外,如果基础底面下是透水地基,河水对墩身和基础产生的浮力不利于稳定。对于水位以上及旱桥的空心墩墩壁也宜设通风孔,用以调节壁内外温差,但其孔径可适当减小。

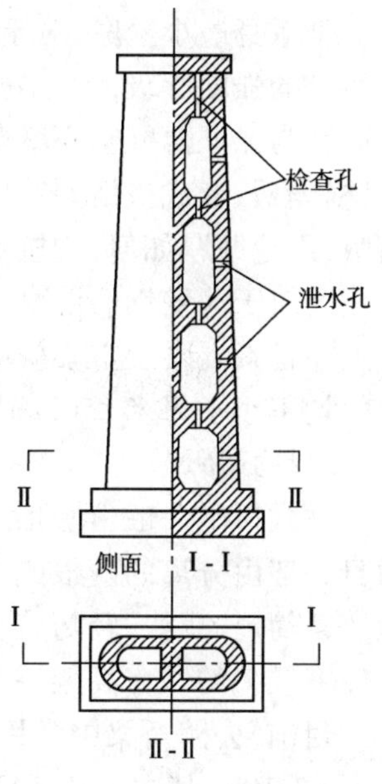

图1-8　部分镂空体桥墩

⑤空心部分墩壁与实体部分衔接处,应设倒角或配置构造钢筋,以避免在施工时因受温差影响产生局部应力而在转角处发生裂缝。

(2)薄壁混凝土空心墩

在一些高大的桥墩中,为了减少圬工体积,减轻墩身的自重,节约材料,或减小软弱地基的负荷,也可将墩身做成空心桥墩。其墩身立面形状可分为直坡式和斜坡式(斜坡率通常为50:1~40:1)。常见的空心桥墩截面形式见图1-9所示。

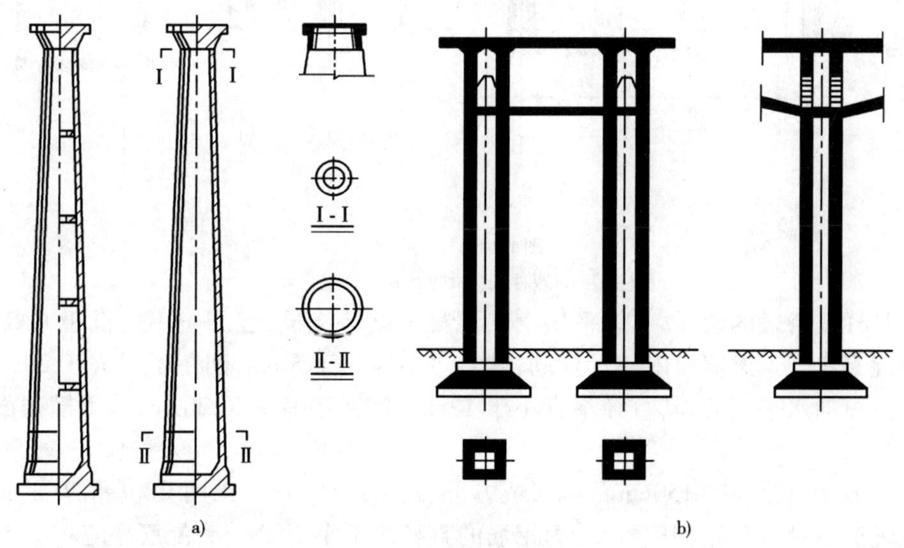

图1-9　空心桥墩

a)圆形空心桥墩;b)方形空心桥墩

薄壁混凝土空心墩除应满足部分镂空体桥墩规定的要求外,还应注意以下几点:

①墩身最小壁厚,对于钢筋混凝土不宜小于30cm,对于素混凝土不宜小于50cm。现浇混凝土的强度等级,大、中桥为C25,小桥为C20。

②为保证薄壁空心墩墩壁的稳定以及桥墩局部和整体的稳定,应在墩身内设横隔板或纵、横隔板,形成空格型结构。水平横隔板设置的间距受墩壁厚的限制,但对于40m以上的高墩,不论壁厚如何,均按6~10m的间距设置横隔板。

③对于薄壁钢筋混凝土空心墩应按计算配筋,一般配筋率在0.5%左右,但不论钢筋混凝土还是素混凝土空心桥墩,墩身表层内应设置钢筋网,其钢筋截面面积在水平方向和竖直方向均不小于每米250mm^2,间距不应大于40cm。

3. 柱式桥墩

柱式桥墩一般由墩顶的盖梁(即墩帽)、柱式墩身和桩基础或扩大基础组成。柱式桥墩墩身一般由分离的两根或多根立柱(桩柱)组成,柱身为圆形、方形或六角形等形式。这种桥墩线条简捷、明快、轻巧美观、省材料、施工方便,是桥梁中广泛采用的桥墩形式之一,特别是在较宽较大的城市高架桥和立交桥中经常采用。

目前,公路桥梁中常用的柱式桥墩的形式有单柱式、双柱式、哑铃式以及混合双柱式四种(图1-10),其中双柱式桥墩应用最广泛。单柱式墩宜在斜交角大于15°的斜交桥、河水流向不稳定的水中墩或立交桥上使用,其盖梁悬臂长度和尺寸较大。双柱式多以钻孔灌注桩为基础,适用于复杂、软弱地质条件以及较大跨径和较高桥墩的桥梁。它由地面下的钻孔灌注桩基与墩柱直接相连,当墩身柱的高度大于1.5倍的桩中距时,宜在桩与柱连接面处布置横系梁,以增加桩与柱的整体刚度;当墩柱高度大于6~7m时,还应在高柱的中部设置双柱间的横系梁加强墩柱横向联系。哑铃式和混合双柱式墩,是为了适应河道流水速度大且有流冰或漂流物等不利条件,以加强墩身整体刚度所组合成的。

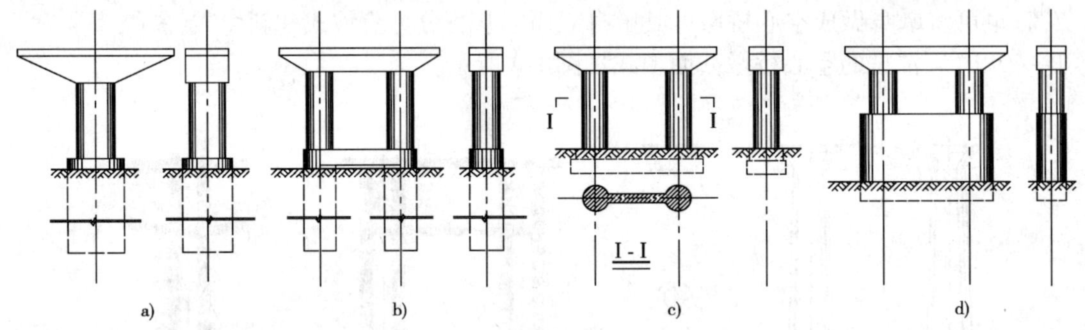

图1-10 柱式桥墩

a)单柱式;b)双柱式;c)哑铃式;d)混合双柱式

盖梁是柱式桥墩的墩帽,一般采用钢筋混凝土就地浇筑,混凝土不应低于C25,也可采用预应力混凝土。盖梁截面内应设箍筋,其直径不应小于8mm,间距不宜大于20cm。盖梁两侧面应设纵向水平钢筋,其直径不宜小于12mm,间距不宜大于20cm,盖梁横截面一般为矩形或T形。

墩柱一般用直径60~150cm的圆形或方形、六角形柱,一般采用C20~C30的钢筋混凝土。墩柱配筋由计算确定,其竖向受力钢筋的直径应不小于12mm,配筋率应不小于0.4%,箍筋直径应不小于8mm。

为加强桩柱整体性,柱式桥墩的柱之间设横系梁,其截面高度和宽度可分别取0.8~1.0倍的桩(或0.6~0.8倍的柱)直径或矩形墩柱纵桥向边长。横系梁一般不直接承受外力,可不作内力计算配筋，其截面构造钢筋配筋率不小于0.1%，截面四角应设置直径不小于16mm的纵向钢筋，并设直径不小于8mm的箍筋，箍筋间距不应大于横系梁的短边尺寸或40cm。

4. 柔性排架桩墩

柔性排架桩墩是由单排或双排的预制钢筋混凝土沉入桩或钻孔灌注桩与钢筋混凝土盖梁组成（图1-11）。其主要特点是，可以通过一些构造措施，将上部结构传来的水平力（汽车制动力、温度作用等）传递到全桥的各个柔性墩或相邻的刚性墩台上，以减小单个柔性墩所受到的水平力，从而达到减小桩墩截面受力的目的。

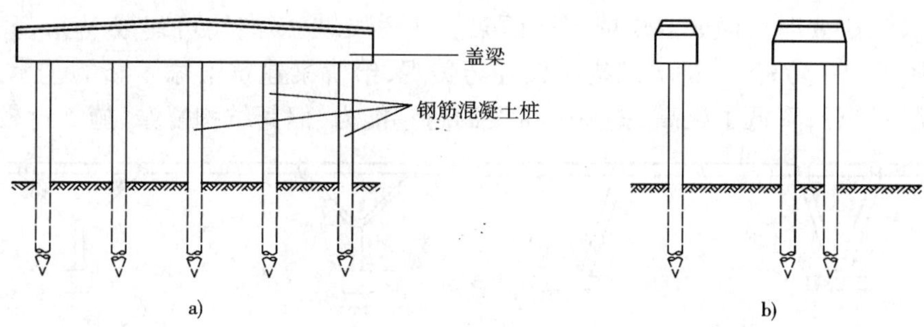

图1-11 柔性排架桩墩

a）立面；b）侧面

柔性排架桩墩分为单排架桩墩和双排架桩墩。单排架桩墩一般适用于墩身高度不超过4.0～5.0m；墩身高度大于5.0m时，为避免行车时可能发生的纵桥向晃动，宜设置双排架桩墩。柔性排架桩墩的尺寸较小，对于山区河流、流冰或漂流物严重的河流，墩柱易被损坏，不宜采用；对于石质或砾石河床，沉入桩也不宜采用。

当梁孔数较多且较长时，柔性排架桩墩的墩顶会因水平位移过大而处于不利状态，这时宜将桥跨分成若干联，一联长度的划分视温度、地形、构造和受力情况确定。一般来讲，当墩身高度在5m以内时，可采用一联式、二联式和多联式桩墩，每联1～4孔，每联长约为40～45m。对于多联式中间联的桩墩，由于不受土压力的影响，此联长可以达到50m。各联之间设温度墩，即为两排互不联系的桩墩，为的是在温度变化的情况下互不影响。当墩身高度为6～7m时，应在每联内设置一个由盖梁构成整体的双排架桩墩，以增加墩身结构的刚度（图1-12）。此时每联长度可适当加长，中间联的孔数可相应增加。

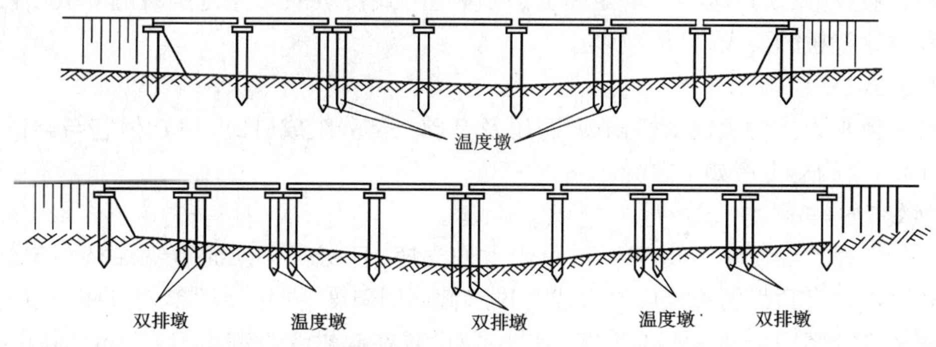

图1-12 柔性排架桩墩的纵向布置

柔性排架桩墩在构造上尚应注意以下两点：

①柔性排架桩墩通常采用预制普通钢筋混凝土方桩，其桩的截面尺寸与桩长有关，一般当桩长在10m以内时，横截面尺寸为30cm×30cm；桩长在10～15m时，横截面尺寸为35cm

×35cm；桩长大于 15m 时，横截面尺寸采用 40cm×40cm。桩与桩之间的中距不应小于桩边长的 3 倍，一般为 1.5～2.0m。其盖梁一般为矩形截面，单、双排架桩墩盖梁的高度均采用 40～50cm，单排架桩墩盖梁的宽度采用 60～80cm。

②如果采用钻孔灌注桩排架墩，其桩的直径不宜大于 90cm，桩间的距离不小于 2.5 倍的成孔直径；其盖梁的宽度一般比桩径大 10～20cm，高度根据受力计算和构造要求而确定。

5. 框架式墩

框架式墩采用钢筋混凝土或预应力混凝土等压弯或弯曲构件组成平面框架代替墩身，支撑上部结构；必要时可做成双层或多层框架。在桥梁纵、横向均可建成 V 形、Y 形或 X 形的墩身结构（图 1-13）；这类桥墩结构不仅轻巧美观，给桥梁建筑增添了新的艺术造型，而且缩短了主梁的跨径，降低了梁高，提高了桥梁的跨越能力，但其结构复杂，施工比较麻烦。

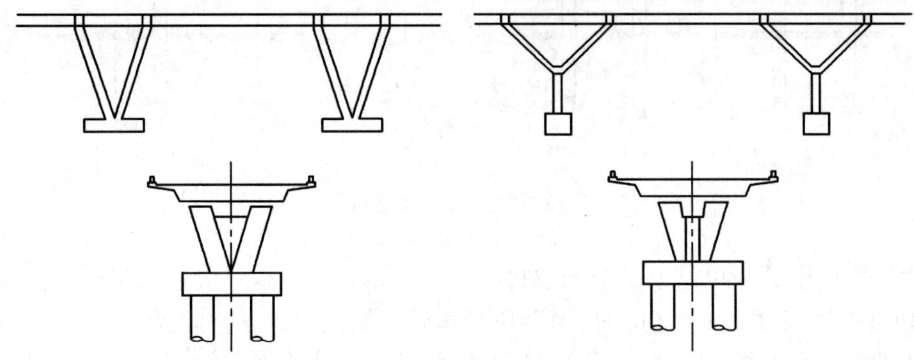

图 1-13　V 形和 Y 形桥墩

框架式墩形式较多，受力形式常取决于它同桥面部分的连接方式，所有受力钢筋均应通过计算确定。对于有分叉的墩来说，可有墩帽，也可无墩帽。无墩帽时，分叉张开角一般小于 90°；有墩帽时，张角可略大些。墩帽内的配筋可参照柱式墩盖梁设计。墩按计算配抗拉、抗压主筋，并应特别重视分叉点钢筋的配置与连接。

（二）拱桥桥墩的构造

拱桥桥墩类型与梁桥桥墩相似，但由于拱桥是一种具有较大水平推力的结构，一般而言，其桥墩构造与梁桥桥墩存在一定差异，拱桥重力式桥墩的尺寸比梁桥的要大，柱式墩的桩柱直径也比梁桥的要大，且根数多。

1. 重力式桥墩

拱桥实体重力式桥墩也由墩帽、墩身以及基础三部分组成（图 1-14），但它与梁桥重力式桥墩相比较，在构造上有如下差异。

（1）墩帽的差异

梁桥的墩帽顶面设置了支座垫石和传力的支座，且支座与顶面边缘保持一定的距离。而拱桥桥墩的墩身顶面的边缘应设置成与拱脚截面同斜度、同尺寸的斜面拱座，用以直接承受由拱圈传来的竖向力和水平推力等。拱座应设置在起拱线高程上，当相邻两孔的跨径相同时，桥墩两侧的拱座均设在桥墩顶部的起拱线高程上，如图 1-14a）所示；当桥墩两侧的跨径不等且恒载水平推力不平衡时，应将两侧的拱座放置在不同的起拱线高程上，如图 1-14b）所示。为满足受力要求且便于施工，拱座宜采用 C25 以上的现浇钢筋混凝土。

（2）墩身的差异

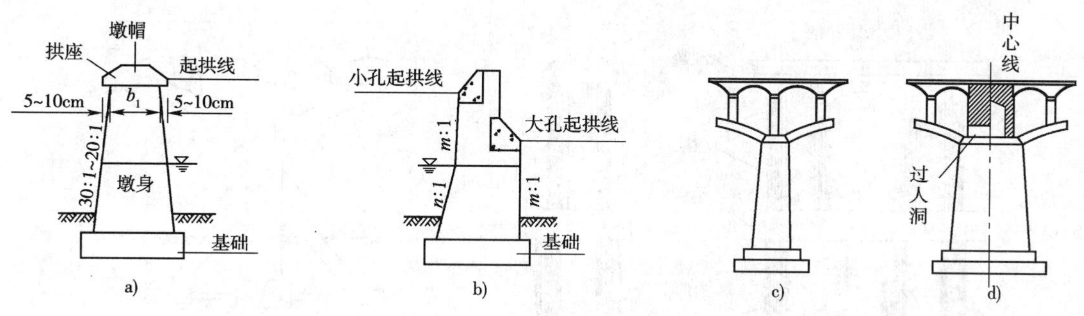

图 1-14　拱桥重力式桥墩

从抵御桥墩两侧桥跨结构重力产生的水平推力的能力来看，拱桥的一般形式桥墩应设为普通墩和单向推力墩。从桥墩两侧孔径是否相同来看，又可分为一般形式的桥墩和交接墩。

如图 1-14c）所示，普通墩除了承受相邻两跨结构传来的垂直反力外，设计中一般假定两跨结构重力产生的水平推力相互抵消，此时，墩身不承受这一水平推力的作用效应。其墩身的顶宽 b_1 取值要求是，混凝土桥墩可按拱跨径的 1/25 ~ 1/15、石砌桥墩可按拱跨径的 1/20 ~ 1/10拟定，但均不宜小于 80cm。墩身两侧斜面坡比是 30∶1 ~ 20∶1。

单向推力墩又称制动墩，如图 1-14d）所示。其主要作用是在它一侧的桥孔因某种原因遭到毁坏时，能承受单侧拱跨重力产生的水平推力，以保证其另一侧的拱跨不致倾塌。另外，在施工时为了拱架的周转或者当缆索吊装设备的工作跨径受到限制时为了能分跨进行施工，也要设置能承受不平衡推力的单向推力墩。由此可见，为了满足结构强度和稳定性的要求，单向推力墩应比普通墩的墩身要设计得厚实些，而且应适当调整墩身两侧的斜面坡比。

如图 1-14b）所示，交接墩用于桥墩两侧孔径不同的不等跨拱桥，它除了拱座不设置在同一起拱线高程上之外，还应有能够承受不平衡水平推力的构造外形。因此，其墩身应在推力较小的一侧设置变坡斜面或增大边坡，以减小不平衡水平推力引起的基底反力偏心距。从外形美观上考虑，变坡点一般设在常水位之下，而变坡点以上的斜面应与墩另一侧斜面的坡度相同。

2. 轻型桥墩

拱桥桥墩中采用的轻型桥墩一般为配合钻孔灌注桩基础的柱式桩墩。

拱桥的柱式桩墩（图 1-15），与梁桥柱式桩墩非常相似，其主要差别是：在梁桥墩帽上设置支座，而在拱桥墩顶部分则设置拱座。当拱桥跨径在 10m 左右时，常采用两根直径为 100cm 的钻孔灌注桩；跨径在 20m 左右时可采用两根直径为 120cm 或三根直径为 100cm 的钻孔灌注桩；跨径在 30m 左右时可采用三根直径为 120 ~ 130cm 的钻孔灌注桩。柱式桩墩较高时，应在桩柱间设置横系梁以增强柱式桩柱的刚度。柱式桩墩一般采用单排桩，单孔跨径在 40m 以上的大桥或高墩，可采用双排桩。在桩顶设置承台，与墩柱联成整体。如果柱与桩直接连接，则应在结合处设置横系梁。若柱高大于 6 ~ 8m 时，还应在柱的中部设置横系梁。

在采用轻型桥墩的多孔拱桥中，每隔 3 ~ 5 孔应设单向推力墩。当旱地上桥墩较矮或单向推力不大时，可采用斜撑式桥墩（图 1-16），即在普通墩的墩柱上，两侧对称地增设钢筋混凝土斜撑和水平拉杆，以提高桥墩抵抗水平推力的能力。为了提高构件的抗裂性，可采用预应力混凝土结构。

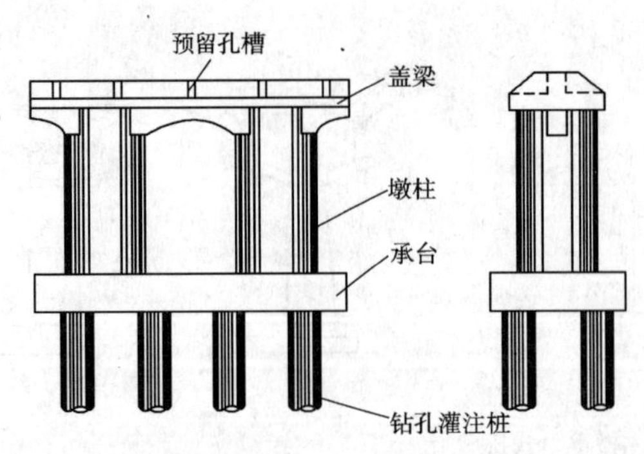

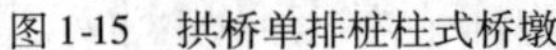

图 1-15　拱桥单排桩柱式桥墩

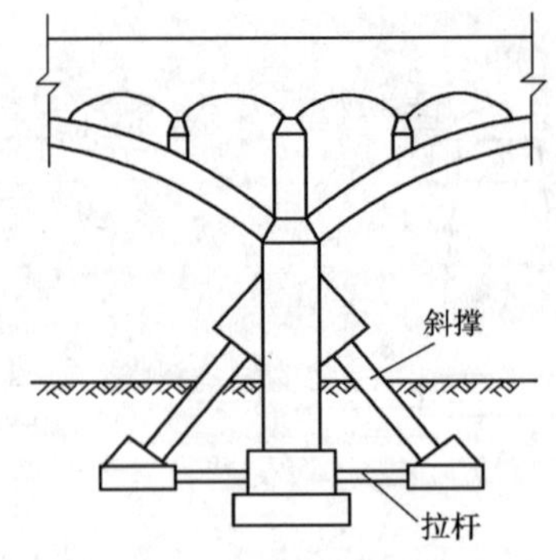

图 1-16　拱桥斜撑式桥墩

三、桥台构造

(一)梁桥桥台的构造

梁桥桥台从构造上可分为重力式桥台、埋置式桥台、轻型桥台和组合式桥台等几种类型。

1. 重力式桥台

重力式桥台主要靠自身重力来平衡台后的土侧压力，桥台台身一般采用圬工材料就地浇(砌)筑施工建成，这类桥台常用的为重力式U形桥台。

如图1-17所示，重力式U形桥台因其台身是由前墙和两个侧墙在平面上构成的U字形结构而得名。其优点是构造简单、整体刚度大，可用混凝土或片石、块石砌筑，适用于填土高度在8～10m以下的桥梁；缺点是桥台体积和自重较大，也增加了对地基的要求。此外，桥台的两个侧墙之间填土容易积水，结冰后冻胀，使侧墙产生裂缝。所以宜用渗水性较好的土夯填，并做好台后排水设施。

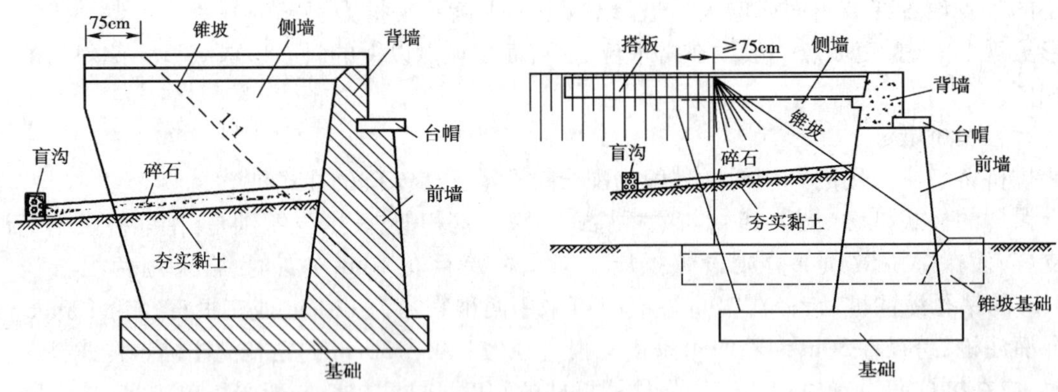

图 1-17　梁桥重力式U形桥台

(1)台帽

重力式桥台的台帽的尺寸和构造要求与相应的桥墩墩帽有许多共同之处，不同的是台帽顶面只设单排支座，在另一侧则要砌筑背墙以挡土；背墙的顶宽，对于片石砌体不得小于50cm，对于块石砌体及混凝土结构不宜小于40cm。背墙一般做成垂直的，并与两侧墙连接。台帽受力较复杂，应采用钢筋混凝土，若采用素混凝土则应设置构造钢筋，其混凝土的强度等级应视桥梁跨径和台帽的施工方法的不同而异：对于大桥的台帽，预制施工应不低于C30，现浇施工时应不低于C25；对于小桥的台帽，预制施工应不低于C25，现浇施工时应不低于C20。台帽的厚度，对于大跨径以上桥梁不应小于50cm，对于中小跨径桥梁不应小于40cm。

（2）台身

重力式U形桥台前墙正面可设为竖直面和斜面，竖直面形式有利于桥下净空，斜面形式多采用10:1或20:1的斜坡；前墙内侧面为斜面，斜坡取6:1～8:1。侧墙与前墙结合成一体，兼有挡土墙和支撑墙的作用，侧墙外表面设为竖直面，内侧面为5:1～3:1的斜坡，其长度视桥台高度、锥坡坡度以及侧墙尾端伸入路堤内的长度而定。锥坡的下缘一般应与前墙正面所交的地面线相交汇，锥坡坡度一般由纵桥向为1:1逐渐变至横桥向为路堤的边坡（多为1:1.5）。为保证桥台与路堤有良好的衔接，侧墙尾端应有不小于75cm的水平长度伸入路堤内（图1-17），其尾端竖向除最上段100cm采用竖直外，以下部分常采用8:1～4:1的倒坡。台身宽度通常与路基顶宽相同。

前墙与侧墙的顶面宽度均不宜小于50cm（图1-18），前墙任一水平截面的宽度不宜小于该截面至墙顶高度的0.4倍。对于侧墙任一水平截面的宽度应按下列规定取值：侧墙为片石砌体时，不宜小于该截面至墙顶高度的0.4倍；为块石、粗料石砌体或混凝土墙体时，不宜小于0.35倍；若桥台内填料为中、粗砂或砂砾时，则以上两项可分别相应减为0.35或0.30倍。另外，在非岩石类的地基上，较宽的桥台宜每隔10～15m设置一道沉降缝。现浇混凝土桥台应根据当地气候条件及施工条件，每隔5～10m设置一道伸缩缝。为了排除桥台内的积水，应设置台背排水设施，将积水引向设于台后横穿路堤的盲沟内。

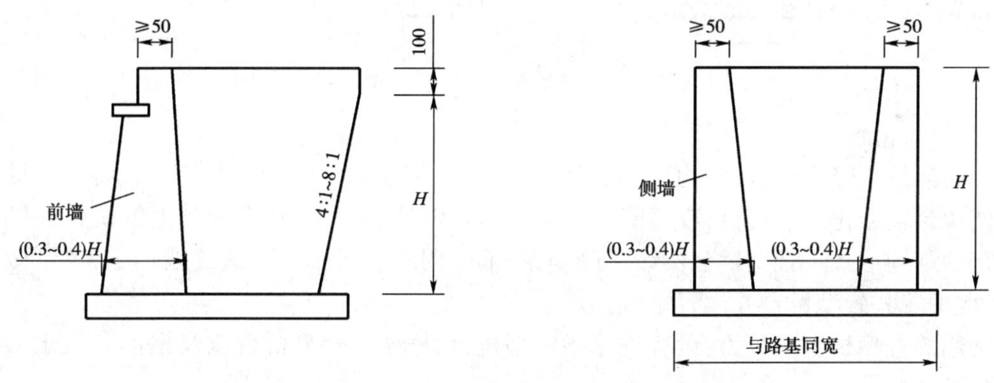

图1-18 重力式U形桥台尺寸（尺寸单位：cm）

（3）基础

重力式桥台的基础多设计为单层，平面形状为矩形或U形。

2. 埋置式桥台

埋置式桥台是将台身埋在锥形护坡中，只露出台帽以安置支座及上部构造。利用台前锥坡填土产生的土压力抵消部分台后填土压力。因此，埋置式桥台圬工数量较省，但由于锥坡伸入桥孔，压缩河道，有时需要增加桥长。它适用于桥头为浅滩、锥坡受冲刷较小、填土高度10m以下的中等跨径桥梁。

（1）实体埋置式桥台

实体埋置式桥台是由圬工实体的台身、钢筋混凝土的台帽以及耳墙组成（图1-19），台身埋在桥端的整体锥坡中。由于这种桥台的工作原理是,将台身后倾,使重心落在基底截面的形心之后,以平衡台后填土的倾覆力矩。这种桥台不设侧墙仅设有短小的钢筋混凝土耳墙。耳墙承受路堤的土侧压力,如需要支承人行道上的荷载,则受到两个方向的弯矩和剪力,应按受力分析配置受力钢筋。耳墙长度一般不超过 3 ~ 4m,其厚度为 15 ~ 30cm,后端高度为 50cm、前端高度为 100 ~ 250cm,耳墙应将主筋伸入台帽借以锚固。台帽及耳墙采用的混凝土强度等级不宜小于 C25,台身和基础为 M7.5 浆砌 MU40 块石,锥坡表面宜采用 M5 浆砌 MU30 片石作铺砌护坡。

(2)肋形埋置式桥台

肋形埋置式桥台的台身由两块后倾式的肋板与顶面帽梁连接而成(图 1-20)。当台身的高度达到或超过 10m 时肋板间须设置系梁。帽梁、系梁和耳墙均应按受力配置钢筋,采用的混凝土强度等级应大于 C20。台身与帽梁、台身与基础之间只需布置少量的接头钢筋,台身及基础可用 C15 混凝土。

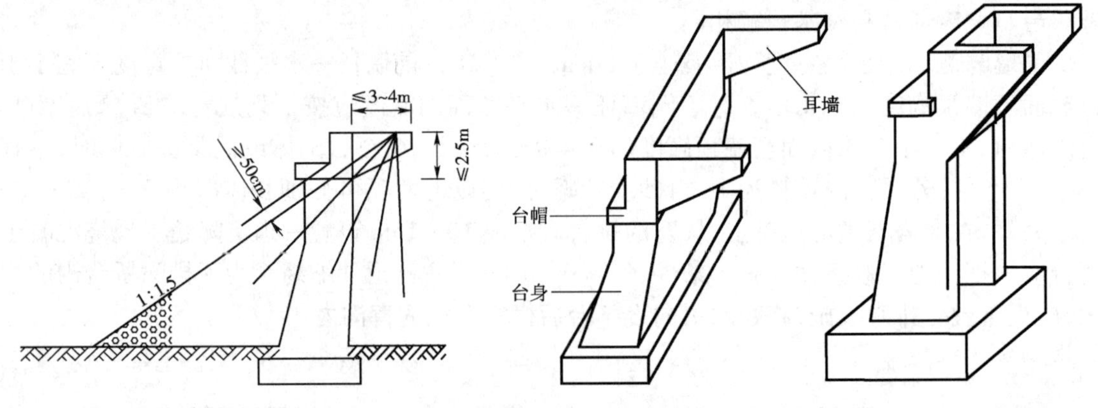

图 1-19　实体埋置式桥台

图 1-20　肋形埋置式桥台

3. 轻型桥台

钢筋混凝土轻型桥台,其构造特点是利用结构的抗弯能力和整体刚度来减少台身的体积而使桥台轻型化。它自重较小,能降低对地基强度的要求,为软土地基上的桥台提供了经济可行的结构形式。轻型桥台不设置侧墙,一般采用八字式或一字式翼墙挡土,也可做成耳墙,形成埋置式轻型桥台并设置锥坡。

常用的轻型桥台可分为:设有支撑梁轻型桥台、框架式轻型桥台以及钢筋混凝土薄壁轻型桥台等几种类型。

(1)设有支撑梁轻型桥台

设有支撑梁轻型桥台的特点是台身采用直立的薄壁墙,桥台上端与主梁(板)通过锚栓连接,桥台下部在相邻桥台(墩)之间设有支撑梁,由此便构成四铰框架结构系统。该系统中上部主梁(板)与下部支撑梁共同支撑桥台承受台后土压力。

按照翼墙的形式和布置方式,这种桥台又可分为:一字形轻型桥台、八字形轻型桥台、耳墙式轻型桥台,如图 1-21 所示。设有支撑梁轻型桥台适用于桥梁跨径不大于 13m、桥孔不宜多于三孔的梁(板)桥。其台墙厚度不宜小于 60cm,梁(板)端铰接钢销直径不应小于 20mm。支撑梁应设于铺砌层或冲刷线以下,中距宜为 2 ~ 3m,采用钢筋混凝土构件,其截面尺寸不宜小于 20cm × 30cm(横 × 竖),截面四角应设置直径不小于 12mm 的纵桥向钢筋;如采用混凝土或块石砌筑,其截面尺寸不宜小于 40cm × 40cm。

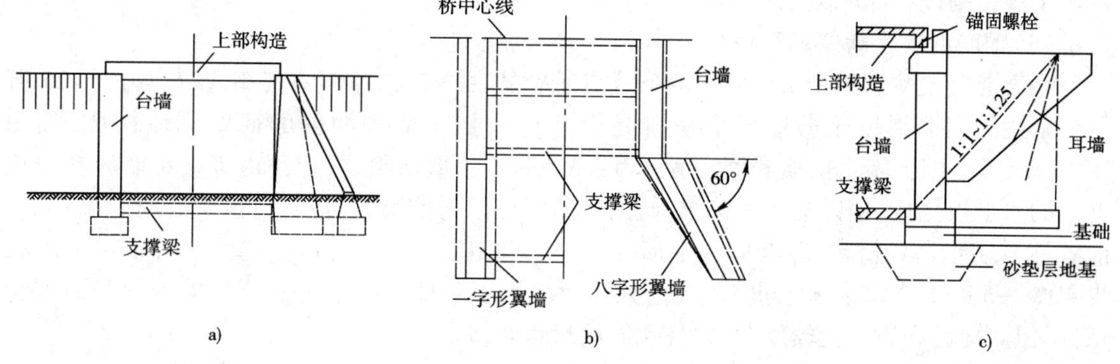

图 1-21　设有支撑梁轻型桥台

a）立面；b）平面；c）立面

对于斜交桥，这种轻型桥台的斜交角不应大于 15°，且下部支撑梁应按照如下要求布置：两外侧应平行于桥轴线，中间应垂直于台墙。

(2)框架式轻型桥台

框架式桥台是一种配合桩基础的轻型桥台，横桥向将台身与盖梁（台帽）连接成框架式结构，台身均埋置在锥坡内，盖梁上部设置耳墙使桥台与路堤连接。它所承受的土压力较小，适用于地基承载力较低、台身较高、跨径较大的梁桥。这种轻型桥台常用的构造形式有肋板式桥台（图 1-22）、柱式桥台（图 1-23）和构架式桥台（图 1-24）等多种。

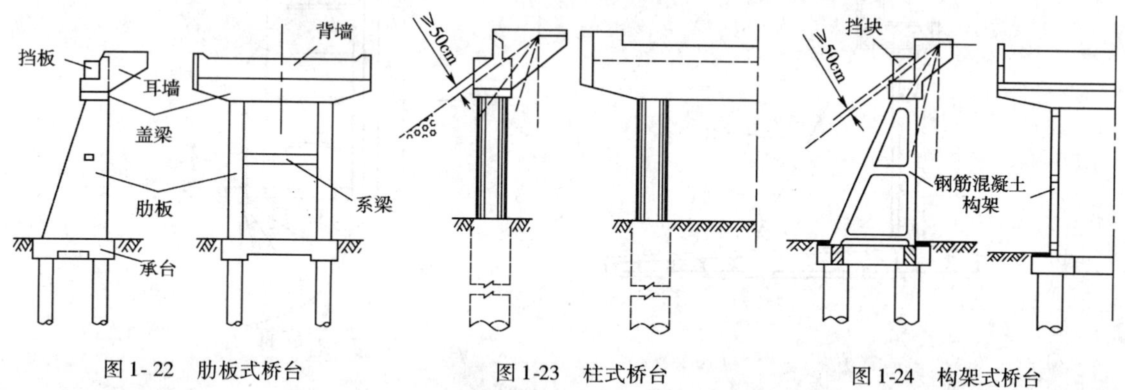

图 1-22　肋板式桥台　　图 1-23　柱式桥台　　图 1-24　构架式桥台

肋板式桥台的台身是由两块少筋的混凝土实心肋板通过上部盖梁连接而成，其盖梁、系梁和耳墙应按受力配置钢筋，采用的混凝土强度等级应大于 C25。桥台的背墙和肋板表层应设置钢筋网，其截面面积在水平和竖直方向均不应小于每米 $250mm^2$（包括受力钢筋），间距不应大于 40cm。肋板厚度一般为 40 ~ 80cm，混凝土强度等级应大于 C20。

柱式桥台是将上述肋板式桥台的肋板用钢筋混凝土圆柱或方柱替代而成，它一般用于填土高度小于 5m 的桥台，所以柱间不需设置系梁。这种桥台能适应各种地基，当地基承载力较大时可采用普通扩大基础，此时柱底嵌固在基础上部形成立柱式框架桥台；当柱子与桩相连时形成桩柱式桥台。横桥向柱子的数目应根据桥宽和地基基础而确定，可采用双柱式、三柱式和多柱式，但常用双柱式。

将肋板式桥台的肋采用钢筋混凝土的框架肋，就形成了构架式桥台。它既比柱式桥台具有更好的刚度，又比肋板式桥台更节省圬工用量。由于这种框架肋的斜杆能够产生水平分力以平衡台后的土压力，加之基底较宽，又通过系梁连接成一个构架体，所以稳定性较好，可用于填土高度在5m以上的桥台。

(3)钢筋混凝土薄壁轻型桥台

钢筋混凝土薄壁轻型桥台常用的形式有悬臂式、扶壁式、撑墙式及箱式等,如图1-25所示。常用的钢筋混凝土薄壁轻型桥台是由扶壁式挡土墙和两侧的薄壁侧墙构成,如图1-26a)所示。挡土墙由前墙和间距为2.5~3.5m的扶壁所组成;台顶由竖直小墙和支于扶壁上的水平板构成,用以支撑桥跨结构;两侧薄壁可以与前墙垂直,有时也做成与前墙斜交。前者称U字形薄壁桥台,后者称八字形薄壁桥台,如图1-26b)所示。这种桥台不仅可以减少40%~50%的圬工体积,同时因自重减轻而减小了对地基的压力。故适用于软弱地基的条件,但其构造和施工比较复杂,并且钢筋用量也较多。

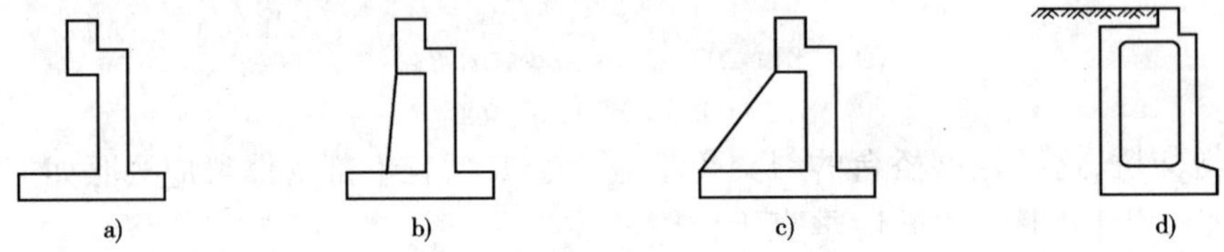

图1-25　钢筋混凝土薄壁轻型桥台

a)悬臂式;b)扶壁式;c)撑墙式;d)箱式

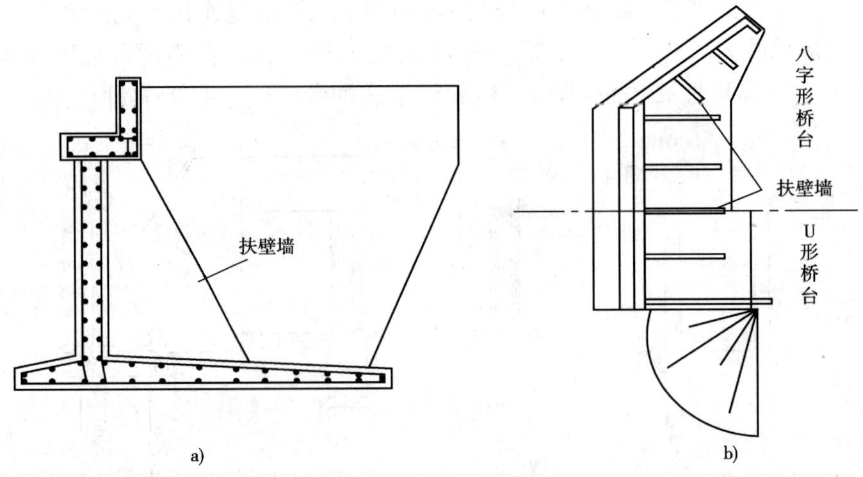

图1-26　扶壁式桥台

4. 组合式桥台

组合式桥台主要承受桥跨结构传来的竖向力和水平力,而台后土压力由其他结构来承受,这样使桥台结构轻型化。常用的形式有锚碇板式(锚拉式)桥台、过梁式框架组合桥台以及桥台与挡土墙组合式桥台。

(1)锚碇板式(锚拉式)桥台

锚碇板式桥台有分离式和结合式两种形式。分离式是由台身与锚碇板、挡土结构分开,台身主要承受上部结构传来的竖向力和水平力,锚碇板设施承受土压力。锚碇板结构由锚碇板、立柱、拉杆和挡土墙组成,如图1-27a)所示。桥台与锚碇板结构间预留空隙,上端设置伸缩缝,桥台与锚碇板结构的基础分离,互不影响,使其受力明确,但结构复杂,施工不方便。结合式锚碇板桥台构造如图1-27b)所示,其锚碇板结构与台身结合在一起,台身兼做立柱并支承挡土板;作用于台身的所有水平力假定由锚碇板的抗拔力来平衡,台身仅承受竖向荷载。结合式锚碇板桥台结构简单、施工方便、工程量小,但受力不明确,若台顶位移量计算不准,可能会影响施工和运营。

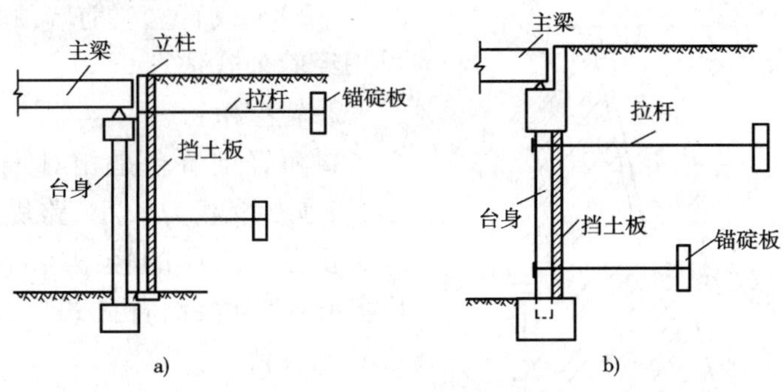

图 1-27 锚碇板式(锚拉式)桥台

(2)过梁式框架组合桥台

过梁式框架组合桥台,其桥台与挡土墙用过梁结合在一起,使桥台与桥墩的受力相同。当过梁与桥台、挡土墙刚性连接,则形成过梁式框架组合桥台(图 1-28)。

框架的长度即过梁的跨径由地形及土方工程比较确定,组合桥台愈长,过梁的材料数量需要就愈多,而桥台及挡土墙的材料数量相应地有所减小。

(3)桥台与挡土墙组合式桥台

桥台与挡土墙组合式桥台由轻型桥台支承上部结构,台后设带耳墙的挡土墙承受土压力(图 1-29)。台身与挡土墙分离,上端做伸缩缝,使受力明确。当地基条件比较好时也可将桥台与挡土墙放在同一个基础之上。这种组合式桥台可采用轻型桥台,而且可不压缩河床,但构造较复杂,是否经济需通过比较确定。

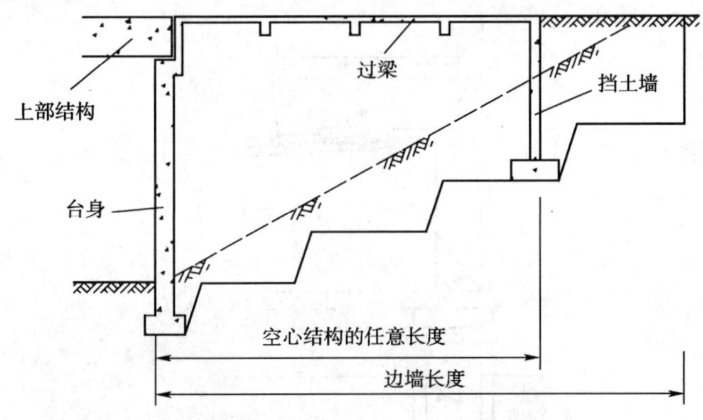

图 1-28 过梁式框架组合桥台

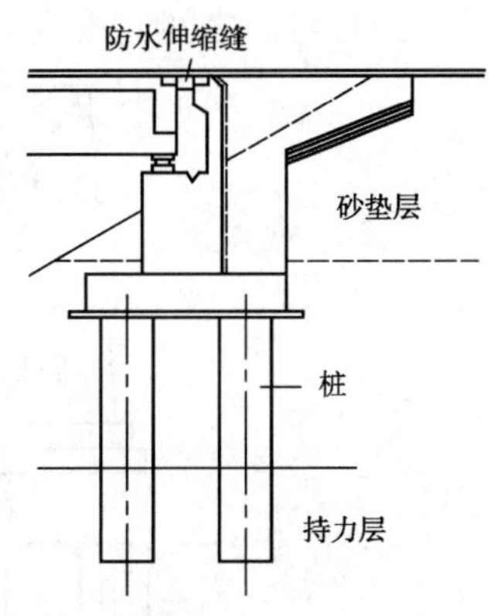

图 1-29 桥台与挡土墙组合式桥台

(二)拱桥桥台的构造

拱桥桥台类型与梁桥桥台相似,可分为三大类型:重力式桥台、轻型桥台和组合式桥台。拱桥桥台在受力变形上的最大特点是,桥台承受拱的较大推力后,将发生绕其基础形心轴向路堤方向的转动。为了抵抗这一转动,一般而言,拱桥桥台比梁桥桥台在尺寸上要大,在构造类型上要多些。

1. 重力式桥台

拱桥常用的重力式桥台是 U 形桥台(图 1-30),它由拱座、台身和基础三部分组成。其优缺点与梁桥中的重力式 U 形桥台相同,在结构构造上除在拱座和前墙两部分有所差别外,其余部分也基本相同。拱桥桥台只在向桥跨的一侧设置拱座,其尺寸可参照拱桥桥墩的拱

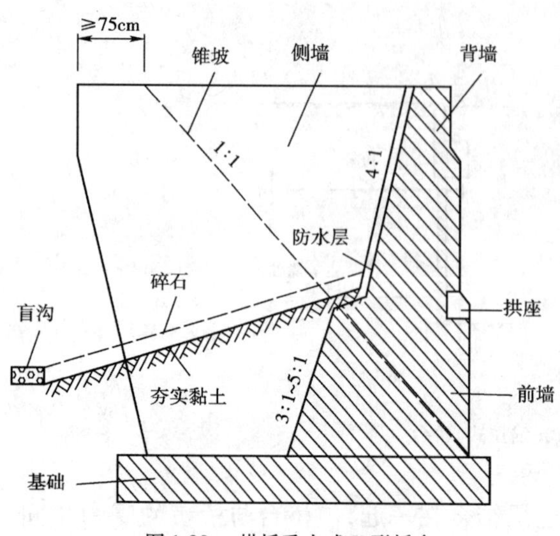

图 1-30　拱桥重力式 U 形桥台

座拟定。前墙背坡改为 4∶1 ~ 2∶1，前坡改为 30∶1 ~20∶1 或直立。前墙顶宽比梁桥大，其值可用经验公式估算。

2. 轻型桥台

拱桥轻型桥台是相对于重力式桥台而言的，当地基承载力较小、路堤填土较低时采用此类桥台。常用的轻型桥台有：八字形桥台、U 字形轻型桥台、背撑式桥台、空腹式桥台和齿槛式桥台。

（1）八字形桥台

八字形桥台的构造简单，台身由前墙和两侧的八字翼墙构成，如图 1-31a）所示。两者之间通常留沉降缝分离。前墙可以是等厚度的，也可以是变厚度的。变厚度台身的背坡为 4∶1 ~ 2∶1。翼墙的顶宽一般为 40cm。前坡为 10∶1，后坡为 5∶1。为了防止基底向桥跨滑动，基础应有一定埋置深度。

（2）U 字形轻型桥台

U 字形轻型桥台是由前墙和平行于行车方向的侧墙组成，构成 U 形的水平截面，如图 1-31b）所示。它与重力式 U 形桥台的差别是，后者是靠扩大桥台底面积，以减小基底压力，并利用基底与地基的摩阻力和适当利用台背土侧压力，以平衡拱的水平推力，因此基础底面积较轻型桥台的要大。U 字形轻型桥台前墙的构造和八字形桥台相同，但侧墙却是拱上侧墙的延伸，它们之间应设变形缝，以适应桥跨的可能变位。

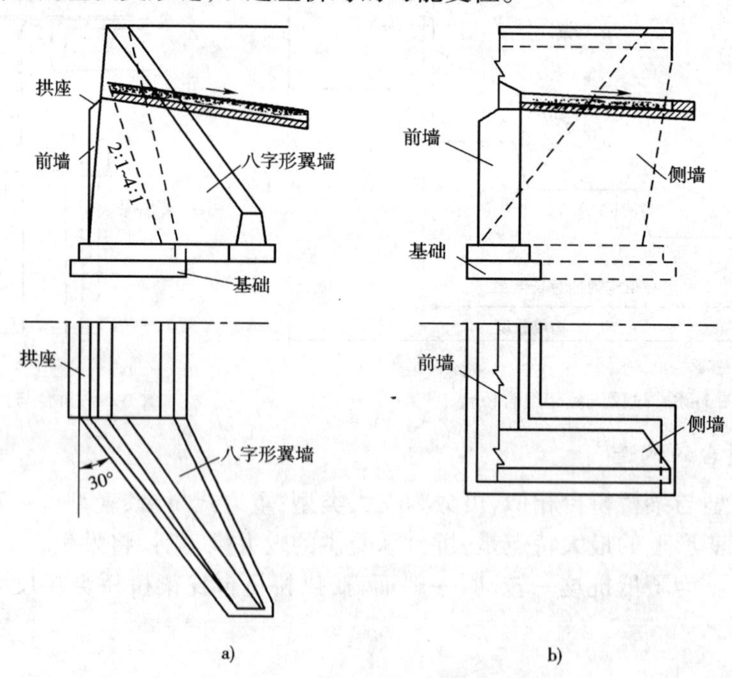

图 1-31　八字形和 U 字形轻型桥台

（3）背撑式桥台

当桥台较宽时，为了保证结构的强度和稳定性，可以在八字形或 U 字形的前墙背后加一道或几道背撑，构成∏字形、E 字形等水平截面形式的前墙（图 1-32）。背撑顶宽为 30 ~ 60cm，厚度也为 30 ~ 60cm，背坡为 5:1 ~ 3:1 的梯形。这种桥台比八字形桥台稳定性要好，但土方开挖量及圬工体积都要增加。然而加背撑的 U 字形桥台却能适用于较大跨径的高桥和宽桥。

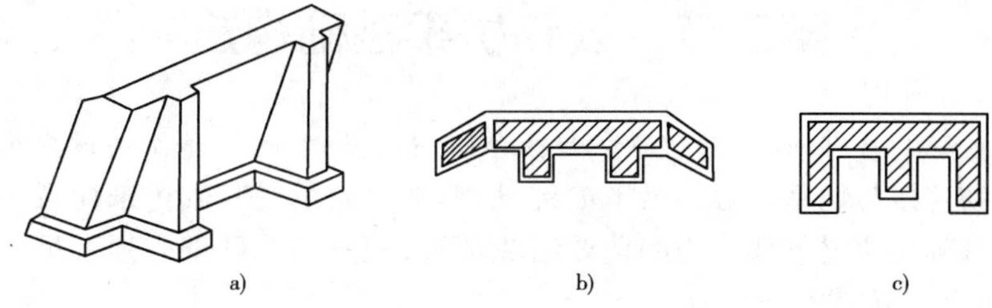

图 1-32　背撑式桥台

（4）空腹式桥台

空腹式桥台，由前墙、后墙、基础板和撑墙等部分组成（图 1-33）。其前墙承受拱圈传来的荷载，后墙支承台后的土侧压力；在前后墙之间设置 3 ~ 4 道撑墙，作为传力构件，并对后墙起到扶壁、对基础板起到加劲作用；最外边的撑墙可以做成阶梯踏步，供人们上下河岸；空腹可以是敞口的，也可以是封闭的。如地基承载力许可时，也可在腹内填土。这种桥台一般是在软土地基、河床无冲刷或冲刷轻微、水位变化小的桥位上采用。

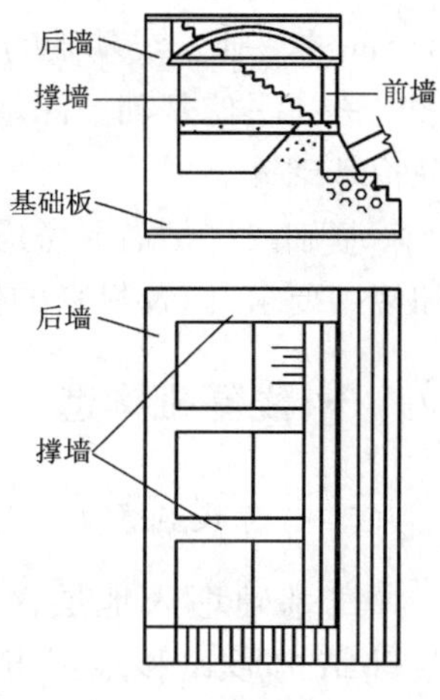

图 1-33　空腹式桥台

（5）齿槛式桥台

齿槛式桥台，由前墙、侧墙、底板和撑墙几个部分组成（图 1-34）。其结构特点是：基底面积较大，可以支承一定的垂直压力；底板下的齿槛可以增加摩擦和抗滑的稳定性；台背做成斜挡板，利用它背面的原状土和前墙背面的新填土，共同平衡拱的水平推力；前墙与后墙板之间的撑墙可以提高结构的刚度；齿槛的宽度和深度一般不小于 50cm。这种桥台适用于软土地基和路堤较低的中小跨径拱桥。

3. 组合式桥台

拱桥的组合式桥台由台身和后座两部分组成（图 1-35）。台身的桩基或沉井基础承受拱的竖向力，台后的主动土压力以及后座基底的摩擦力来平衡拱的水平推力。考虑到主拱水平推力向后传递时有向下扩散的影响，后座基底高程应低于拱脚截面底缘的高程。台身与后座两部分之间必须密切贴合，其间应设置成既密贴又可相互自由沉降的沉降缝，以适应两

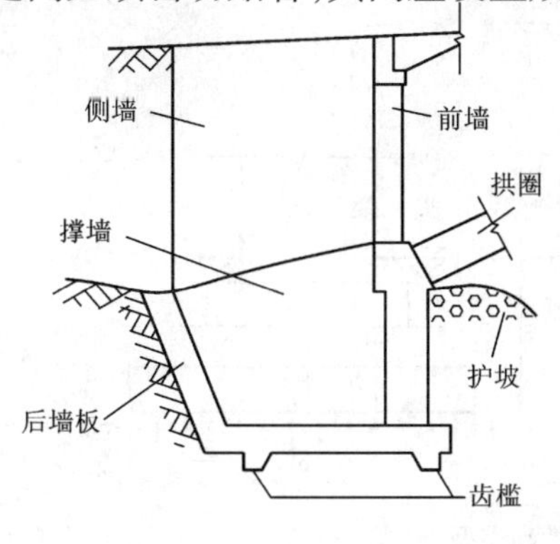

图 1-34　齿槛式桥台

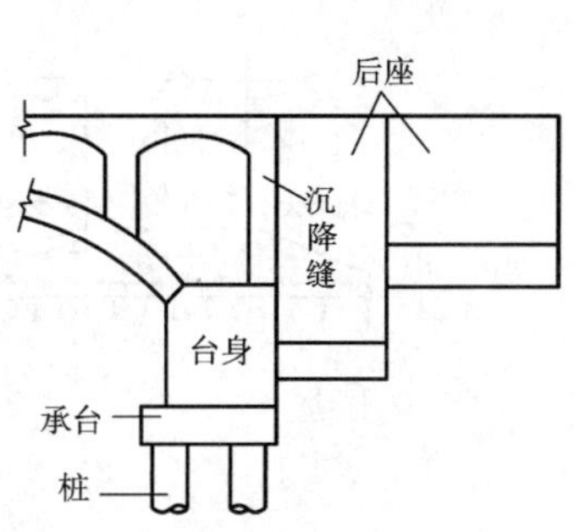

图 1-35　组合式桥台

者的不均匀沉降。在地基土质较差时，后座基础也应适当处理，以免后座向后倾斜；导致台身和拱圈的位移与变形。

第二节　公路桥梁基础构造

桥梁上部承受的各种荷载，通过墩台身传至墩台的基础，再由基础传递给地基。桥梁基础是桥梁结构物直接与地基接触的最下面部分，而地基是承受基础传来荷载那一部分岩层或土层。桥梁基础是桥梁下部结构的重要组成部分，地基与基础都必须有足够的强度和稳定性，且变形在容许范围之内。

根据基础的埋置深度，基础分为浅基础和深基础两大类。浅基础一般是指埋置深度小于5m的基础。浅基础的持力层埋置较浅，施工时一般采取敞开开挖基坑，直接修筑基础，通常也称为明挖基础。深基础按其结构形式与施工方法可分为桩基础、管柱基础、沉井基础、沉箱基础等。

基础的选型需要考虑桥梁墩台所在的地质条件、水文条件、桥梁的荷载特性、结构形式和使用要求，以及材料的供应和施工技术、工程造价等因素。

一、浅基础构造

(一)浅基础常用类型和适用条件

浅基础埋入地层深度较浅，在设计计算时可以忽略基础侧面土体对基础的影响，基础结构形式和施工方法都较简单，施工一般采用敞开挖基坑的方法修筑基础。由于埋深浅，结构形式简单，施工方法简便，造价也较低，因此浅基础是建筑物最常用的基础类型。

天然地基上浅基础根据受力条件与构造特点可分为刚性基础和柔性基础两大类。

刚性基础在外力(包括基础自重)作用下，基底的地基反力为 σ，此时基础的悬出部分(图1-36b)，a—a 断面左端相当于承受着强度为 σ 的均布荷载的悬臂梁，在荷载作用下a—a 断面将产生弯曲拉应力和剪应力。当基础圬工具有足够的截面使材料的容许应力大于由地基反力产生的弯曲拉应力和剪应力时，a—a 断面不会出现裂缝，这时，基础内不需配置受力钢筋，这种基础称为刚性基础。刚性基础常采用混凝土、块石和片石等材料修筑。它是桥梁、涵洞和房屋等建筑物常用的基础类型。其形式有：刚性扩大基础(图1-37)、单独柱下刚性基础(图1-38a、d)、条形基础等。

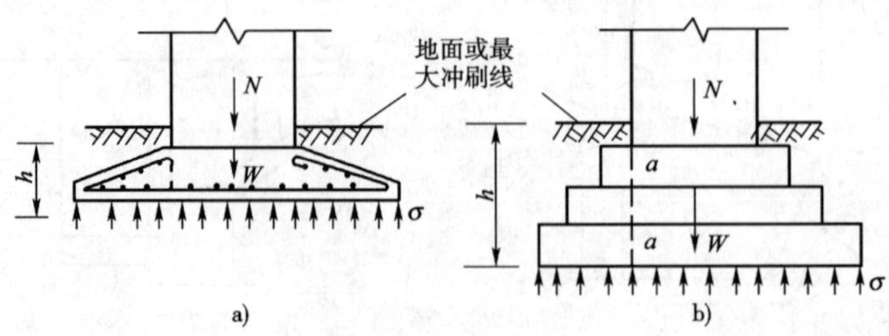

图1-36　基础类型

刚性浅基础的特点是稳定性好、施工方便，能承受较大的荷载。因此，只要地基强度能满足要求，它是桥梁与涵洞等结构物首先考虑的基础形式。它的主要缺点是自重大，当持力层为软弱土层时，由于扩大基础面积有限制，需要对地基进行处理与加固，否则基底荷载压力会超过地基强度而影响结构物的正常使用。

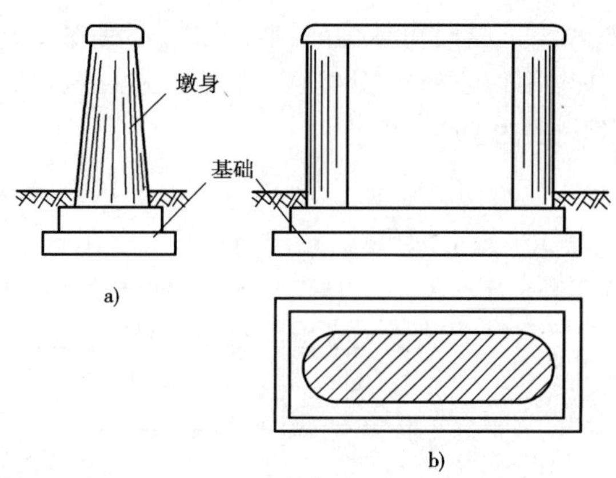

图 1-37　刚性扩大基础

柔性基础在基底反力作用较大时会产生弯曲拉应力和剪应力，一般采用钢筋混凝土结构。它的整体性能好、抗弯刚度较大，但用钢量较大，施工技术要求也较高，所以采用这种基础形式应与其他基础方案比较后再确定。

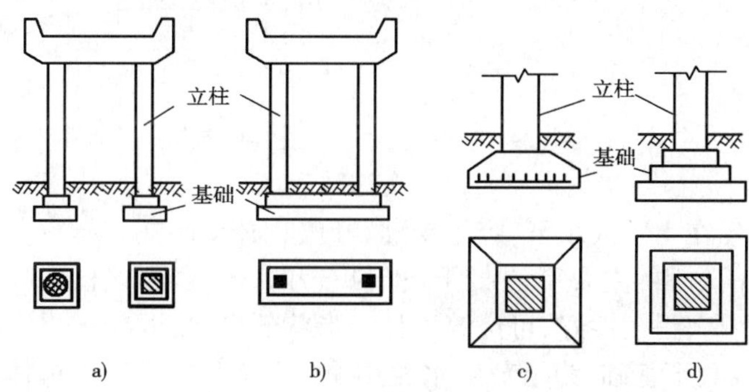

图 1-38　单独和联合基础

（二）浅基础的构造

1. 刚性扩大基础

（1）平面与立面形状

刚性扩大基础平面形式一般应考虑墩、台身等结构底面的形状而确定。矩形、圆端形、圆形桥墩、U 形桥台、耳墙式桥台一般采用矩形基础；圆形桥墩的基础也可做成八角形状或圆形；U 形桥台的基础也可做成 U 字形。

刚性扩大基础的剖面形式一般做成矩形或台阶形，当基础较厚时，可在纵横两个剖面上都做成台阶形，以减少基础自重、节省材料，如图 1-39 所示。

（2）刚性角与襟边

如图 1-39 所示，为了适应地基的承载力，刚性扩大基础的基底平面尺寸需要扩大。自墩、台身底边缘至基顶边缘距离称为襟边。其作用一方面是扩大基底面积增加基础承载力，同时也便于调整基础施工时在平面尺寸上可能发生的误差，还可方便支立墩、台身模板。其值应视基底面积的要求、基础厚度及施工方法而定。桥梁墩台基础襟边最小值为20～30cm。

基础悬出总长度（包括襟边与台阶宽度之和），应使悬出部分在基底反力作用下，在 $a—a$ 截面（图 1-39）所产生的弯曲拉应力和剪应力不超过基础圬工的强度限值。因此满足上述要求时，就可得到自墩台身边缘处的垂线与基底边缘的连线间的最大夹角 α_{max}，称为刚性角（或扩散角）。在设计时，应使每个台阶宽度 c_i 与厚度 t_i 保持在一定比例内，使其夹角

$\alpha_i \leqslant \alpha_{max}$,这时可认为属刚性基础,不必对基础进行弯曲拉应力和剪应力的强度验算,在基础中也可不设置受力钢筋。刚性角 α_{max} 的数值是与基础所用的圬工材料强度有关,其取值范围一般为 30°~45°。

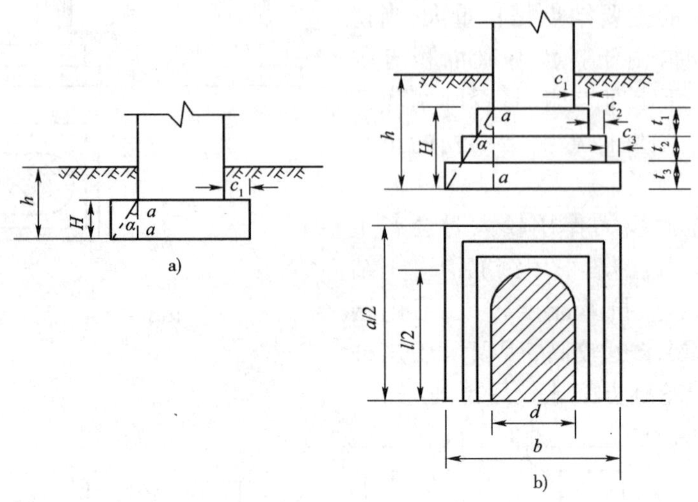

图 1-39 刚性扩大基础剖面图和平面图

(3)施工材料

桥梁基础一般建在土中或水下,容易受潮和侵蚀,必须保证其材料有足够的强度和耐久性。刚性基础常用的材料:主要有混凝土、粗料石和片石。混凝土是修筑基础最常用的材料,它的优点是强度高、耐久性好,可浇筑成任意形状的砌体,混凝土强度等级一般不宜小于 C15。对于大体积混凝土基础,为了节约水泥用量,可掺入不多于砌体体积 25% 的片石(称片石混凝土)。

刚性扩大基础也常采用粗料石或片石作为砌体材料。采用粗料石砌筑桥涵基础时,要求石料外形大致方正,厚度约为 20~30cm,宽度和长度分别为 1.0~1.5 和 2.5~4.0 倍,石料强度等级不应小于 MU25;砌筑用砂浆一般采用 M5。片石常用于小桥涵基础,石料厚度不小于 15cm,石料强度等级不应小于 MU25,砌筑用砂浆一般采用 M5 或 M2.5。

钢筋混凝土是质量很好的基础材料,一般用于荷载大、土质软弱、地下水位以下或抗震要求比较高的基础。

(4)基础厚度与基础埋置深度的确定

刚性扩大基础厚度应根据墩、台身结构形式、荷载大小及选用的基础材料等因素来确定。基底高程应按基础埋深的要求确定。水中基础顶面一般不高于最低水位,在季节性流水的河流或旱地上的桥梁墩、台基础,则不宜高出地面,以防碰损。这样,基础厚度可按上述要求所确定的基础底面和顶面高程求得。在一般情况下,大、中桥墩、台混凝土基础厚度在 1.0~2.0m 之间,基础每层台阶高度通常为 0.50~1.00m,一般各层台阶宜采用相同厚度。

在确定基础埋置深度时,必须考虑把基础设置在变形较小,而强度又比较大的持力层上,以保证地基强度满足要求,而且不致产生过大的沉降或沉降差。此外还要使基础有足够的埋置深度,以保证基础的稳定性,确保基础的安全。确定基础的埋置深度时,必须综合考虑地基的地质条件、河流的冲刷深度、当地的冻结深度、地形条件等各种因素的作用,并结合上部结构形式来确定。此外,为了保证地基和基础的稳定性,基础的埋置深度(除岩石地基外)应在天然地面或无冲刷河底以下不小于 1m。在确定基础埋置深度时,还应考虑相邻建筑物的影响,如新建筑物基础比原有建筑物基础深,则施工挖土有可能影响原有基础的稳定等。

2. 其他浅基础

(1)单独和联合基础(图1-38)

单独基础是立柱式桥墩和房屋建筑常用的基础形式之一。它的纵横剖面均可砌筑成台阶式(图1-38a、b),但柱下单独基础用石或砖砌筑时,则在柱子与基础之间用混凝土墩连接。个别情况下柱下基础用钢筋混凝土浇筑时,其剖面也可浇筑成锥形(图1-38c)。

(2)条形基础(图1-40)

条形基础分为墙下和柱下条形基础,墙下条形基础是挡土墙下或涵洞下常用的基础形式。其横剖面可以是矩形或将一侧筑成台阶形。如挡土墙很长,为了避免在沿墙长方向因沉降不均匀而开裂,可根据土质和地形予以分段,设置沉降缝。有时为了增强桥柱下基础的承载能力,将同一排若干个柱子的基础联合起来,也就成为柱下条形基础(图1-41)。其构造与倒置的T形截面梁相类似,在沿柱子的排列方向的剖面可以是等截面的,也可以如图1-41在柱位处加腋。在桥梁基础中,一般做成刚性基础,个别也可做成柔性基础。

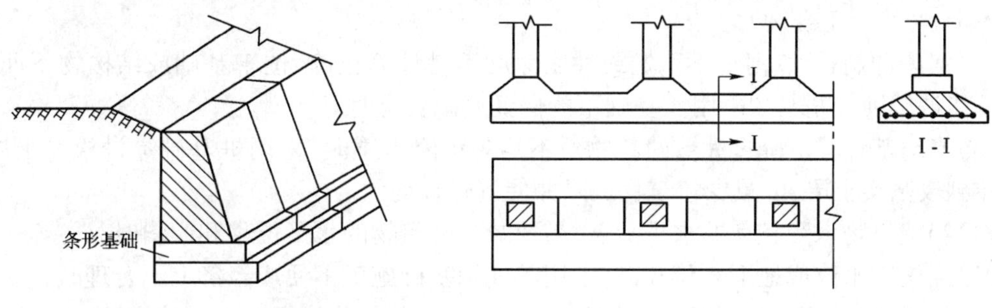

图1-40　挡土墙下条形基础

图1-41　柱下条形基础

如地基土很软,基础在宽度方向需进一步扩大面积,同时又要求基础具有空间的刚度来调整不均匀沉降时,可在柱下纵、横两个方向均设置条形基础,成为十字形基础。这是房屋建筑常用的基础形式,也是一种交叉条形基础。

二、桩基础构造

当地基浅层土质不良,需要采用深基础以满足结构对地基强度、变形和稳定性的要求时,桩基础是应用最普遍的一种深基础形式。桩基础是由基桩及连接桩顶的承台或系梁所组成的基础。

桩基础可以是单根桩,也可以是单排桩或多排桩。对于双柱式或多柱式桥墩单排桩基础,当桩外露在地面上较高时,桩间以横系梁连接,以加强各桩的横向联系。多数情况下桩基础是由多根桩组成的群桩基础,基桩可全部或部分埋入地基土中。群桩基础中所有桩的顶部由承台联成一整体,在承台上再修筑墩身或台身及上部结构,如图1-42所示。

桩基础的作用是将承台以上结构物传来的荷载通过承台,由桩传到较深的地基持力层中。承台将外力传递给各桩并箍住桩顶将各桩联成一整体共同承受外荷载。基桩的作用在于穿过软弱土层,使桩底坐落在更密实的地基持力层上。各基桩所承受的荷载由桩通过桩侧土的摩阻力及桩端土的抵抗力将荷载传递到桩周土及持力层中,如图1-42b)所示。

桩基础如设计正确、施工得当,其具有承载力高、稳定性好、沉降量小而均匀,在深基础

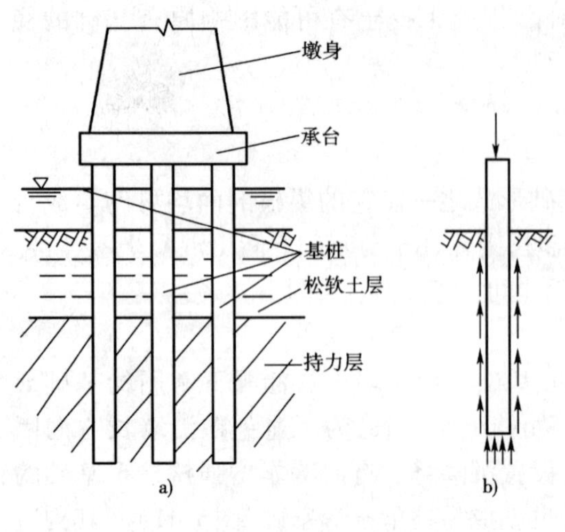

图1-42 桩基础

中具有耗用材料少、施工简便等特点。在深水河道中,可避免(或减少)水下工程,简化施工设备和技术要求,加快施工速度并改善工作条件。目前,桩基础的设计理论与施工方法都有了较大发展,如在桩基础的类型、沉桩机具和施工工艺以及桩基础理论和设计计算方法等方面,都有了很大的发展,不仅便于机械化施工和工厂化生产,而且能以不同类型的桩基础和施工方法适应不同的水文地质条件、荷载性质和上部结构特征。

(一)桩基础的适用条件

桩基础是一种深基础,主要在下列情况下使用:

(1)荷载较大,地基上部土层软弱,适宜的地基持力层位置较深,采用浅基础或人工地基在技术上、经济上不合理时。

(2)河床冲刷较大,河道不稳定或冲刷深度不易计算正确,位于基础或结构物下面的土层有可能被侵蚀、冲刷,如采用浅基础不能保证基础安全时。

(3)当地基计算沉降过大或建筑物对不均匀沉降敏感时,采用桩基础穿过松软土层,将荷载传到较坚实土层,以减少建筑物沉降并使沉降较均匀。

(4)当建筑物承受较大的水平荷载,需要减少建筑物的水平位移和倾斜时。

(5)当施工水位或地下水位较高,采用其他深基础施工不便或经济上不合理时。

(6)地震区,在可液化地基中,采用桩基础可增加建筑物抗震能力,桩基础穿越可液化土层并伸入下部密实稳定土层,可消除或减轻地震对建筑物的危害。

以上情况也可以采用其他形式的深基础,但桩基础由于耗材少、施工快速简便,往往是优先考虑的深基础方案。

当上层软弱土层很厚,桩底不能达到坚实土层时,就需要较多、较长的桩来传递荷载,这样桩基础的稳定性较差,沉降量也较大;而当覆盖层很薄时,桩的入土深度不能满足其稳定性要求。在这些情况下,应经过多方面的技术经济比较和研究,确定合理可行的基础方案。

(二)桩与桩基础的分类

为满足建筑物的要求,适应地基特点,随着科学技术的发展,在工程实践中已形成了各种类型的桩基础,它们在本身构造上和桩土相互作用性能上具有各自的特点。桩基础可按承台位置、沉入方法、受力条件及桩身材料等分类。

1. 按承台位置分类

桩基础按承台位置可分为高桩承台基础和低桩承台基础,如图1-43所示。

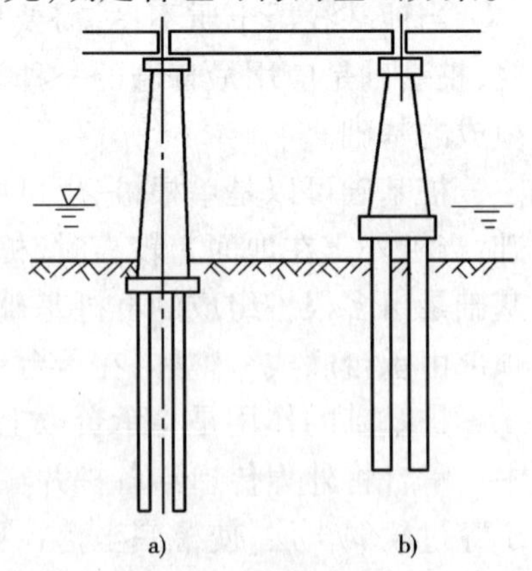

图1-43 高桩承台基础和低桩承台基础
a)低桩承台;b)高桩承台

高桩承台的承台底面位于地面(或冲刷线)以上,基桩部分桩身沉入土中,部分桩身外露在地面以上(称为桩的自由长度);低桩承台的承台底面位于地面(或冲刷线)以下,基桩全部沉入土中，桩的自由长度为零。

高桩承台由于承台位置较高或设在施工水位以上，可减少墩台的圬工数量，避免或减少水下作业，施工较为方便。然而，在水平力的作用下，由于承台及基桩露出地面的一段自由长度周围无土来共同承受水平外力，基桩的受力情况较为不利，桩身内力和位移都比同样水平外力作用下的低桩承台要大，其稳定性也比低桩承台差。

随着科学技术的发展，由于大直径钻孔灌注桩的采用，桩的刚度与强度都较大，因而高桩承台在桥梁基础工程中也得到了广泛采用。

2. 按施工方法分类

桩的施工方法种类较多，但基本形式为沉入桩和灌注桩。

(1)沉入桩(预制桩)

沉入桩可按设计要求在地面良好条件下制作(长桩可在桩端设置钢板、法兰盘等接桩构造，分节制作)，桩体质量高，可大量工厂化生产，加速施工进度。

①打入桩(锤击桩)。

打入桩是通过锤击(或以高压射水辅助)将各种预先制好的桩(主要是钢筋混凝土实心桩或管桩，也有木桩或钢桩)打入地基内达到所需要的深度。这种施工方法适应于桩径较小(一般直径在0.60m以下)，地基土质为砂性土、塑性土、粉土、细砂以及松散的不含大卵石或漂石的碎卵石类土的情况。

②振动下沉桩。

振动下沉桩是将大功率的振动打桩机安装在桩顶(预制的钢筋混凝土桩或钢管桩)，利用振动力以减少土对桩的阻力，使桩沉入土中。它对于较大桩径，土的抗剪强度受振动时有较大降低的砂土等地基效果更为明显。

③静力压桩。

在软塑黏性土中也可以用重力将桩压入土中，称为静力压桩。这种压桩施工方法免除了锤击的振动影响，是软土地区特别是在不允许有强烈振动的条件下桩基础的一种有效施工方法。

预制桩有如下特点：

a. 不易穿透较厚的砂土等硬夹层(除非采用预钻孔、射水等辅助沉桩措施)，只能进入砂、砾、硬黏土、强风化岩层等坚实持力层不大的深度。

b. 沉桩方法一般采用锤击，由此产生的振动、噪声污染必须加以考虑。

c. 沉桩过程产生挤土效应，特别是在饱和软黏土地区沉桩可能导致周围建筑物、道路、管线等的损失。

d. 施工质量较稳定。

e. 预制桩打入松散的粉土、砂砾层中，由于桩周和桩端土受到挤密，使桩侧表面法向应力提高，桩侧摩阻力和桩端阻力也相应提高。

f. 由于桩的贯入能力受多种因素制约，因而常常出现因桩达不到设计高程而截桩，造成浪费。

g. 预制桩由于承受运输、起吊、打击应力，需要配置较多钢筋，混凝土强度等级也要相应提高，因此其造价往往高于灌注桩。

(2)灌注桩

灌注桩是在现场地基中钻挖桩孔，然后在孔内放入钢筋骨架，再灌注桩身混凝土而成的桩。灌注桩在成孔过程中需采取相应的措施和方法来保证孔壁稳定和提高桩体质量。针对不同类型的地基土,可选择适当的钻具设备和施工方法。

①钻、挖孔灌注桩。

钻孔灌注桩是指用钻(冲)孔机具在土中钻进,边破碎土体边出土渣而成孔,然后在孔内放入钢筋骨架,灌注混凝土而形成的桩。为了顺利成孔、成桩,需采用包括制备有一定要求的泥浆护壁、提高孔内泥浆水位、灌注水下混凝土等相应的施工工艺和方法。

钻孔灌注桩的特点是施工设备简单、操作方便,适应于各种砂性土、黏性土,也适应于碎、卵石类土层和岩层。但对淤泥及可能发生流砂或承压水的地基,施工较困难,施工前应做试桩以取得经验。我国已施工的钻孔灌注桩的最大入土深度已达百余米。

依靠人工(用部分机械配合)在地基中挖出桩孔,然后与钻孔桩一样灌注混凝土而成的桩称为挖孔灌注桩。挖孔灌注桩适用于无水或渗水量小的地层,桩的直径(或边长)不宜小于1.4m,孔深一般不宜超过20m。对可能发生流砂或含较厚的软黏土层地基施工较困难。

②沉管灌注桩。

沉管灌注桩是指采用锤击或振动的方法把带有钢筋混凝土桩尖或带有活瓣式桩尖(沉桩时桩尖闭合,拔管时活瓣张开)的钢套管沉入土层中成孔,然后在套管内放置钢筋笼,并边灌混凝土边拔套管而形成的灌注桩。也可将钢套管打入土中挤土成孔后向套管中灌注混凝土并拔出套管成桩。

它适用于黏性土、砂性土地基。由于采用了套管,可以避免钻孔灌注桩施工中可能产生的流砂、坍孔的危害和由泥浆护壁所带来的排渣等弊病。但桩的直径较小,常用的尺寸在0.6m以下,桩长常在20m以内。在软黏土中由于沉管的挤压作用对邻桩有影响,且挤压时产生的孔隙水压力易使拔管时出现混凝土桩缩颈现象。

各类灌注桩有如下共同优点:

a.施工过程无大的噪声和振动(沉管灌注桩除外)。

b.可根据土层分布情况任意变化桩长;根据同一建筑物的荷载分布与土层情况可采用不同桩径;对于承受侧向荷载的桩,可设计成有利于提高横向承载力的异形桩,还可设计成变截面桩,即在受弯矩较大的上部采用较大的断面。

c.可穿过各种软、硬夹层,将桩端置于坚实土层和嵌入基岩;还可扩大桩底以充分发挥桩身强度和持力层的承载力。

d.桩身钢筋可根据荷载性质及荷载沿深度的传递特征,以及土层的变化配置,无须像预制桩那样配置起吊、运输、打击应力筋。其配筋率远低于预制桩,造价约为预制桩的40%~70%。

(3)管柱基础

管柱基础是将预制的大直径(直径1~5m)钢筋混凝土或预应力混凝土或钢管柱(实质上是一种巨型的管桩,每节长度根据施工条件决定,一般采用4m、8m或10m,接头用法兰盘和螺栓连接),用大型的振动沉桩锤沿导向结构将其振动下沉到基岩(一般以高压射水和吸泥机配合帮助下沉),然后在管柱内钻岩成孔,下放钢筋笼骨架,灌注混凝土,将管柱与岩盘牢固连接。

管柱基础可以在深水及各种覆盖层条件下进行,不受季节限制,但施工需要有振动沉桩锤、凿岩机、起重设备等大型机具,动力要求也高,所以在一般公路桥梁中很少采用。

3.按桩的受力条件分类

建筑物荷载通过桩基础传递给地基。垂直荷载一般由桩底土层抵抗力和桩侧与土产生的摩阻力来支承。由于地基土的分层和其物理力学性质不同，桩的尺寸和设置方法的不同，都会影响桩的受力状态。水平荷载一般由桩和桩侧土水平抗力来支承，而桩承受水平荷载的能力与桩轴线方向及斜度有关。因此，根据桩的受力条件，基桩可分为如下几种。

(1)摩擦桩和支承桩(端承桩)

①摩擦桩。

桩穿过并支承在各种压缩性土层中，在竖向荷载作用下，基桩所发挥的承载力以侧摩阻力为主时，统称为摩擦桩，如图1-44b)所示。

②支承桩(端承桩)。

桩穿过较松软土层，桩底支承在坚实土层(砂、砾石、卵石、坚硬老黏土等)或岩层中，且桩的长径比不太大时，在竖向荷载作用下，基桩所发挥的承载力以桩底土层的抵抗力为主时，称为端承桩或支承桩，如图1-44a)所示。按惯例，支承桩是专指桩底支承在基岩上的桩，此时因桩的沉降甚微，认为桩侧摩阻力可忽略不计，全部垂直荷载由桩底岩层抵抗力承受。

支承桩承载力较大，较安全可靠，基础沉降也小，但如岩层埋置很深，就需采用摩擦桩。支承桩和摩擦桩由于它们在土中的工作条件不同，其与土的共同作用特点也就不同，因此在设计计算时所采用的方法和有关参数也不一样。

在同一桩基中，除特殊设计外，不宜同时采用摩擦桩和支承桩；不宜采用直径不同、材料不同和桩端深度相差过大的桩。

(2)竖直桩与斜桩

基桩按桩轴方向可分为竖直桩、单向斜桩和多向斜桩等，如图1-45所示。在桩基础中是否需要设置斜桩，斜度如何确定，应根据荷载的具体情况而定。一般结构物基础承受的水平力常较竖直力小得多，且现已广泛采用的大直径钻(挖)孔灌注桩具有一定的抗弯和抗剪强度，因此，桩基础一般全部采用竖直桩。拱桥墩台等结构物桩基础往往需设置斜桩，以承受上部结构传来的较大水平推力，以减小桩身弯矩、剪力和整个基础的侧向位移。

斜桩的桩轴线与竖直线所成倾斜角的正切值不宜小于1/8，否则斜桩的作用不大，且施工斜度误差将显著影响桩的受力情况。目前，为了适应拱台推力，有些拱台基础已采用倾斜角大于45°的斜桩。

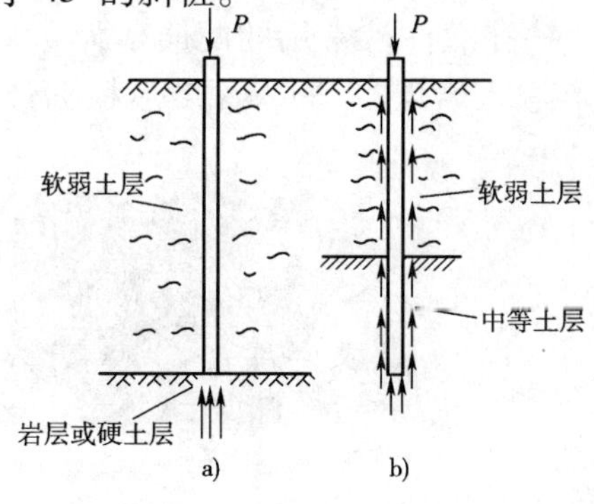

图1-44　支承桩和摩擦桩

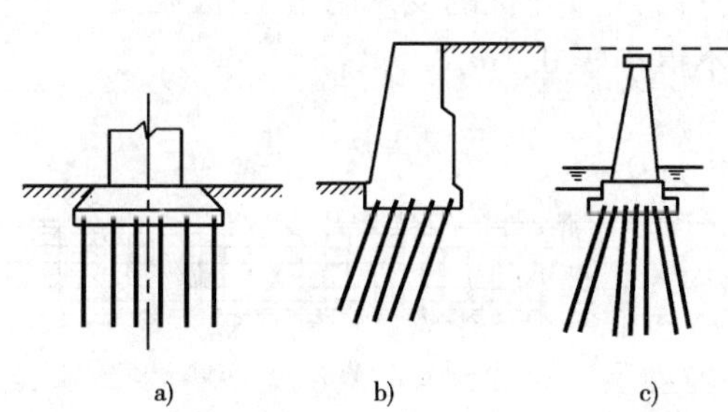

图1-45　竖直桩和斜桩

a)竖直桩；b)单向斜桩；c)多向斜桩

4. 按桩身材料分类

(1)钢桩

钢桩强度高、运输方便、施工质量稳定，能承受强大的冲击力和获得较高的承载力，沉桩时贯入能力强、速度较快，且排挤土量小，对邻近建筑影响小。可根据荷载特征制作成各种有利于提高承载力的断面，其设计的灵活性大，壁厚、桩径的选择范围大，便于割接，桩长容易调节。还可根据弯矩沿桩身的变化情况局部加强其断面刚度和强度。主要缺点是用钢量大，成本昂贵，在大气和水土中钢材易腐蚀。

（2）钢筋混凝土桩

钢筋混凝土桩的配筋率较低（一般为0.3% ~1.0%），而混凝土取材方便、价格便宜、耐久性好。钢筋混凝土桩既可预制又可现浇（灌注桩），还可采用预制与现浇组合，适用于各种地层，成桩直径和长度可变范围大。因此，桩基工程的绝大部分是钢筋混凝土桩。

（三）桩与桩基础的构造

桩基础因其施工方法、所用材料、结构类型的不同，桩基础具有不同的构造特点。为了保证桩的质量和桩基础的正常工作能力，在设计桩基础时应满足其构造的基本要求。

1. 各种基桩的构造

（1）钢筋混凝土灌注桩

钻（挖）孔桩及沉管桩是采用就地灌注的钢筋混凝土桩，桩身常为实心断面。

混凝土强度等级不低于C25。钻孔桩设计直径一般为0.80 ~2.50m，挖孔桩的直径或最小边宽度不宜小于1.20m，沉管灌注桩直径一般为0.30 ~0.60m。

桩内钢筋应按照内力和抗裂性的要求布设，长摩擦桩应根据桩身弯矩分布情况分段配筋，短摩擦桩和支承桩也可按桩身最大弯矩通长均匀配筋。当按内力计算桩身不需要配筋时，应在桩顶3 ~5m内设置构造钢筋。为了保证钢筋骨架有一定的刚性，便于吊桩及保证主筋受力后的纵向稳定，主筋不宜过细过少，直径不应小于14mm，每根桩的主筋数量不应少于8根，其净距不应小于80mm，且不应大于350mm。如配筋较多，可采用束筋。组成束筋的单根钢筋直径不应大于36mm，组成束筋的单根钢筋根数，当其直径不大于28mm时不应多于3根，当其直径大于28mm时应为2根。钢筋保护层净距不应小于60mm。闭合式箍筋或螺旋筋直径不应小于主筋直径的1/4，且不应小于8mm，其中距不应大于主筋直径的15倍，且不应大于300mm。钢筋笼骨架上每隔2.0 ~2.5m设置一道直径为16 ~32mm的加劲箍筋，如图1-46、图1-47所示。钢筋笼四周应设置突出的定位钢筋、定位混凝土块，或采用其他定位措施。钢筋笼底部的主筋宜稍向内弯曲，作为导向。钻孔灌注桩常用的配筋率为0.2% ~0.6%。钻（挖）孔桩的支承桩根据桩底受力情况如需嵌入岩层时，嵌入深度应根据计算确定，并不得小于0.5m。

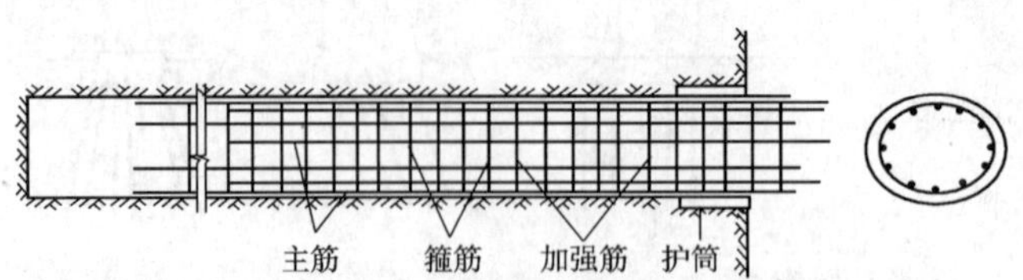

图1-46　钢筋混凝土灌注桩

图1-47　钢筋笼骨架

（2）钢筋混凝土预制桩

沉桩采用预制的钢筋混凝土桩，有实心的圆桩和方桩（少数为矩形桩），有空心的管桩，另外还有管柱（用于管柱基础）。

钢筋混凝土方桩可以就地灌注预制。通常方桩横断面为20cm ×20cm ~50cm ×50cm，桩身混凝土强度不低于 C25。桩身配筋应考虑制造、运输、施工和使用各阶段的内力要求通长配筋。主筋直径一般为 12 ~ 25mm，主筋净距不小于 5cm。箍筋直径一般为 6 ~ 8mm，间距一般不大于 40cm，在桩的两端和接桩区箍筋或螺旋筋的间距须加密，其值可取 40 ~ 50mm。因桩头直接受到锤击，故在桩顶需设三层钢筋网片以增强桩头强度。钢筋保护层厚度：不小于 35mm。桩内需预埋直径为 20 ~ 25mm 的钢筋吊环，吊点位置可通过计算确定。如图 1-48 所示。

管桩由工厂以离心旋转机生产。有普通钢筋混凝土或预应力钢筋混凝土两种。其直径为 400 mm、550mm，管壁厚 80mm，混凝土强度为 C25 ~ C40，每节管桩两端装有连接钢盘（法兰盘）以供接长。管柱实质上是一种大直径薄壁钢筋混凝土圆管节，在工厂分节制成，施工时逐节用螺栓接成，由法兰盘、主钢筋、螺旋筋组成。管壁混凝土强度不低于 C25，厚度为 100 ~ 140mm。最下端的管柱具有钢刃脚，用薄钢板制成。我国常用的管柱直径为 1.50 ~ 5.80m，一般采用钢筋混凝土或预应力混凝土制成。

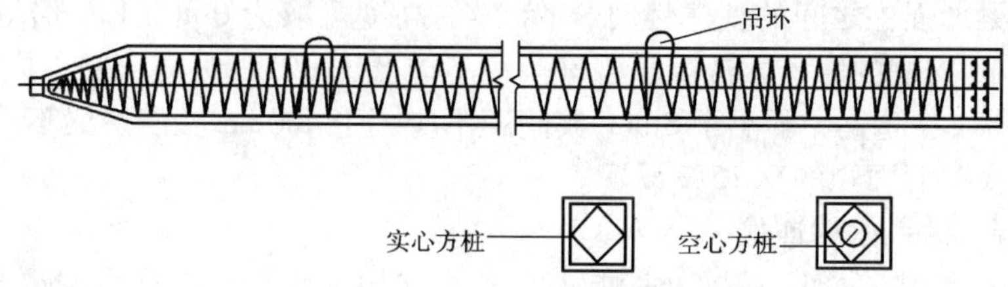

图 1-48　预制钢筋混凝土方桩

预制钢筋混凝土桩柱的分节长度，应根据施工条件决定，并应尽量减少接头数量。接头强度不应低于桩身强度，并有一定的刚度以减少锤振能量的损失。接头法兰盘的平面尺寸不得突出管壁之外。

（3）钢桩

钢管桩是最常用钢桩形式。钢管桩的分段长度按施工条件确定，分节钢管桩应采用上下节桩对焊连接。每节长度不宜超过 12 ~ 15m，常用直径为 400 ~ 1000mm。钢管桩的设计厚度由有效厚度和腐蚀厚度两部分组成。有效厚度为管壁在外力作用下所需要的厚度，可按使用阶段的应力计算确定。腐蚀厚度为建筑物在使用年限内管壁腐蚀所需要的厚度，可通过钢桩的腐蚀情况实测或调查确定。

钢桩防腐处理可采用外表涂防腐层、增加腐蚀余量及阴极保护。当钢管桩内壁同外界隔绝时，可不考虑内壁防腐。

钢管桩按桩端构造可分为开口桩和闭口桩两类。开口钢管桩穿透土层的能力较强，但沉桩过程中桩底端的土将涌入钢管内腔。

2. 桩的布置和中距

群桩的布置可采用对称形、梅花形或环形。桩的中距应符合以下要求：

（1）摩擦桩：锤击、静压沉桩，在桩端处的中距不应小于桩径（或边长）的 3 倍，对于软土地基宜适当增大；振动沉入砂土内的桩，在桩端处的中距不应小于桩径（或边长）的 4 倍。桩在承台底面处的中距不应小于桩径（或边长）的 1.5 倍；钻孔桩的中距不应小于桩径的 2.5 倍。挖孔桩参考钻孔桩采用。

（2）端承桩：支承或嵌固在基岩中的钻（挖）孔桩，中距不应小于桩径的 2.0 倍。

（3）扩底灌注桩：钻（挖）孔扩底桩中距不应小于 1.5 倍扩底直径或扩底直径加 1.0m。

边桩或角桩外侧与承台边缘的距离，对于直径（或边长）小于等于1.0m的桩，不应小于0.5倍桩径（或边长），且不应小于250mm；对于直径（或边长）大于1.0m的桩，不应小于0.3倍桩径（或边长），且不应小于500mm。

3.承台和横系梁的构造

对于多排桩基础，桩顶由承台连接成为一个整体。承台的平面尺寸和形状应根据上部结构（墩、台身）底截面尺寸和形状以及基桩的平面布置而定，一般采用矩形和圆端形。

承台厚度应保证承台有足够的强度和刚度，公路桥梁墩台多采用钢筋混凝土或混凝土刚性承台（承台本身材料的变形远小于其位移），其厚度不宜小于1.5m；混凝土强度等级不宜低于C25。对于空心墩台的承台，应验算承台强度并设置必要的钢筋，承台厚度也可不受上述限制。

当桩顶直接埋入承台连接时，应在每根桩的顶面设1～2层钢筋网。当桩顶主筋伸入承台时，承台在桩身混凝土顶端平面内须设一层钢筋网，在每米内（按每一方向）设钢筋网1200～1500mm²，钢筋直径采用12～16mm，钢筋网应通过桩顶且不应截断。

当用横系梁加强桩之间的整体性时，横系梁的高度可取为0.8～1.0倍桩的直径，宽度可取为0.6～1.0倍桩的直径。混凝土强度等级不应低于C25。纵向钢筋不应少于横系梁截面面积的0.15%；箍筋直径不小于8mm，其间距不应大于400mm。横系梁不受力时，构造钢筋按不小于其横截面面积的0.15%设置。

4.桩与承台、横系梁的连接

桩和承台的连接，钻（挖）孔灌注桩桩顶主筋宜伸入承台，桩身伸入承台长度一般为150～200mm（盖梁式承台，桩身可不伸入）。伸入承台的桩顶主筋可做成喇叭形（约与竖直线倾斜15°角；若受构造限制，主筋也可不做成喇叭形），如图1-49a）、b）所示。伸入承台的钢筋锚固长度应符合结构规范要求，一般不小于600mm。对于不受轴向拉力的打入桩可不破桩头，将桩直接埋入承台内，如图1-49c）所示。

承台的受力情况比较复杂，为了使承台受力较为均匀并防止承台因桩顶荷载作用发生破碎和断裂，应在承台底部桩顶平面上设置一层钢筋网，如图1-50a），钢筋纵桥向和横桥向每1m宽度内可采用钢筋截面积1200～1500mm²（此项钢筋直径为14～18mm，应按规定锚固长度弯起锚固），钢筋网在越过桩顶钢筋处不应截断，并应与桩顶主筋连接。钢筋网也可根据基桩和墩台的布置，按带状布设，如图1-50b）所示。低桩承台有时也可不设钢筋网。

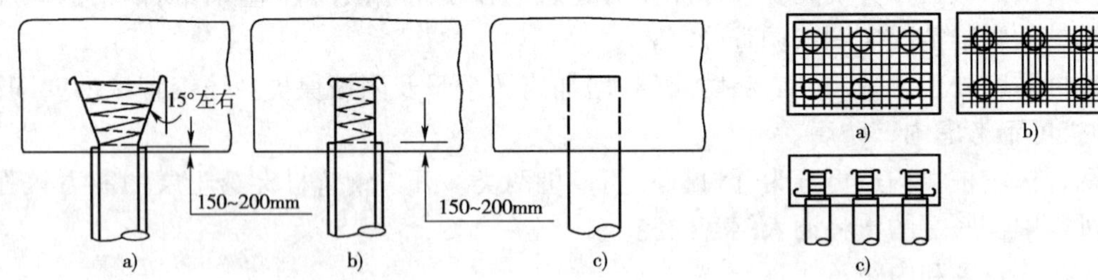

图1-49　桩和承台的连接

图1-50　承台底钢筋网

对于双柱式或多柱式墩（台）单排桩基础，当采用一柱一桩时，可设横系梁连接。横系梁的主钢筋应伸入桩内，其长度不小于35倍主筋直径。

三、沉井基础构造

（一）沉井基础特点与适用条件

沉井在施工时是一种无底无盖的井筒状结构物。它是在井孔内不断除土，井体借助自身重力及其他辅助措施克服井壁摩阻力而逐步下沉至设计高程，然后封底、填充井孔并浇筑盖板，最终形成桥梁墩台及其他建筑物的基础（图1-51、图1-52）。

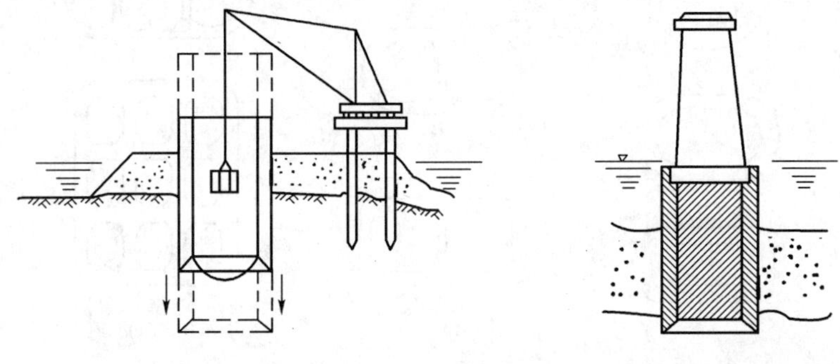

图1-51　沉井挖土下沉　　图1-52　沉井基础

沉井是一种实体深基础，其埋置深度可以很大。且具有整体性强，稳定性好，能承受较大的垂直荷载和水平荷载的特点。沉井既是基础，又是施工时的挡土和挡水结构物，下沉过程中，井壁作为坑壁围护结构，起挡土、挡水的作用。沉井施工设备简单，工艺简单，因此在桥梁工程得到较广泛的使用。但沉井基础的施工期长，对细砂、粉砂类土在井内抽水时易发生流砂现象，造成沉井倾斜。沉井下沉过程中如遇到大孤石、树干等障碍物或井底岩层表面倾斜过大，都会给施工带来困难。

根据经济比较分析，在下列情况下，可以考虑采用沉井基础：

（1）上部荷载较大，而表层地基土的容许承载力不足，采用扩大基础开挖工作量大，且支撑困难，但在一定深度下有好的持力层，采用沉井基础与其他深基础相比较，经济上较为合理时。

（2）在山区河流中，虽然土质较好，但冲刷大，或河中有较大卵石不便桩基础施工时。

（3）岩层表面较平坦且覆盖层薄，但河水较深，采用扩大基础施工围堰有困难时。

（二）沉井类型

1.按建筑材料分类

（1）混凝土沉井。混凝土沉井具有抗压强度高、抗拉强度低的特点，这种沉井适宜做成圆形，且适用于下沉深度不大的软土层。

（2）钢筋混凝土沉井。这种沉井的抗拉与抗压强度较高，下沉深度可以很大，在桥梁工程中得到较广泛的使用。

（3）钢沉井。钢沉井具有强度高、质量轻、易于拼装的特点，适合做成浮运沉井，但用钢量较大，国内较少采用。

2.按沉井形状分类

（1）按平面形状分类

沉井的平面形状应与桥墩、桥台等结构底部的形状相适应。公路桥梁中采用的沉井，平面形状多为矩形和圆端形，也有采用圆形。沉井根据井孔的布置方式分，又可分为单孔、双孔及多孔；双孔和多孔沉井中间设隔墙，如图1-53所示。

圆形沉井形状对称、挖土容易，受力性能好，下沉不宜倾斜，但与墩、台截面形状适应性差。当墩身为圆形或河流流向不定，以及桥位与河流主流方向斜交角度较大时，可考虑采用圆形沉井。

矩形沉井与墩、台截面形状适应性好，模板制作简单，但边角土不易挖除，下沉易产生倾

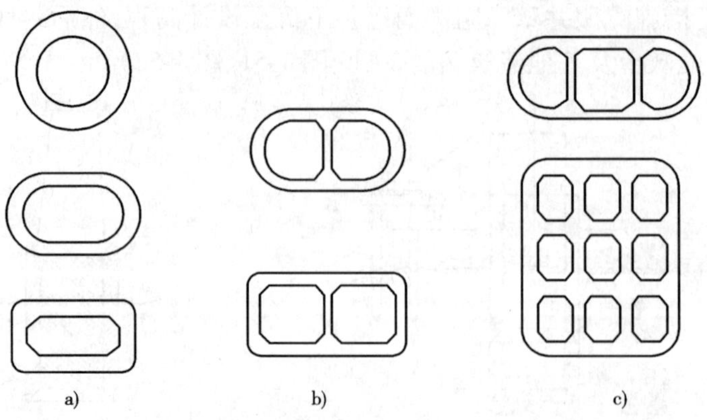

图 1-53　沉井平面图

a)单孔沉井;b)双孔沉井;c)多孔沉井

斜。四角一般做成圆角,可有效改善转角处的受力条件,降低井壁摩阻力,避免取土清孔困难。与圆形沉井相比,井壁受力条件差,存在较大剪力和弯矩,故井壁跨度受到限制;矩形沉井有较大的阻水特性,在下沉中易使河床受到冲刷。

圆端形沉井在控制下沉、受力条件、阻水冲刷等方面均较矩形有利,但制作相对复杂。

(2)按竖向剖面形状分类

主要有竖直式、台阶式和倾斜式等,如图 1-54 所示。

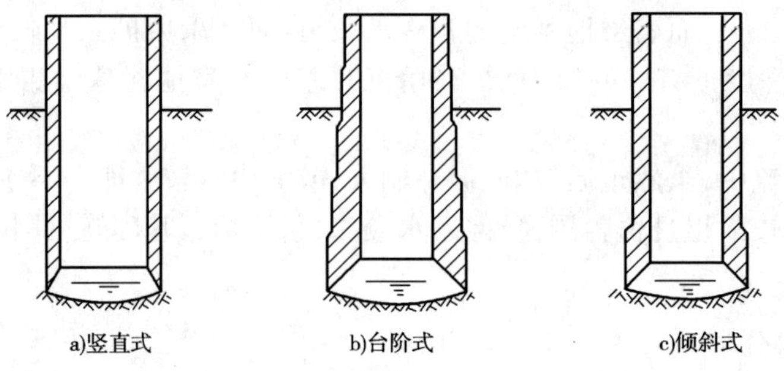

图 1-54　沉井剖面图

竖直式沉井在下沉过程中不容易倾斜,井壁接长较简单,模板可重复使用。故当土质较松软、沉井下沉深度不大时,可以采用这种形式。台阶式和倾斜式沉井可以减少井壁与土的摩擦,但施工较复杂,消耗模板多,沉井下沉初期容易发生倾斜。在土质较密、下沉深度较大时可以采用这类沉井。台阶式井壁的台阶宽度约为 100 ~ 200mm。倾斜式沉井井壁坡度一般为 1/50 ~ 1/20。

3. 按施工方法分类

(1)一般沉井,即就地制造下沉的沉井,沉井在基础设计的位置上制造,然后挖土下沉。如基础位于水中,需在水中筑岛,在岛上制造沉井。

(2)浮运沉井,即在深水中筑岛有困难或不经济时,可采用岸边制造沉井,然后浮运就位下沉的施工方法。

(三)沉井构造

沉井平面形状及尺寸应根据墩台身底面尺寸、地基土的承载力及施工要求确定。沉井棱角处宜做成圆角或钝角,顶面襟边宽度应根据沉井施工容许偏差确定,不应小于沉井全高的 1/50,且不应小于 20cm。沉井顶部需设置围堰时,其襟边宽度应满足安装墩台身模板的需要。

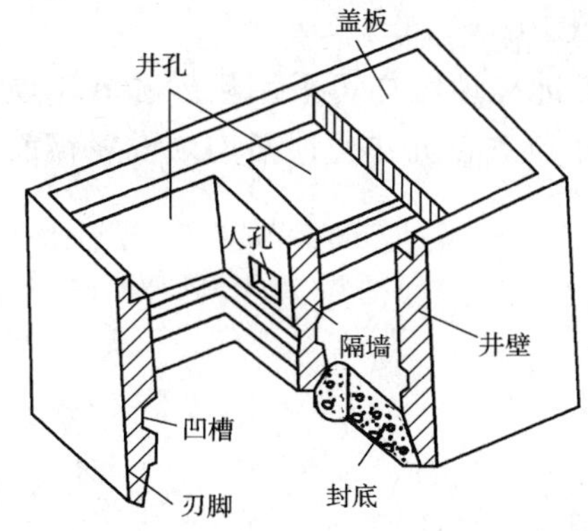

图 1-55 沉井构造示意图

井孔的布置和大小应满足取土机具操作的需要,对顶部设置围堰的沉井,宜结合井顶围堰统一考虑。

沉井每节高度可视沉井的平面尺寸、总高度、地基土情况和施工条件而定,一般不宜高于 5m。沉井外壁可做成垂直面、斜面或与斜面坡度相当的台阶形状。

一般沉井构造主要由井壁、刃脚、隔墙、井孔、凹槽、封底和盖板等组成,如图 1-55 所示。

1. 井壁

井壁是沉井的主体部分,在下沉过程起挡土、挡水及提供重量的作用,当沉井施工完成后,井壁成为基础的一部分。因此,井壁应有足够的强度和一定的厚度,以承受下沉过程中各种最不利荷载,同时要有足够的重量,使沉井能在自重作用下顺利下沉到设计高程。一般应根据施工时的受力条件,在井壁内配适量的竖向和水平向钢筋,水平向钢筋不宜在井壁转角处有接头。浇筑沉井的混凝土强度等级不应低于 C20。为了满足重量要求,井壁厚度一般为 0.80 ~ 1.50m。

2. 刃脚

井壁最下端一般都做成楔形的部分称为刃脚。其作用是使沉井在自重作用下易于切土下沉,同时支承沉井。刃脚是沉井应力最集中的部分,应具有一定的强度,以免在下沉过程中损坏。刃脚底的水平面称为踏面,踏面宽度一般为 10 ~ 20cm,对软土可适当放宽,如图 1-56 所示。刃脚底面应以型钢加强,以防刃脚损坏。刃脚内侧斜面与水平面夹角应大于 45°。刃脚高度视井壁厚度、是否便于抽除垫木而定,一般在 1.0m 以上,由于刃脚应力集中,刃脚混凝土强度等级不应低于 C25。

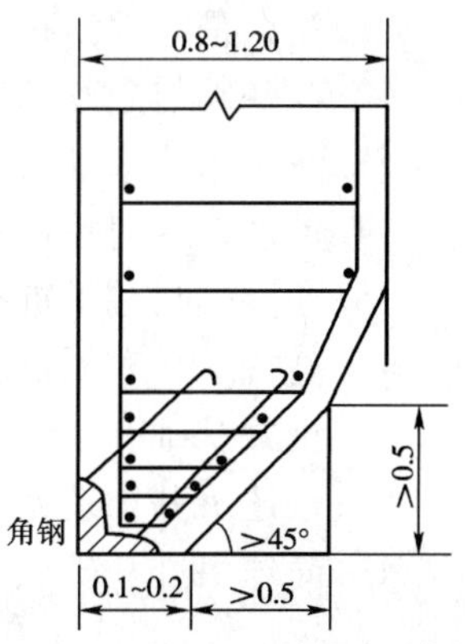

图 1-56 刃脚构造(尺寸单位:m)

3. 隔墙

当沉井的平面尺寸较大时,应在沉井井筒内设置隔墙,以加强沉井在下沉过程中的刚度,减小井壁的挠曲应力。隔墙不承受侧面土压力和水压力,其厚度一般小于井壁,隔墙底面应高出刃脚底面 0.5m 以上,以避免隔墙下的土顶住沉井而妨碍下沉。也可在刃脚与隔墙连接处设置埂肋加强刃脚与隔墙的连接。如为人工挖土,在隔墙下端应设置过人孔,便于工作人员在井孔间来往。

4. 井孔

井孔是挖土、排土的工作场所和通道。井孔尺寸应满足施工要求,宽度(直径)不宜小于 3m。井孔布置应对称于沉井中心轴,便于对称挖土使沉井均匀下沉。

5. 凹槽

凹槽设在井孔下端近刃脚处,其作用是使混凝土与井壁结合良好,封底混凝土底面的反力更好地传给井壁,井孔全部填实的实心沉井也可不设凹槽。凹槽深度约 0.15 ~ 0.25m,高约 1.0m。

6. 封底和盖板

沉井下沉到设计高程并进行清基后,可浇筑封底混凝土。

沉井封底混凝土厚度由计算确定,但其顶面应高出刃脚根部不小于0.5m。封底混凝土强度等级对非岩石地基不应低于C25,岩石地基不应低于C20。

沉井填料可采用混凝土、片石混凝土或浆砌片石,在无冰冻地区亦可采用粗砂和砂砾填料,空心沉井应考虑受力和稳定要求。粗砂、砂砾填芯沉井和空心沉井的顶面均须设置钢筋混凝土盖板,盖板厚度通过计算确定,一般为1.5~2.0m。

思考题

1. 梁桥桥墩和梁桥桥台各有哪几种类型?
2. 说明重力式桥墩和轻型桥墩的特点及使用范围。
3. 说明重力式桥台和轻型桥台的特点及使用范围。
4. 简述柱式墩的构造,分析它为何在桥梁中广泛采用?
5. 简述拱桥墩台与梁桥墩台的差别。
6. 拱桥在什么情况下设单向推力墩?常用的推力墩有哪些形式?
7. 叙述设有支撑梁的轻型桥台的特点。
8. 试述埋置式桥台的特点和适用范围。
9. 柔性墩的工作特点是什么?
10. 试述加筋土桥台的工作原理。
11. 什么是基础?在公路桥梁中常用的基础形式有哪些?
12. 深基础与浅基础有哪些区别?
13. 何为刚性基础?刚性基础有何特点?
14. 桩基础有何特点?什么情况下采用桩基础?
15. 摩擦桩与端承桩有何区别?各适用于什么情况?
16. 高桩承台和低桩承台各有哪些优缺点?它们各自适用于什么情况?
17. 沉井基础有什么特点?什么情况下采用沉井基础?
18. 试述沉井构造特点。
19. 简述沉井基础按立面形状的分类以及各自的特点。

第二章　桥梁施工预备知识

第一节　桥梁下部结构施工测量

在桥梁施工前，应通过测量放样确定基坑开挖、墩台建造的施工位置。在施工过程中，应通过测量放样对工程构造物外形几何尺寸进行控制和检测，及时修正偏差，以保证施工正确。在竣工后，通过测量对工程进行检查和验收。桥梁施工测量的内容主要包括以下 4 个方面：

(1)平面控制测量。其内容包括测设与校核桥位中心线控制桩，测设桥梁墩、台中心位置，并进行上部结构平面形状的测量放样。

(2)高程控制测量。布设施工临时水准点网，进行施工高程测量工作。

(3)施工放样测量。基础施工放样、墩台施工细部放样和桥梁上部构造安装放样，同时测量各部位的高程。

(4)竣工测量。工程竣工以后，应对结构物各部位的平面位置、尺寸、高程等，按照设计要求进行测量验收。

一、桥梁平面定位测量

(一)桥位中线测量

桥位中线(即桥轴线)及其长度是用来作为设计与测设墩台位置的依据，桥位中线测量的目的是控制中线的长度和方向，从而确保墩台位置的正确。因此保证桥轴线测量的必要精度是十分重要的。为了确保桥轴线长度的精度，有时需要建立独立的三角网与国家的控制点进行联测。

1. 预估桥轴线长度的精度

在测量桥轴线长度之前，应预先估算桥轴线长度所需要的精度，以便合理地拟订测量方案并规定各项测量的限差。桥轴线的精度要求取决于桥长、跨径及其架设的精度(见表 2-1 ~ 表 2-3)。

2. 桥轴线长度的测量方法

测量桥轴线长度的方法，通常采用光电测距法、直接丈量法、三角网法等。对于直线桥梁可以直接采用这三种方法进行测量；而对于曲线桥梁则应结合曲线桥梁的轴线在曲线上的位置确定。

(1)光电测距法

近年来光电测距仪已得到广泛应用，因其精度高、操作快、计算简便，在通视方面不受地形限制，因此是测定桥轴线比较好的一种仪器。

观测时应在气象比较稳定、大气透明度好、附近没有光电信号干扰的情况下进行，且应在不同的时间进行往返观测。观测时间的选择，应注意不要使反光镜面对着太阳的方向。

当照准方向时，待显示读数变化稳定后，测3～4次，取平均值。如往返观测值在容许范围之内，则取平均值为距离观测值。

(2)直接丈量法

沿桥轴线方向地势平坦，可以通视则可采取直接丈量法测量桥轴线长度。这种方法所用设备简单，精度也可靠，是一般中小桥施工测量中常用的方法。

(3)三角网法

在深水大河上测量桥轴线的长度有困难时，可采用间接丈量法测量桥轴线长度，如图2-1所示。即把桥轴线 AB 作为三角网的一个边长，测量基线长度 AC、AD，用三角测量的原理测量并计算桥轴线长度 AB。

布设桥梁三角网的目的是为了求出桥轴线长度及交会出墩台的位置，因此布网时应注意以下几点：

①三角点之间视野应开阔，通视要良好。

②三角点不应位于可能被淹没及土壤松软地区。

③三角网图形要简单，三角点基础应具有足够的强度。

④桥轴线应为三角网的一条边，并与基线的一端相连，以确保桥轴线的精度。

⑤桥梁三角网的边长与河宽有关，一船在0.5～1.5倍河宽范围内变动；由于桥梁三角网边长一般较短，故三边网的精度不及三角网和边角网的精度；测角网能控制横向误差，测边网能控制纵向误差；故把两者的优点结合起来，布设成带有基线的边角网为最好。

⑥为了方便校核，应至少布设两条基线，基线长度应为桥轴线长度的0.7～0.8倍。

控制网布设常用图形有以下几种(图2-2)。图2-2a)较为简单，适用于一般桥梁施工放样。图2-2b)是在桥轴线两侧各布设一个大地四边形，适用于大桥的施工放样；考虑近岸处桥墩的交会，也可在图2-2c)中增设1、2、3、4插点。

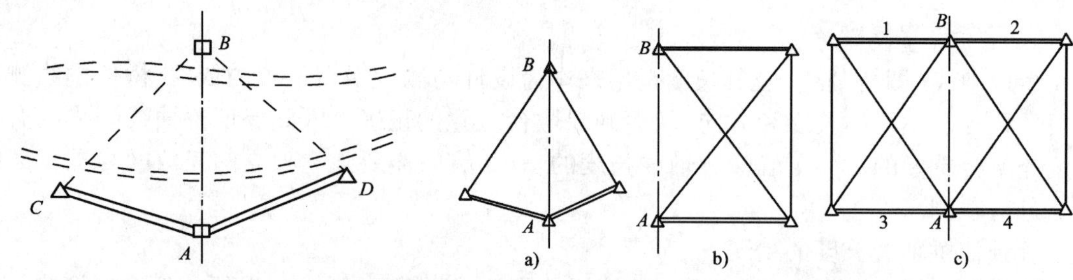

图2-1　桥梁三角网图

图2-2　桥梁三角控制网图形

(二)桥梁墩台中心定位

在桥梁施工测量中，最主要的工作是准确地定出桥梁墩、台的中心位置与其纵横轴线，即墩台定位。桥梁墩台中心定位是根据桥梁施工详图上的两桥台及各桥墩中心的里程，以桥梁中心线控制桩、桥梁三角网控制点为基准，按规定精度放出墩台中心的位置。

1. 直接丈量法

当桥墩位于地势平坦、可以通视，无水或浅水河道，用钢尺可以直接丈量时，用直接丈量法。如图2-3，A、B 为桥梁中线之定位桩。精确测量 AB 长度后，即可分别由 A、B 点标定出桥台和桥墩的位置。

丈量前应对钢尺检定，丈量方法与测定桥轴线相同，不同的是此时测设已知长度，在测设前应将尺长改正数、温度改正数及倾斜改正数考虑在内，将已知长度转化为钢尺丈量长度。

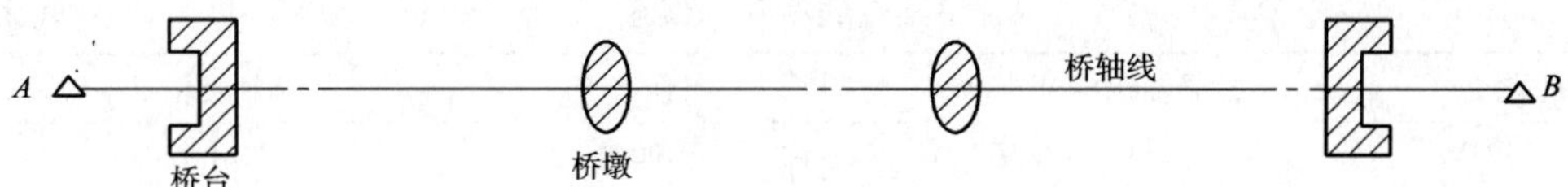

图 2-3　直接丈量法测定桥梁中线

2. 光电测距法

只要墩台中心处能安置反光镜，且经纬仪和反光镜之间能通视，则用光电测距法比较方便。但测设时应根据当时测出的气压、温度和测设距离，通过气象参数修正，得出测设的显示斜距。在测设出斜距并根据垂直角折算为平距后，与设计的平距进行比较，看两者是否相等。根据其差值前后移动反光镜，直到两者相符，则反光镜处即为要测设的墩位。

放样后的旱桥墩台中心位置可用大木桩标定，在木桩顶中心处钉一铁钉，然后在这些点位上设置经纬仪，以桥梁轴线为基准放样出与桥轴线相重合的墩台纵向轴线和与桥轴线相垂直的墩台横向轴线，并在纵横轴线的每端方向上至少定出 2 个方向桩（护桩），各桩应在基坑开挖线以外 1 ~ 2m。如图 2-4 所示。墩台纵横轴线方向桩是施工过程中随时恢复墩台中心位置和细部测量放样的基础，应进行妥善保护。

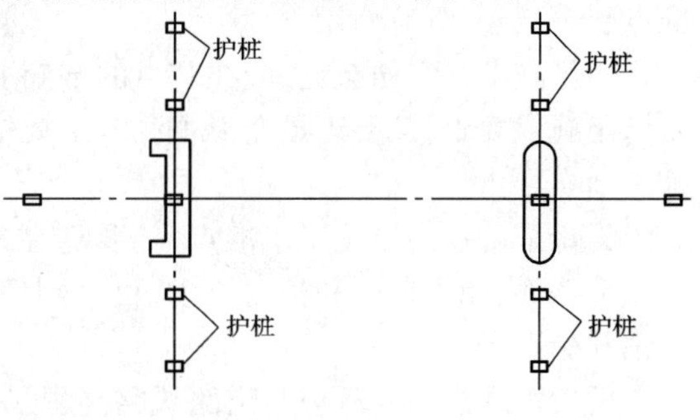

图 2-4　桥梁墩台定位

（三）桥梁施工平面控制测量的精度与等级要求

桥梁施工平面控制测量的精度与等级要求，应符合《公路桥涵施工技术规范》（JIG/T F50—2011）的规定。

各等级平面控制测量，其最弱点点位中误差为 ±50mm，最弱相邻点间相对点位中误差为 ±30mm；最弱相邻点边长相对中误差不得大于表 2-1 的规定。

平面控制测量精度要求　　表 2-1

测量等级	最弱相邻点边长相对中误差	测量等级	最弱相邻点边长相对中误差
二等	1/100000	四等	1/35000
三等	1/70000	一级	1/20000

桥梁工程平面控制测量的等级不得低于表 2-2 的规定；同时桥梁轴线精度还应符合表 2-3 的规定。对特大桥跨径及特殊结构的桥梁，应根据其施工允许误差，确定其平面控制测量的精度与等级。

平面控制测量等级　　表 2-2

多跨桥梁总长 L(m)	单跨桥梁跨径 L_K(m)	其他构造物	测量等级
$L \geqslant 3000$	$L_K \geqslant 500$	—	二等
$2000 \leqslant L < 3000$	$300 \leqslant L_K < 500$	—	三等
$1000 \leqslant L < 2000$	$150 \leqslant L_K < 300$	高架桥	四等
$L < 1000$	$L_K < 150$	—	一级

桥梁轴线相对中误差 表 2-3

测量等级	桥梁轴线相对中误差	测量等级	桥梁轴线相对中误差
二等	≤1/150000	四等	≤1/60000
三等	≤1/100000	一级	≤1/40000

二、桥梁高程测量

在桥梁施工阶段，除了建立平面控制，还需建立高程控制。一般在河流两岸分别布设若干个水准基点，作为施工阶段高程放样以及桥梁营运阶段沉陷观测的依据。因此，在布设水准基点时，点的密度及高程控制的精度，均应考虑这两方面的要求。布设水准点可由国家水准点引入，经复测后使用。

为了施工时方便起见，应在基点的基础上设立若干施工水准点。基点是永久性的，它既要满足施工要求，又要满足变形观测时永久使用。施工水准点只用于施工阶段，要尽量靠近施工地点。

无论是基点还是施工水准点，均要选在地基稳固、使用方便，且不易被破坏的地方。根据地形条件、使用期限和精度要求，可分别埋设混凝土标石、钢管标石、基岩标石、管柱标石或钻孔标石。

桥梁水准点的高程应与道路线路高程采用同一系统，因而要与路线水准点进行联测。

跨河水准测量路线，应选在桥址附近且河面最窄处。为了提高精度，跨河桥梁的水面宽超过 300m 时，应采用双线过河，且应组成闭合环。桥梁工程的高程控制测量等级不得低于表 2-4 的规定。

高程控制测量等级 表 2-4

多跨桥梁总长 L(m)	单跨桥梁跨径 L_K(m)	其他构造物	测量等级
$L \geqslant 3000$	$L_K \geqslant 500$	—	二等
$1000 \leqslant L < 3000$	$150 \leqslant L_K < 500$	—	三等
$L < 1000$	$L_K < 150$	高架桥	四等

三、桥梁细部施工放样

(一)墩、台纵横轴线的放样与固定

在墩台中心定位之后，还应放出墩、台的纵横轴线，作为墩、台细部放样的依据。对旱桥或浅水桥可以直接用经纬仪拨角法放样；位于水中的桥墩，如采用筑岛或围堰施工时，可把纵横轴线设于岛上或围堰上。直线桥的墩、台轴线与桥轴线垂直；若曲线桥墩、台中心位于路线中心上，则墩、台的纵轴线为墩、台中心处曲线的切线方向，而横轴与纵轴垂直。

对放样出的墩、台轴线，要用护桩固定，因为在施工过程中，需要经常恢复纵横轴线的位置。墩、台轴线的护桩在每侧应不少于 2 个，尽量在每侧多设护桩，以防护桩被破坏。护桩的位置一般是在放样出的桥梁墩、台纵、横轴线上，以利于校核；特殊情况下（如水下中墩护桩）也可不在轴线上，此时要用方向交会法设置护桩，并应绘制施工放样简图，以备施工测量使用。

桥梁墩台细部放样是在实地已放出的墩、台中心和纵横轴线的基础上，根据施工的需要，按照设计图，自下而上分阶段将墩、台各部位尺寸放样到施工作业面上的过程。但在施工过程中，墩、台中心和纵横轴线的标志一般都不易长期保存，因此必须采取重新交会的方法或根据护桩恢复中心及纵横轴线，再进行下一步工序的施工放样。

（二）明挖基础的施工放样

在基础开挖前，首先应根据施工图样中的基础尺寸、开挖深度、合理的放坡情况，计算出地面开挖边线的尺寸；然后根据墩台中心及纵横轴线即可放出基坑的边线。当基坑开挖到设计高程以后应进行基底平整或根据施工要求作必要的地基处理；然后在基础垫层上放出墩台中心及纵横轴线，作为布置钢筋、安装模板、浇混凝土的依据。

基坑底部尺寸应根据实际情况比设计需要的尺寸每边增加 50 ~ 100cm 的余量，以便为边坡支护、支立模板等操作提供必要的空间。

根据墩台纵横轴线的护桩，引测至基坑底部，放出控制桩位置，并用木桩加铁钉标出；然后用钢尺进行量距，以检查基底尺寸。

模板检查与放样的方法相同，都是根据墩台中心及纵横轴线进行的。墩台如采用混凝土浇筑，上述放样即模板放样。一般模板采用 3m 一段，安装后应进行检查并符合要求。在检查模板上口时，事先用较重的垂球将标定的纵横线移至上口。模板上同一高程相对误差最大为 10mm，可用钢尺或水准仪测设，并在每次灌注混凝土欲达高度的上方一定高度（如 100mm 处）标出高程以便控制。

（三）桩基础的施工放样

根据墩台的纵横轴线用钢尺测设出 4 根边角桩位，并用钢尺复核这 4 根桩的相对位置，无误差后就根据这 4 个点用钢尺测设墩台的其他桩位。

桩基础钻孔放样与墩台定位放样方法相同，桩基础的施工放样目前多采用全站仪进行，使用极坐标法放出桩基础的点位，在点位上打入木桩，在木桩上钉入铁钉进行定位；并引测到桩位四周，做好护桩。桩基础定位误差应符合施工要求，固定方法与墩台纵横轴线测设方法相同。

（四）桥梁墩台的细部放样

墩身和台身的细部放样，也是主要以它的纵横轴线为依据，在立模板的外面需要预先画出它的中心线；然后在纵横轴线的护桩上架设经纬仪，照准该轴线方向上的另一护桩，根据这一方向校正模板的位置，直至模板中心线位于视线的方向上。

在施工过程中，经常要利用护桩恢复墩、台，即在墩、台身一侧的护桩上架设经纬仪，照准另一侧的护桩。但墩身筑高以后，视线被阻，就无法进行，此时，可在墩身尚未阻挡视线以前，将轴线方向用油漆标记在已成的墩身上，以后恢复轴线时可在护桩上架设仪器，照准这个标志即可。

在墩、台帽模板安装到位后应再一次进行复测，确保墩、台帽位置符合设计要求。模板位置中心的偏差不得大于 1cm，并在模板上标出墩顶高程，以便控制灌注混凝土的高程。当混凝土灌注至墩顶部时，在墩的纵横轴线及墩的中心处，可埋设中心标志，在纵轴线两侧的上下游埋设两个水准点，并测定出中心标志和水准点的高程，作为大致安置支撑垫石的参考依据。

第二节　桥梁施工常用机具和设备

现代桥梁机械化施工要求广泛使用各种先进的机械、设备，以确保工程施工质量，加快施工进度，降低劳动强度，节约成本。施工设备和机具的优劣往往决定了桥梁施工技术的先进与否。反过来，桥梁施工技术的发展，也要求各种施工设备和机具不断进行更新和改进，以适应施工技术的发展。

现代大型桥梁施工设备和机具主要有：

(1)各种常备式结构，如万能杆件、贝雷梁等；

(2)各种起重机具设备，如千斤顶、吊机等；

(3)混凝土施工设备，如拌和机、输送泵、振捣设备等；

(4)预应力锚具及张拉设备，如锚具、张拉千斤顶等。

桥梁施工常用机具和设备种类多、结构复杂，下面只作简要介绍。

一、桥梁施工常备式结构

(一)钢管脚手架(支架)

在桥梁施工中常需要搭设支架，以支撑和固定模板，也可以作为施工时的脚手架。桥梁施工中常用脚手架的主要构件是钢管，钢管架根部必须采用底座以保证立杆不会插入土中。为了微调支架高度，底座一般做成可调节高度的。对于模板支撑架，钢管顶部需设置顶托。为了方便拆模板，顶托一般也采用可调节高度的。有时竖向钢管的接长也用调节螺杆，如图2-5所示。

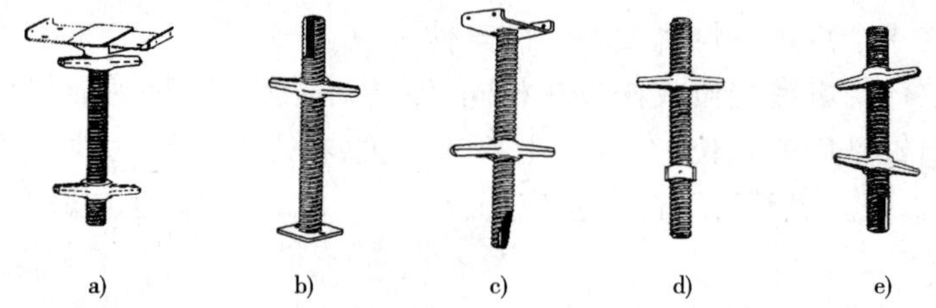

图2-5　顶托、底座与调节螺杆

a)双向可调顶托；b)可调底座；c)单向可调顶托；d)高低调节螺杆；e)双向调节螺杆

根据钢管的连接、组合方式不同而产生了多种不同类型的脚手架，主要有扣件式钢管脚手架、碗扣式钢管脚手架和门式脚手架。

1. 扣件式钢管脚手架

扣件式钢管脚手架是目前使用较广泛的脚手架，它具有装拆方便，搭设灵活，能适应结构物平面、立面的变化等特点。

扣件式钢管脚手架由钢管和扣件两种构件拼装而成。扣件有直角扣件、旋转扣件和对接扣件3种，如图2-6所示。钢管直角连接时，采用直角扣件；钢管之间锐角连接时，如斜杆的连接，即采用旋转扣件；钢管需要接长时，采用对接扣件。

2. 碗扣式钢管脚手架

碗扣式钢管脚手架是对扣件式钢管脚手架的重大改进。其脚手架主要杆件仍然是钢管，但钢管的连接点采用“碗扣”。碗扣由上、下碗扣构成，如图2-7、图2-8所示。下碗扣焊接在立柱上,上碗扣套在立柱上。水平管两端焊有“插头”,该插头下插入下碗,上插入上碗。上碗扣利用上端之螺旋形与立柱上焊的“锁销”别住楔紧而连接。碗扣式脚手架采用了中心线连接,因而大大提高了承载能力。此外承受横杆垂直力的下碗扣与立柱采用焊接方式,因而改善了“节点”的受力性能,提高了安全度。

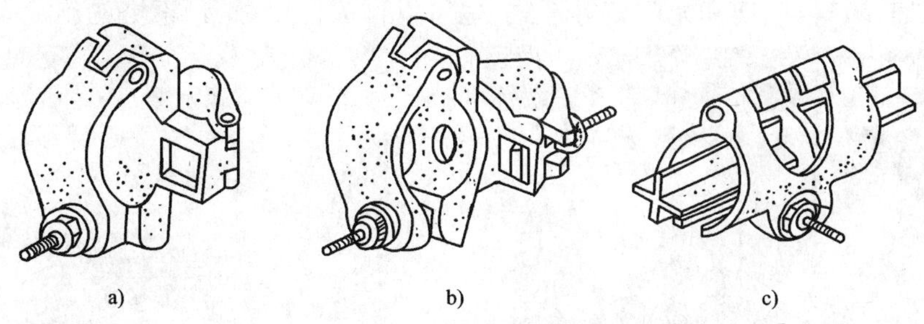

图 2-6　扣件

a)直角扣件;b)旋转扣件;c)对接扣件

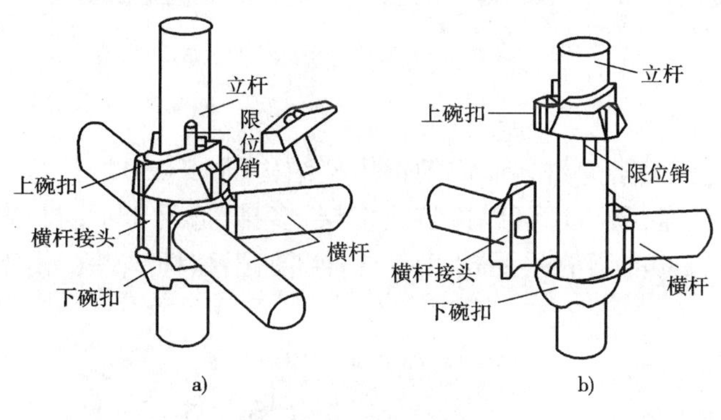

图 2-7　碗扣接头连接

a)连接前;b)连接后

图 2-8　碗扣接头

3. 门式脚手架

门式脚手架由单个刚架单元为主要结构构件组成一个框架式结构(图 2-9),每一组脚手架自身可形成稳定的结构体系。因此,其结构合理,使用简单,操作灵活。

门式脚手架由钢管制成的门架、交叉支撑、连接销、顶托、底座等组成。如图 2-10 所示。

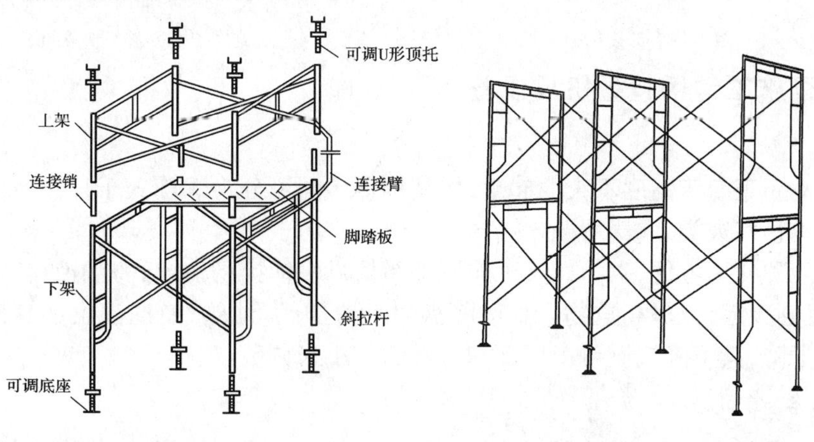

图 2-9　门式脚手架结构示意图

图 2-10　门式脚手架框架示意图

（二）万能杆件

万能杆件是由角钢和连接板组成，用螺栓连接而成桁架杆件（图2-11）。其通用性强，弦杆、腹杆及连接板等均为标准构件（图2-12），具有拆装容易、运输方便、利用率高等优点，可以组拼成桁架、墩架、塔架和龙门架等形式，也可以作为桥梁墩台、索塔的施工脚手架等。

图2-11　万能杆件组拼的脚手架

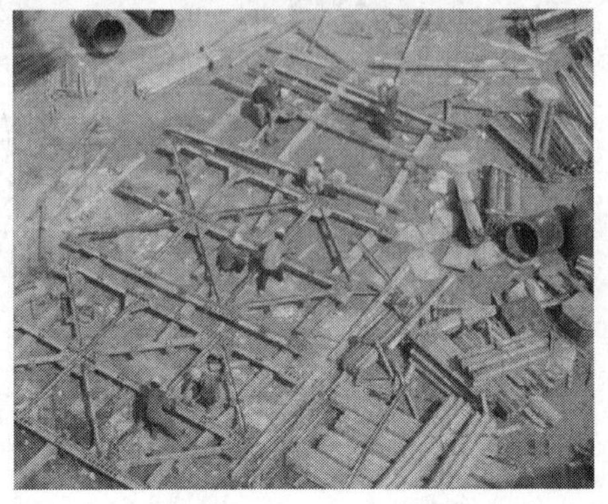

图2-12　万能杆件组拼

（三）贝雷梁

贝雷梁也称为贝雷片、贝雷架，是一种由桁架拼装而成的钢桁架结构（图2-13）。其每一桁架片形式相同，可以通过销子或螺栓迅速接长，还可以拼装成多层、多排，适用于不同长度及不同荷载的临时承重结构（图2-14）。贝雷梁的主要构件有：桁架、加强弦杆、横梁、桁架销、螺栓、支撑构件等。

图2-13　贝雷桁架

图2-14　由贝雷架组成的墩身支架

二、桥梁施工常用起重机具设备

（一）千斤顶

千斤顶适用于起落高度不大的起重，按其构造不同可分为螺旋式千斤顶、油压式千斤顶和齿条式千斤顶三大类。

油压千斤顶使用方便、省力。其工作原理系依靠手柄推动油泵，将油液压入活塞的油缸内，将活塞逐渐顶起，以举高重物。如欲降低时，可打开回油阀，使油液由油缸回到储油箱，重物就逐渐下降，其下降快慢可由回油阀松开的大小来调节。

（二）滑车

滑车又称滑轮或葫芦，是装吊作业的基本工具之一。滑车由滑轮、轴和夹板组成。滑车种类很多,按使用方式的不同,滑车可分为定滑车、动滑车和导向滑车。按转轮的数量,滑车可分为单轮、双轮及多轮。定滑车可改变力的方向,但不能省力;动滑车在使用中随重物移动而移动,但不能改变力的方向。如图2-15所示。

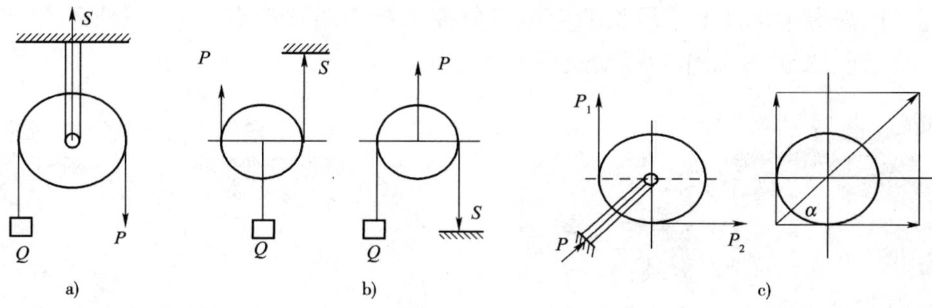

图2-15 滑车

a)定滑车;b)动滑车;c)导向滑车

滑车组由一定数量的定滑车和动滑车及绕过他们的绳索组成。滑车组既能省力又可改变力的方向。滑车组根据绳头引出的方向不同分为4种:绳头从动滑车引出、绳头从定滑车引出和有导向滑车的滑车组,以及双联滑车组,如图2-16所示。

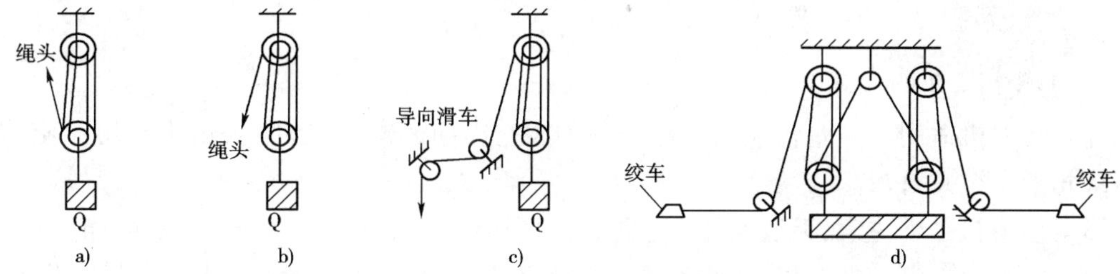

图2-16 滑车组种类

a)绳头从动滑车引出;b)绳头从定滑车引出;c)有导向滑车的滑车组;d)双联滑车组

(三)卷扬机

卷扬机又称为绞车,绞车分手摇绞车与电动绞车。桥梁施工中常用电动绞车。

手摇绞车是在一个卷筒上配置几对齿轮及其他配件组成简单机械。电动绞车按照操作方式可分为电动可逆式绞车和电动摩擦式绞车。前者的电动机与卷筒有固定联系,卷筒可强制正转和反转,只需变换电路就可进行起吊和下降重物。后者没有固定联系,而是通过摩擦离合器带动卷筒旋转,只有起吊时才使用;重物下降时全靠自身重力,其速度快慢用制动器来控制。

(四)龙门架(龙门吊机)

龙门架(图2-17)是一种最常用的垂直起吊设备。在龙门架顶横梁上设行车时,可横向运输重物、构件;在龙门架两腿下缘设有滚轮并置于轨道上时,可在轨道上纵向运输;如在两腿下设能转向的滚轮时,可进行任何方向的水平运输。龙门架通常设于构件预制场吊移构件;或设在桥墩顶、墩旁安装桥梁构件。图2-18为公路装配式龙门架。

(五)浮吊

在通航河流上建桥,浮吊是重要的工作船。常用的浮吊有铁驳轮船浮吊和用木船、型钢及人字扒杆等拼成的简易浮吊。

通常简易浮吊可以利用2只民用木船组拼成门船，用木料加固底舱，舱面上安装型钢组成的底板构架，上铺木板，其上安装人字扒杆制成。起重动力可使用双筒电动卷扬机1台，安装在门船后部中线上。制作人字扒杆的材料可用钢管或圆木，并用2根钢丝绳分别固定在民船尾端两舷旁钢构件上。吊物平面位置的变动由门船移动来调节，另外还需配备电动卷扬机、钢丝绳、锚链、铁锚作为移动及固定船位用。

图2-17　专用龙门架

图2-18　公路装配式龙门架

(六)缆索起重机

缆索起重机适用于高差较大的垂直吊装和架空纵向运输，吊运量从几吨至几十吨，纵向运距从几十米至几百米。

缆索起重机是由主索、天线滑车、起重索、牵引索、起重及牵引绞车、主索地锚、塔架、风缆、主索平衡滑轮、电动卷扬机、手摇绞车、链滑车及各种滑轮等部件组成。在吊装拱桥时，缆索吊装系统除了上述各部件外，还有扣索、扣索排架、扣索地锚、扣索绞车等部件(图2-19)。

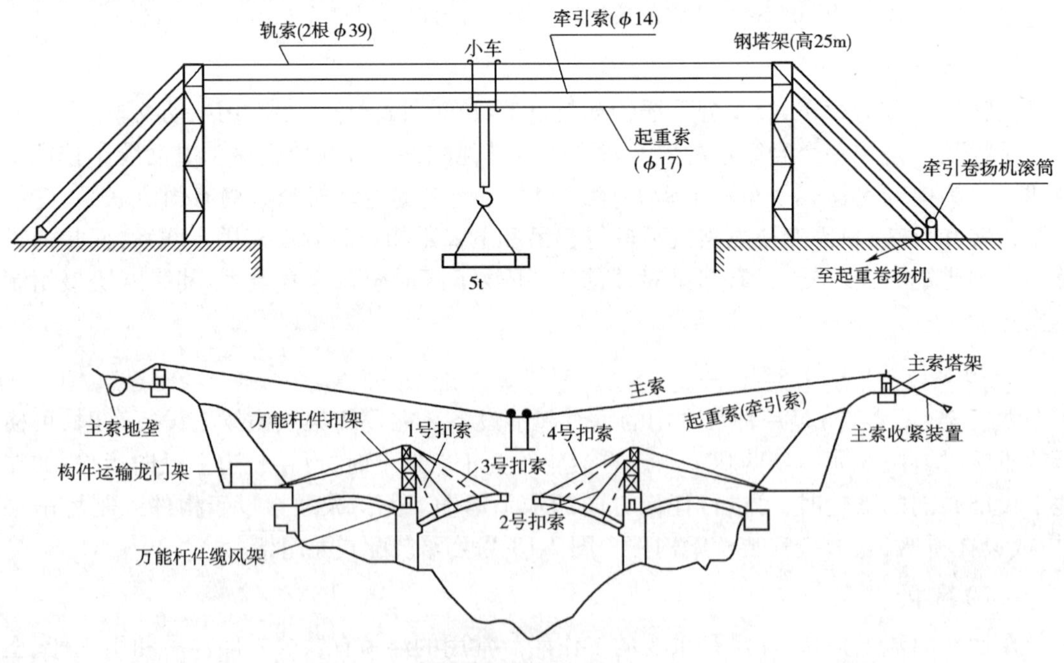

图2-19　缆索吊装示意图

三、混凝土施工设备

混凝土施工工序较多，工程量大，目前在桥梁施工中混凝土工程一般采用机械设备进行施工。混凝土施工设备主要包括混凝土搅拌机、混凝土搅拌站(楼)、混凝土搅拌输送车、混凝土输送泵及泵车和振动机械等。

(一)混凝土搅拌机

混凝土搅拌机按照搅拌原理可分为自落式和强制式2类。自落式多用于搅拌塑性混凝土和低流动性混凝土，具有机件磨损小、易于清理、移动方便等优点，但动力消耗大、效率低，适用于施工现场。强制式搅拌机主要用于搅拌干硬性混凝土和轻集料混凝土，也可搅拌低流动性混凝土，具有搅拌质量好、生产率高、操作简便、安全等优点，但机件磨损大，适用于预制厂使用。

(二)混凝土搅拌站(楼)

混凝土搅拌站(楼)的特点是制备混凝土全过程自动化，生产效率高，质量稳定、成本低。搅拌站与搅拌楼的区别是：搅拌站的生产能力小，结构容易拆装，适用于施工现场(图2-20)；搅拌楼体积大，生产效率高，只能作为固定的搅拌装置，适用于产量大的预拌(商品)混凝土供应。

图2-20　搅拌站

搅拌站(楼)主要由物料供给系统、称量系统、搅拌主机和控制系统4部分组成。

(1)物料供给系统指组合成混凝土的砂子、石、水泥、水等几种物料的堆积和提升系统。

(2)称量系统对砂石一般采用累积计量，水泥单独称量，搅拌用水一般采用定量水表计量。

(3)主机系统是搅拌主机的选择，决定了搅拌站(楼)的生产率。自落式和强制式搅拌机均可作为搅拌站(楼)的搅拌机。

(4)控制系统一般有2种方式：

①开关电路，继电器程序控制；

②采用运算放大器电路，增加了配比设定，落实调整容量变换等功能。

近几年，微机控制技术开始应用于搅拌站(楼)控制系统，从而提高了控制系统的可靠性。

(三)混凝土搅拌运输车

混凝土运输机具设备的选择，应根据结构物特点、混凝土浇灌量、运距、现场道路等情况以及现有机具设备等条件确定。

混凝土的水平运输，短距离多用双轮手推车、机动翻斗车、轻轨翻斗车；长距离则用自卸汽车、混凝土搅拌运输车等。

混凝土搅拌运输车，是一种用于长距离运输混凝土的施工机械。它是将运输的搅拌筒安装在汽车底盘上，把在预拌混凝土搅拌站生产的混凝土成品装入拌筒内，然后运至施工现场，在整个运输过程中，混凝土的搅拌筒始终在作慢速转动，从而使混凝土在长途运输后，仍不会出现离析现象，以保证混凝土的质量。

(四)混凝土输送泵和混凝土泵车

混凝土输送泵是利用水平或垂直管道,连续输送混凝土到浇筑点的机械,能同时完成水平和垂直输送混凝土,工作可靠。混凝土输送泵适用于混凝土用量大、作业周期长及泵送距离和高度较大的场合,如图 2-21 所示。

图 2-21 混凝土输送泵

混凝土泵车属于自行式混凝土泵,是把混凝土泵和布料装置直接安装在汽车的底盘上的混凝土输送设备。它的机动性好、布料灵活,工作时不需另外铺设混凝土管道,使用方便,适合于大型基础工程和零星分散工程的混凝土输送。它的缺点是布料杆的长度受汽车底盘限制,泵送的高度和距离较小。混凝土泵根据驱动方式主要有 2 类:挤压泵和柱塞泵(活塞泵)。柱塞式泵又可分为机械传动和液压(水压或油压)传动 2 种。我国主要发展柱塞泵(活塞泵),此种泵自动化程度高,水平输送距离达到 200 ~ 500m,垂直运距通常在 50 ~ 100m,排出量为 30 ~ 60m^3/h。挤压式泵的输送距离较柱塞式泵小,其水平运距在 200m 内,垂直运距在 50m 内。新型混凝土泵仍在不断问世,水平和垂直运距都有新的突破。

(五)混凝土振动设备

混凝土振动设备(混凝土振动器)是一种借助动力通过一定装置作为振源产生频繁的振动,并使这种振动传给混凝土,以振动捣固混凝土的设备。合理选择和正确使用混凝土振动器,不但可以提高混凝土浇筑速度和质量,而且可以降低工程成本、改善劳动条件,是人工振捣无法达到的。

目前,经常使用的振动设备按振动传递方式分类,有插入式振动器、平板式振动器、附着式振动器和振动台等,如图 2-22 所示。

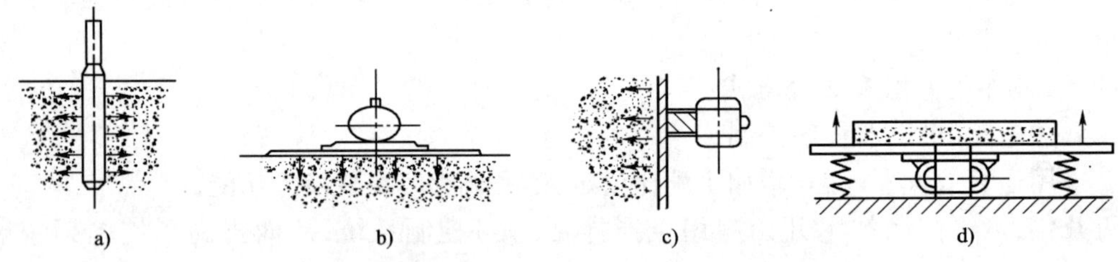

图 2-22 混凝土振动器示意图

a)插入式振动器;b)平板式振动器;c)附着式振动器;d)振动台

1. 插入式振动器

插入式振动器又叫内部振动器,主要由振动棒、软轴和电动机 3 部分组成。振动棒工作部分长约 500 mm,直径 35 ~ 50mm,内部装有振动子,启动电动机后,振动子的振动使整个棒体产生高频微幅的振动。振动棒和混凝土接触时,便将振动能量传给混凝土,很快使混凝土密实成型。一般只需 20 ~ 30s 的时间,即可把棒体周围 10 倍于棒体直径范围的混凝土振捣密实。插入式振动器主要用于振动各种垂直方向尺寸较大的混凝土体,如桥梁墩台、基础、柱、梁、坝体、桩及预制构件等。

根据振动原理的不同,可把插入式振动器分为偏心式和行星式两种。偏心式是在振动棒中心安装具有偏心质量的转轴;偏心转轴在电动机带动下,高速旋转时产生的离心力将振动传给振动棒外壳。而行星式是振动棒内部安有一带有滚锥的转轴;转轴在电动机带动下,滚锥沿滚道公转从而使棒体产生振动。

2. 平板式振动器

平板式振动器属外部振动器。它是直接放在混凝土表面上移动进行振捣工作,适用于坍落度不太大的塑性、半塑性、干硬性、半干硬性的混凝土或浇筑层不厚、表面较宽敞的混凝土捣固,如水泥混凝土路面、平板、基础、拱面等。在水平混凝土表面振捣时,平板式振动器是利用电动机振动子所产生的惯性水平力自行移动,操作者只需控制移动的方向即可;平板与混凝土接触,使振波有效地传给混凝土,使混凝土振实至表面出浆,不再下沉。

3. 附着式振动器

附着式振动器也属于外部振动器,其振动构造与平板振动器的工作部分相同。由于振动作业方式的不同,附着式振动器靠底部的螺栓或其他锁紧装置固定安装在模板外部(或滑槽料斗等)。振动器的能量是通过模板传给混凝土,从而使混凝土被振捣密实。附着式振动器的振动作用半径不大,仅适用于振捣钢筋较密、厚度较小等不宜使用插入式振捣器的结构。

4. 振动台

振动台为一个支承在弹性支座上的工作平台,平台下设有振动机构。混凝土振动台是由电动机、同步器、振动平台、固定框架、支承弹簧及偏振子等组成。工作时,振动机构做上下方向的定向振动。振动台具有生产效率高、振捣效果好的特点,主要用于混凝土制品厂预制件的振捣。

四、预应力张拉设备

(一)锚具

锚具按其传力锚固的受力原理,可分为如下几种:

(1)依靠摩阻力锚固的锚具,如锥形锚、楔形锚、JM 锚以及 XM、QM 群锚等。这类锚具都是借张拉钢筋后的回缩带动锥销或夹片,将钢筋楔紧在锥孔中而锚固的。

(2)依靠承压锚固的锚具,如镦头锚、钢筋螺纹锚等。这类锚具都是利用钢筋的镦粗头或螺纹承压进行锚固的。

(3)依靠黏结力锚固的锚具,如先张法的筋束锚固,以及后张法固定端的钢绞线压花锚具等。这类锚具都是利用筋束和混凝土之间的黏结力进行锚固的。

目前,桥梁结构中常用的锚具有锥形锚、镦头锚、钢筋螺纹锚。

1. 锥形锚

锥形锚又称弗式锚,由锚圈和锚塞组成,构造如图 2-23 所示。锚圈为带有锥形内孔的圆环,锚塞上刻有细齿槽,中间带有一个灌浆小孔。锥形锚主要用于锚固 18ϕ5mm 和 24ϕ5mm 的钢丝束等。

张拉钢束时,预压锚塞,把预应力钢丝楔紧在锚圈与锚塞之间,借助摩阻力锚固钢束。锚固时,利用钢丝的回缩力带动锚塞向锚圈内滑进,使钢丝被进一步楔紧。

这种锚具与 YZ 型 600kN 双作用千斤顶或 YZ85 型三作用千斤顶配套使用。

锥形锚的特点是锚固方便,但锚固时钢丝回缩量大,特别是钢丝直径误差较大时,易产生单根钢丝滑动,引起无法补救的预应力损失。

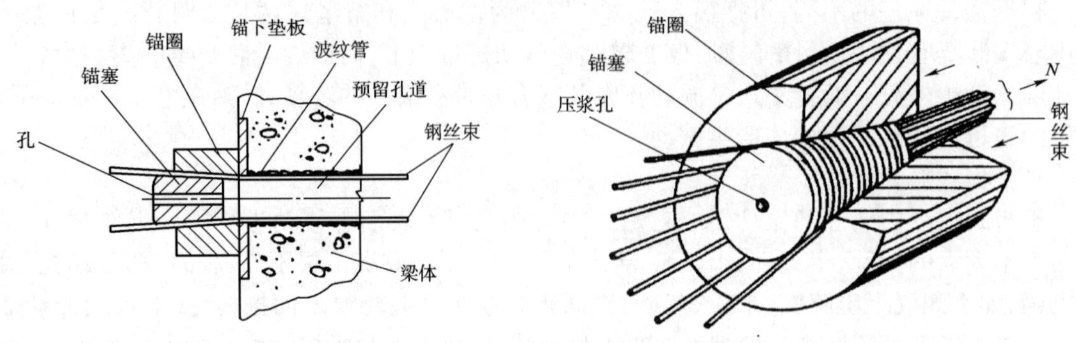

图 2-23　锥形锚具

2. 镦头锚

镦头锚主要用于锚固钢丝束，也可以锚固 ϕ14mm 以下的钢筋束。钢丝的根数和锚具尺寸依据设计张拉力的大小选定。国内镦头锚首先是由同济大学桥梁研究室研制成功的，目前有锚固 12 ~ 133 根 ϕ5mm 和 12 ~ 84 根 ϕ7mm 钢丝两种锚具系列。

镦头锚工作原理，如图 2-24 所示。先将预应力钢筋逐一穿过锚杯或锚板的孔洞，然后用镦头机将钢筋端头镦粗，在固定端将锚圈拧上，借镦粗头将钢筋锚固于锚杯或锚板上。张拉端，先将千斤顶连接的拉杆旋入锚杯内，之后可进行张拉，待张拉到设计吨位时，将锚圈拧紧，再缓慢放松千斤顶，退出拉杆。这样，钢筋的回缩力通过锚圈、垫板传给构件。

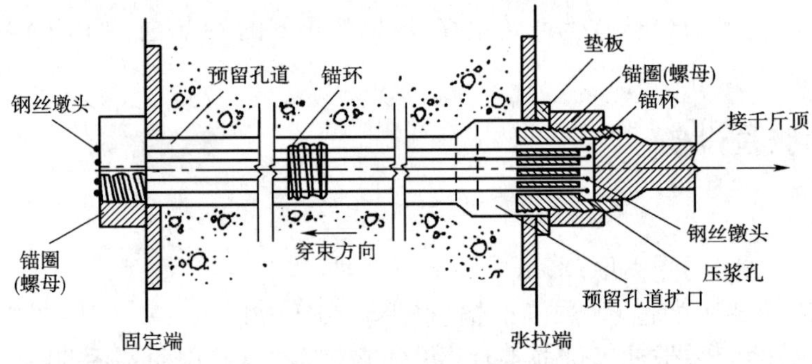

图 2-24　镦头锚工作原理示意图

镦头锚适用于锚固直线式配筋束，对于较缓和的曲线筋束也可采用。镦头锚锚固可靠，锚固时应力损失很小。

3. 钢筋螺纹锚具

当采用精轧螺纹钢筋做预应力钢筋时，可采用螺纹锚具固定，即借粗钢筋两端的螺纹，在钢筋张拉后直接拧上螺母进行锚固，使钢筋的回缩力由螺母经支承垫板传给构件而获得预应力，如图 2-25 所示。由于螺纹系冷轧而成，故将这种锚具又称为轧丝锚。

螺纹锚具受力明确，锚固可靠；构造简单，施工方便；预应力损失小，可重复张拉；还可以简便地采用连接套筒的高强精轧螺纹钢筋直接拧上螺母，进行锚固和连接。

4. 夹片锚具

夹片锚具体系主要作为锚固钢绞线筋束之用。夹片锚具的工作原理，如图 2-26 所示。夹片锚具由一块带有多个锥形孔的锚板和夹片所组成。张拉时，每个锥孔置 1 根钢绞线，张拉后各自用夹片将孔中的钢绞线楔紧锚固，每个锥孔各自成为一个独立的锚固单元。每个夹片锚具一般能锚固由 1 ~ 55 根不等的 ϕ^{s}15mm（或 16mm）与 ϕ^{s}12mm（或 13mm）钢绞线组成的筋束,为大吨位钢绞线群锚体系。其特点是各根钢绞线单独工作,并可以对失效锥孔的钢绞线进行补拉。我国先后研制出了 XM 锚具、QM 锚具、YM 锚具及 OVM 锚具等系列。

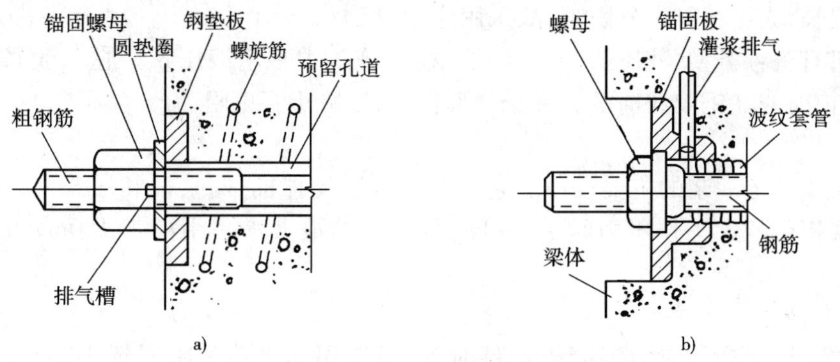

图 2-25 钢筋螺纹锚具

a)轧丝锚具;b)迪维达格锚具

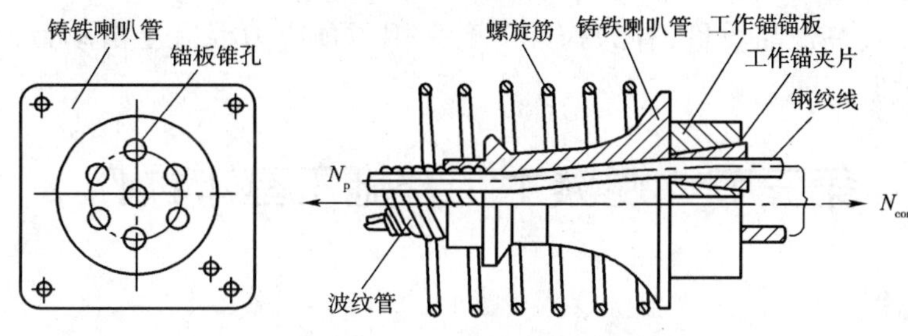

图 2-26 夹片锚具配套示意图

(二)预加应力的其他设备

按照施工工艺的要求,预加应力尚需有以下一些设备或配件。

1. 张拉设备

预应力混凝土的张拉设备主要有适用于各类预应力锚具的千斤顶以及相应配套的油泵。目前我国常用的预应力锚固体系锚具的配套千斤顶的型号有 YCW 系列、YC 系列和 YZ 系列等几个大类。YCW 系列穿心式千斤顶是 OVM 锚固体系锚具的配套千斤顶,也可通用于其他群锚体系及镦头锚等。YC 系列千斤顶为穿心式预应力张拉千斤顶,配置不同的附件可组成几种不同的张拉形式。YZ85 型千斤顶可直接张拉及顶锚配有 24 丝以下的钢质锥形锚具的 ϕ5mm 高强钢丝束,若改变其卡丝盘或分丝头,也可张拉其他预应力高强钢丝或高强钢筋束等。

2. 制孔器

后张法构件的预留孔道是用制孔器做成的。国内桥梁结构构件常用的制孔器有两种,即抽拔橡胶管与波纹管。

(1)抽拔橡胶管。事先在钢丝网胶管内穿入钢筋(称芯棒),再将胶管(连同芯棒)放入模板内,待浇筑完混凝土且其强度达到要求后,抽出芯棒,再拔出胶管,则形成预留孔道。

(2)金属(或塑料)螺旋波纹管(简称波纹管)。在浇筑混凝土之前,将波纹管按筋束设计位置,绑扎于与箍筋焊接在一起的钢筋托架上,再浇筑混凝土,结硬后即可形成穿束的孔道。使用波纹管制孔的穿束方法有先穿法和后穿法两种。先穿法即在浇筑混凝土之前将筋束穿入波纹管中,绑扎就位后再浇筑混凝土;后穿法即先浇筑混凝土,成孔后再穿筋束。

3. 穿索机

在桥梁悬臂施工和尺寸较大的构件制作中，一般都采用后穿法穿束。对于大跨径桥梁有的筋束很长，人工穿束十分困难，故采用穿索(束)机。

穿索机有两种类型：液压式和电动式。桥梁施工中多用液压式。它一般采用单根钢绞线穿入，穿束时应在钢绞线前端套一子弹形帽子，以减小穿束阻力。

4. 压浆机

压浆机是孔道灌浆的主要设备。它主要由灰浆搅拌桶、储浆桶和压浆泵以及供水系统组成。压浆机的最大工作压力约 1.5MPa，可压送的最大水平距离为 150m，最大竖直高度为 40m。

5. 张拉台座

采用先张法生产预应力混凝土构件时，需设置用作张拉和临时锚固筋束的张拉台座。因台座需要承受张拉筋束巨大的回缩力，设计时应保证其具有足够的强度、刚度和稳定性。批量生产时，有条件的尽量设计成长线式台座，以提高生产效率。张拉台座的台面，即预制构件的底模，为了提高产品质量，有的构件厂已采用了预应力混凝土滑动台面，可防止在使用过程中台面开裂。

第三节　混凝土工程施工基本操作

一、模板工程

模板是混凝土施工过程中临时支承结构物。模板系统一般包括模板和支撑两大部分。模板是使塑性状态的混凝土在其中凝固硬化，形成构筑物所要求的构造形态和尺寸的模型。支持和固定模板的杆件、桁架、连接件等为模板的支撑体系。

根据《公路桥涵施工技术规范》(JTG/T F50—2011)的规定，模板的设计与施工应符合如下要求：

(1)模板应具有足够的强度、刚度和稳定性，应能承受施工过程中所产生的各项荷载。

(2)模板应构造简单、合理，结构受力应明确，安装、拆除应方便。

(3)模板应能与混凝土结构或构件的特征、施工条件和浇筑方法相适应；应保证结构物各部位形状尺寸和相互位置的准确。

(4)模板的板面应平整，接缝处应严密不漏浆；模板与混凝土的接触面应涂刷隔离剂，但不得采用废机油等油料，且不得污染钢筋及混凝土施工缝。

模板的结构还要便于钢筋的布置和混凝土的浇筑，必要时在适当位置安设活动挡板或窗口，对于重要结构的模板应进行专门设计。支撑模板的支柱和其他构件也应便于安装和拆卸，并能重复使用。

(一)模板的种类

模板的类型很多，可按制作材料、施工方法等进行分类。

1. 按制作材料分类

模板按制作材料可分为木模板、钢模板、钢木组合模板、充气橡胶管内模等。就地浇筑桥梁的模板常用木模和钢模。对于在预制工厂生产用的模板和生产数量较多预制梁，常采用钢模板和钢木组合模板及橡胶管内模等。

(1)木模板

木模板常用于没有定型设计的构件和小跨径梁上,这种模板制作容易,一次性投资小,但易变形,周转次数少。木模板基本构造由紧贴于混凝土表面的壳板(又称面板)、支承面板的肋木和立柱或横档组成。壳板可以竖直拼装,也可以水平拼装,如图2-27所示。壳板接缝可做成平缝、搭接缝或企口缝,接缝须严密不漏浆。为了增加木模的周转次数并方便脱模,往往在壳板表面钉上一层薄铁皮。

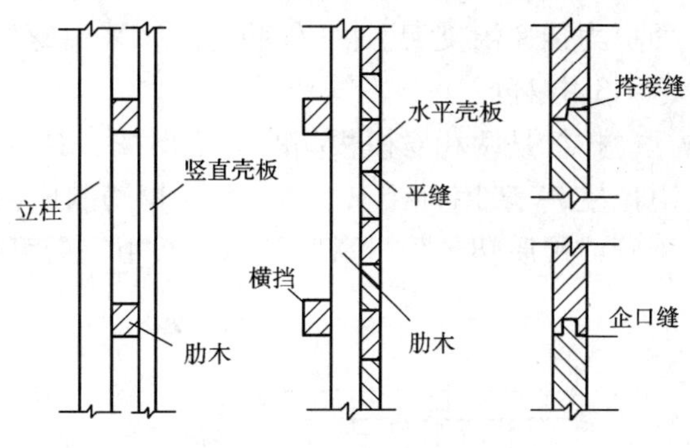

图2-27　木模板基本构造

(2)钢模板

钢模板大都做成大型块件,一般长3~8m,由钢板和加劲骨架焊接组成。通常钢板厚取4~8mm。骨架由水平肋和竖向肋形成,肋由钢板或角钢制成,肋距0.5~0.8m。大型钢模块件之间用螺栓或销连接。钢模板多周转使用,使用前内壁须涂隔离剂。

2.按施工方法分类

按施工方法分为现场装拆式模板、固定式模板、移动式模板等。

(1)现场装拆式模板

现场装拆式模板就是在施工现场按照设计要求的结构形状、尺寸及空间位置现场组装模板,当混凝土达到拆模强度后将其拆除。现场装拆式模板多由定型模板(如组合钢模板和覆面胶合板模板)和工具式支撑(如钢管脚手架和门式脚手架)组成。

现场装拆式模板是桥梁施工中最常用的模板,常见的有组合式模板、拼装式模板、整体吊装模板等。对于桥梁下部结构常用的模板参见第四章第二节。

(2)固定式模板

固定式模板多用于制作预制构件。按照构件的形状、尺寸在现场或预制场制作模板,涂刷隔离剂,浇筑混凝土,当混凝土达到规定的拆模强度后,脱模清理模板,再制作下一批构件。

(3)移动式模板

随着混凝土的浇筑,模板可沿垂直方向或水平方向移动。如高墩浇筑采用的滑升模板、爬升模板等参见第四章第四节。

(二)模板的构造

模板由面板、肋、拉杆、围箍、支架或拱架组成(见图2-28)。

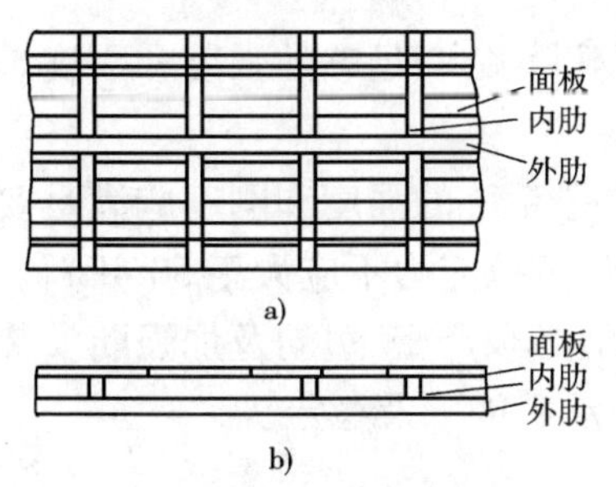

图2-28　模板的构造

a)平面;b)立面

1.面板

面板是支挡混凝土成型的,通常施工现场采用20~50mm的木板、3~6mm的钢板或其他形式的板材制成。木面板一般比较粗糙,为了使混凝土表面光滑平整,可在木板表面钉上一层白铁皮或胶合板。钢面板平整,混凝土表面光滑平整,但造价较高。面板的选用主要考虑施工方便、价格低、便于倒用、饰面效果好等因素。

2.肋

肋是面板的加强和连接构件,分为内肋和外肋两种。内肋的作用是将面板连为一个整体,并将面板分割为较小的受力面积，以满足承载力要求。外肋与内肋方向垂直，起进一步加强模板整体性的作用，并将面板力传递给支架。内、外肋之间多采用螺栓固定，也可以用电焊固定（见图2-29）。

3. 拉杆

拉杆是两相对模板间的对拉钢杆。其作用是承受混凝土的侧压力，并保持模板间的相对位置，一般用直径10～20mm的钢筋制成（见图2-30）。为了拆除方便和拉杆倒用，可预埋钢管或硬质塑料管，拉杆穿于其中，用完后可抽出拉杆，管被埋入混凝土中。

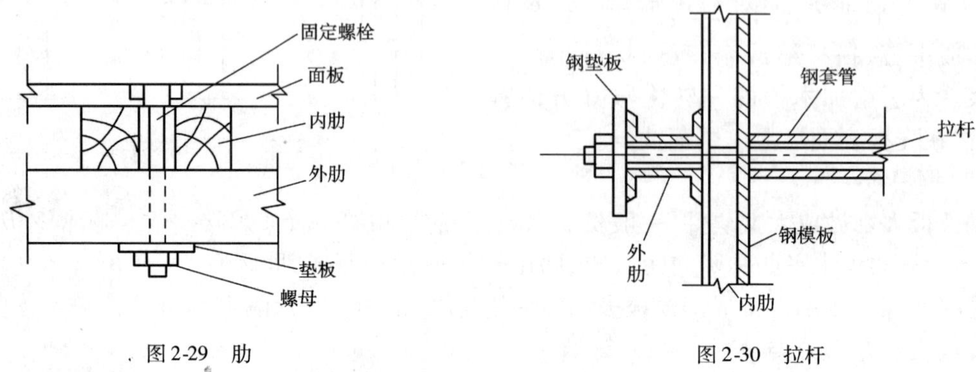

图2-29　肋　　　　图2-30　拉杆

4. 围箍

围箍是柱体或桥墩等结构模板的外围钢拉带，一般用6～50mm的扁钢或直径16～20mm的钢筋制成，包围在外肋的外侧。围箍的作用是承受混凝土侧压力和保证模板的几何形状。

5. 支架或拱架

支架或拱架是模板的承力结构，应根据混凝土结构的特征设计，尽量采用拼装式杆件、钢管支架或模板专用支承件，力求结构简单，受力、变形满足设计要求，安装、拆除方便。

（三）模板的制作与安装

1. 钢模板制作

（1）钢模板宜采用标准化的组合模板。组合钢模板的拼装，应符合现行国家标准《组合钢模板技术规范》（GB 214—2001）的规定。各种螺栓连接件应符合国家现行有关标准。

（2）钢模板及其配件应按批准的加工图加工，成品经检验合格后方可使用。

2. 木模板制作

（1）木模可在工厂或施工现场制作，木模与混凝土接触的表面应平整、光滑，多次重复使用的木模应在内侧加钉薄铁皮。木模的接缝可做成平缝、搭接缝或企口缝。当采用平缝时，应采取措施防止漏浆。木模的转角处应加嵌条或做成斜角。

（2）重复使用的模板应始终保持其表面平整、形状准确，不漏浆，有足够的强度和刚度。

3. 其他材料模板制作

（1）钢框覆面胶合板模板的板面组配宜采取错缝布置，支撑系统的强度和刚度应满足要求。吊环应采用R235钢筋制作，严禁使用冷加工钢筋，吊环计算拉应力不应大于50MPa。

（2）高分子合成材料面板、硬塑料或玻璃钢模板，制作接缝必须严密，边肋及加强肋安装牢固，与模板成一整体。施工时安放在支架的横梁上，以保证承载能力及稳定。

（3）圬工外模的制作：

①土胎模制作的场地必须坚实、平整，底模必须拍实找平；土胎模表面应光滑，尺寸准确，表面应涂隔离剂。

②砖胎模与木模配合时,砖做底模,木做侧模,砖与混凝土接触面应抹平,表面抹隔离剂。

③混凝土胎模制作时保证尺寸准确,表面抹隔离剂。

(4)土牛拱胎的制作。在条件适宜处,可使用土牛拱胎。制作时应有排水设施,土石应分层夯实,密实度不得小于90%,拱顶部分选用含水率适宜的黏土。土牛拱胎的尺寸、高程应符合设计要求。

4.模板安装的技术要求

(1)模板与钢筋安装工作应配合进行,妨碍绑扎钢筋的模板应待钢筋安装完毕后安设。模板不应与脚手架连接(模板与脚手架整体设计时除外),避免引起模板变形。

(2)安装侧模板时,应防止模板移位和凸出。基础侧模可在模板外设立支撑固定,墩、台、梁的侧模可设拉杆固定。浇筑在混凝土中的拉杆,应按拉杆拔出或不拔出的要求,采取相应的措施。对小型结构物,可使用金属线代替拉杆。

(3)模板安装完毕后,应对其平面位置、顶部高程、节点联系及纵横向稳定性进行检查,相关人员签认后方可浇筑混凝土。浇筑时,发现模板有超过允许偏差变形值的可能时,应及时纠正。

(4)模板在安装过程中,必须设置防倾覆设施。

(5)当结构自重和汽车荷载(不计冲击力)产生的向下挠度超过跨径的1/1600时,钢筋混凝土梁、板的底模板应设预拱度,预拱度值应等于结构自重加1/2汽车荷载(不计冲击力)所产生的挠度值。纵向预拱度可做成抛物线或圆曲线。

(6)后张法预应力梁、板,应注意预应力、自重和汽车荷载等综合作用下所产生的上拱或下挠,应设置适当的预挠或预拱。

(四)模板的拆除

模板的拆除期限,应根据结构物特点、模板部位和混凝土所达到的强度来决定。

(1)非承重侧模板,应在混凝土强度能保证其表面及棱角不致因拆模而受损坏时方可拆除,一般应在混凝土抗压强度达到2.5MPa时方可拆除侧模板。

(2)芯模和预留孔道内模,应在混凝土强度能保证其表面不发生塌陷和裂缝现象时,方可拔除,拔除时间可按有关规定确定。采用胶囊作芯模时,其拔除时间可按规定办理。

(3)钢筋混凝土结构的承重模板,应在混凝土强度能承受其自重力及其他可能的叠加荷载时,方可拆除。当构件跨度不大于4m时,在混凝土强度符合设计强度标准值的50%的要求后,方可拆除;当构件跨度大于4m时,在混凝土强度符合设计强度标准值的75%的要求后,方可拆除。

二、钢筋工程

(一)钢筋的成分、级别和品种

钢材按化学成分可分为碳素钢和普通低合金钢两大类。碳素钢除含铁元素外,还有少量的碳、锰、硅、磷等元素。其中含碳量越高,钢筋的强度越高,但钢筋的塑性和焊接性能越差。根据含碳量的不同,钢筋可分为低碳钢(含碳量小于0.25%)、中碳钢(含碳量为0.25%~0.60%)和高碳钢(含碳量大于0.60%)。普通低合金钢是在低碳钢、中碳钢成分中加入少量合金元素硅、锰、钒、钛等,改善钢筋的力学性能。

按钢筋的加工方法,钢筋可分为热轧钢筋、冷拉钢筋、冷轧带肋钢筋、热处理钢筋和钢丝五大类。《公路钢筋混凝土及预应力混凝土桥涵设计规范》(JTG D62—2004)规定:用于钢筋混凝土及预应力混凝土构件中的普通钢筋宜选用热轧钢筋；预应力混凝土构件中的箍筋应选用其中的带肋钢筋；按构造要求配置的钢筋网可采用冷轧带肋钢筋。预应力混凝土构件中的预应力钢筋应选用钢绞线、钢丝；中、小型构件或竖、横向预应力钢筋，也可选择精轧螺纹钢筋。

热轧钢筋按外形可分为光圆钢筋和带肋钢筋两大类。光圆钢筋的强度等级代号为R235，R235 钢筋为低碳钢。带肋钢筋按强度分为 HRB335 和 HRB400、KL400。HRB335 钢筋为普通低合金钢，强度、塑性和可焊性等综合性能都较好；KL400 为按国家标准生产的余热处理钢筋。普通钢筋的抗拉强度标准值按表 2-5 采用。

普通钢筋抗拉强度标准值(MPa) 表 2-5

钢 筋 种 类	符号	f_{sk}	钢 筋 种 类	符号	f_{sk}
R235 $d=8\sim20$	Φ	235	HRB400 $d=6\sim50$	Φ	400
HRB335 (d) $=6\sim50$	Φ	335	KL400 $d=8\sim40$	$Φ^R$	400

注：表中 d 系指国家标准中的钢筋公称直径，单位 mm。

（二）钢筋的检验

普通钢筋进场后，应检查出厂质量证明书和试验报告单，并对桥梁所用的钢筋抽取试样做拉伸和冷弯试验。如钢筋需要焊接，应增加焊接工艺试验，试验符合下列规定：

(1)钢筋试验应分批进行，热轧钢筋每批质量不超过 60t。

(2)每批钢筋中取 9 根，其中 3 根做拉伸试验(确定屈服点、抗拉强度和伸长率)；3 根做冷弯试验；3 根做焊接工艺试验。

(3)做拉伸试验时，应同时确定屈服点、抗拉强度和伸长率 3 个指标。在第一次拉伸试验时，如果有一个指标不符合规定，即认为拉伸试验项目不合格，应再做拉伸试验，重新测定3 个指标。第二次试验中，如仍有一个指标不符合规定，不论这个指标在第一次试验中是否合格，拉伸试验项目即作为不合格处理。

(4)作冷弯试验时，应按要求将试件绕一定直径的芯棒弯曲至规定角度，其背后不发生裂纹、鳞落、断裂等现象为合格。

(5)若有任何一项试验结果不合格，容许重做该项试验，重做试验时应另从其他钢筋中选取试件，试件数量应为第一次的 2 倍。第二次试验仍有不合格时，则认为该批钢筋不合格。

（三）钢筋加工

(1)钢筋调直。钢筋调直可利用冷拉或调直机切断机械进行。采用冷拉只是调直，而不是提高钢筋强度，可用调直冷拉率控制：HPB235 级钢筋的冷拉率不宜大于 4%；HRB335、HRB400 级钢筋的冷拉率不宜大于 1%。冷拔低碳钢丝在调直机上调直后，其表面不得有明显擦伤，抗拉强度不得低于设计要求。粗钢筋还可采用锤直和扳直的方法调直。

(2)钢筋除锈。可用钢丝刷、砂盘和酸洗等方法，目前常用电动除锈机除锈或喷砂除锈。经冷拉或机械调直的钢筋一般不必再除锈，如保管不良而产生鳞片状锈蚀时，仍应进行除锈。

(3)钢筋切断。钢筋下料时须按下料长度进行剪切。钢筋剪切可采用钢筋剪切机和电动切割机，直径大于 40mm 的钢筋需用氧气乙炔火焰或电弧切割。

(4)钢筋弯曲。钢筋弯曲时，应按弯曲设备的特点及工地习惯进行画线，以便弯曲成所规定的(外包)尺寸。当弯曲形状比较复杂的钢筋时，可先放出实样再进行弯曲。钢筋弯曲宜采用弯曲机进行。当直径小于 25mm 时，现场也可采用扳钩弯曲。受力钢筋端部弯钩和中间弯折应符合表2-6的要求。

受力主钢筋制作和末端弯钩形状 表2-6

弯曲部位	弯曲角度	形状图	钢筋种类	公称直径 d(mm)	弯曲直径 D(mm)	平直段长度(mm)
末端弯钩	180°	d D	HPB235 HPB300	6～22	≥2.5d	≥3d
	135°	d D ≥5d	HRB335	6～25	≥3d	≥5d
				28～40	≥4d	
				50	≥5d	
			HRB400	6～25	≥4d	
				28～40	≥5d	
				50	≥6d	
			RRB400	8～25	≥3d	
				28～40	≥4d	
	90°	d D ≥10d	HRB335	6～25	≥3d	≥10d
				28～40	≥4d	
				50	≥5d	
			HRB400	6～25	≥4d	
				28～40	≥5d	
				50	≥6d	
			RRB400	8～25	≥3d	
				28～40	≥4d	
中间弯折	≤90°	D d D	各种钢筋		≥20d	—

(四)钢筋的连接

为了运输方便,工厂生产的钢筋除小直径钢筋按盘圆供应外,一般长度为10～12m。因此,在使用时就需要用钢筋接头接长至设计长度。钢筋接头有焊接接头、机械连接接头和绑扎接头等3种形式。钢筋接头宜优先采用焊接接头和机械连接接头。当施工或构造条件有困难时,也可采用绑扎接头。

1. 焊接接头

焊接接头是钢筋混凝土结构中采用最多的接头。钢筋焊接方法很多,工程上应用最多的是闪光接触对焊和电弧搭接焊。

闪光接触对焊是将两根钢筋安放成对接形式,利用电阻热使接触点金属熔化,产生强烈飞溅,形成闪光迅速施加顶锻力完成的一种压焊方法。闪光接触对焊质量高,加工简单。

电弧搭接焊是以焊条作为一极,钢筋为另一极,利用焊接电流,通过产生的电弧热进行焊接的一种熔焊方法。钢筋电弧焊可采用搭接焊和帮条焊两种形式。电弧焊一般应采用双面焊缝，施工有困难时亦可采用单面焊缝。电弧焊接头的焊缝长度，双面焊缝不应小于$5d$，单面焊缝不应小于$10d$（d为钢筋直径）。

在任一焊接接头中心至长度为钢筋直径的35倍，且不小于500mm的区段内，同一根钢筋的截面面积占受力钢筋总截面面积的比例应不超过50%，对受压区的钢筋可不受此限。帮条焊或搭接焊接头部分钢筋的横向净距不应小于钢筋直径，且不小于25mm。

2. 机械连接接头

钢筋机械连接接头是近年来我国所研制开发的钢筋连接新技术。钢筋机械连接接头与传统的焊接头和绑扎接头相比较，具有接头性能可靠、质量稳定、不受气候及焊工技术水平的影响，连接速度快、安全、无明火、不需要大功率电源，可焊与不可焊钢筋均能可靠连接等优点。《公路钢筋混凝土及预应力混凝土桥涵设计规范》（JTG D62—2004）推荐采用套筒挤压接头和镦粗直螺纹接头。

（1）套筒挤压接头

套筒挤压接头是将两根待连接的带肋钢筋用钢套筒作为连接体，套于钢筋端部，使用挤压设备沿套筒径向挤压，使钢套筒产生塑性变形，依靠变形的钢套筒与钢筋紧密结合为一个整体。套筒挤压接头适用于直径为16～40mm的HRB335和HRB400带肋钢筋。

（2）镦粗直螺纹接头

镦粗直螺纹接头是将钢筋的连接端先行镦粗，再加工出圆柱螺纹，并用连接套筒连接的钢筋接头。镦粗直螺纹接头适用于直径为18～40mm的HRB335和HRB400钢筋的连接。

3. 绑扎接头

绑扎接头是将两根钢筋搭接一定长度并用铁丝绑扎，连接钢筋必须具有足够的搭接长度。为此，《公路钢筋混凝土及预应力混凝土桥涵设计规范》（JTG D62—2004）对绑扎接头的应用范围、搭接长度及接头布置都作了严格的规定，见表2-7所示。

绑扎接头的钢筋直径不宜大于28mm，但轴心受压和偏心受压构件中的受压钢筋，可不大于32mm。轴心受拉和小偏心受拉构件不得采用绑扎接头。

受拉钢筋绑扎接头的搭接长度，应符合表2-7的规定；受压钢筋绑扎接头的搭接长度应取受拉钢筋绑扎接头搭接长度的0.7倍。

受拉钢筋绑扎接头搭接长度 表2-7

钢筋种类	混凝土强度等级		
	C20	C25	>C25
R235	$35d$	$30d$	$25d$
HRB335	$45d$	$40d$	$35d$
HRB400、KL400	$55d$	$50d$	$45d$

注：①当带肋钢筋直径d大于25mm时，其受拉钢筋的搭接长度应按表值增加$5d$采用；当带肋钢筋直径小于25mm时，搭接长度应按表值减少$5d$采用。

②当混凝土在凝固过程中受力钢筋易受扰动时，其搭接长度应增加$5d$。

③在任何情况下，受拉钢筋的搭接长度不应小于300mm；受压钢筋的搭接长度不应小于200mm。

④环氧树脂涂层钢筋的绑扎接头搭接长度，受拉钢筋按表值的1.5倍采用。

⑤受拉区段内，R235钢筋绑扎接头的末端应做成弯钩，HRB335、HRB400和KL400钢筋的末端可不做成弯钩。

（五）钢筋骨架与钢筋网的组成与安装

钢筋骨架的绑扎与安装在施工现场有3种情况：全部钢筋为散筋，在现场绑扎成钢筋网或钢筋骨架；在预制厂绑焊成网片，运至现场后再绑扎成整片或骨架；在预制厂绑焊成钢筋骨架，运到现场后直接起吊安装就位。

钢筋网片和骨架的绑扎或焊接，宜优先选用先绑扎预制、后安装就位的方法，避免在结构模内绑扎钢筋，影响结构主体施工。但预制网片和骨架时，应考虑网片和骨架的重量、刚度以及起吊能力。

钢筋网片、骨架焊接或绑扎前，应先熟悉施工图纸，核对需绑焊钢筋钢号、直径、形状、规格及数量是否正确。在钢筋上画线，准备绑扎用的铁丝、绑扎工具及绑扎架，确定绑扎、焊接顺序。

1. 钢筋网绑扎方法

(1)钢筋的交叉点应用直径为0.7～2mm的铁丝或镀锌铁丝按逐点改变绕丝方向的方式(8字形分布)交错绑扎结实，或按双对角线(十字形)方式绑扎结实，以免网片歪斜变形。

(2)除设计特殊规定外，受力主筋应与箍筋垂直。

(3)大面积网片可在地坪或平台上画线绑扎。为了保证运输、安装过程中网片不发生歪斜和变形，可补入适量的辅助钢筋，如斜杆、横撑等，或使用吊装扁担吊装就位。

2. 钢筋网焊点布置

钢筋网焊点布置应符合设计规定，当设计无规定时，应符合下列要求：

(1)焊接骨架时所有钢筋相交点必须焊接。

(2)当焊接网片只有一个方向受力时，受力主筋与两端边缘的两根锚固横向钢筋的全部相交点必须焊接；当焊接网两个方向受力时，四周边缘的2根钢筋的全部相交点均应焊接，其余的相交点可间隔焊接。

3. 钢筋骨架和钢筋网的运输和吊装

为保证安装质量和加快施工进度，可将钢筋网或骨架分块或分段绑扎，运至现场拼装。分块或分段绑扎的大小应根据结构配筋特点和起吊能力而定，一般钢筋网的分块面积6～20m^2，骨架分段长度以6～12m为宜。大型钢筋或骨架除绑扎临时加固筋外，还可采用型钢加固。吊点位置也应根据网片或骨架的尺寸、重量和刚度而定，要保证网片或骨架吊装过程中不发生变形。

4. 拼装焊接方法

骨架的焊接拼装应在稳固的工作平台上进行，具体操作如下：

(1)拼装时应按设计图放大样，放样时应考虑焊接变形和预拱度，并检查焊接接头质量。

(2)拼装时，在需要焊接的位置用楔形卡卡住，先进行点焊固定，然后进行焊缝施焊。焊接时要保持钢筋轴线在同一平面上。

(3)施焊顺序由中部向两端对称地进行，或由骨架下部向上部进行。相邻的焊缝采用分区对称跳焊，不得顺方向一次焊成，药皮应随焊随去。

三、混凝土工程

普通混凝土是指用水泥做胶凝材料，砂、石做集料；与水以及必要时加入的外加剂和掺和料按一定比例配制，经均匀搅拌，密实成型，养护而得的水泥混凝土。混凝土具有耐久性好、可模性强、材料来源广、施工方便、价格低等优点，因此，广泛应用于桥梁等土木工程中。

(一)混凝土配料与配合比

1. 普通水泥混凝土组成材料

(1)水泥

水泥是混凝土的胶凝材料,通常采用硅酸盐水泥、普硅水泥或矿渣水泥。公路桥涵工程采用的水泥应符合现行国家标准《通用硅酸盐水泥》(GB 175—2007)的规定;水泥的品种和强度等级应通过混凝土配合比试验选定,且其特性应不会对混凝土的强度、耐久性和工作性能产生不利影响。水泥进场时应附有生产厂家的品质试验检验报告等合格证明文件,并应按批次对水泥性能进行试验检测。

(2)水

混凝土拌和用水一般可以直接使用饮用水;当使用其他水源时,水质必须符合有关规定。所用水不应有漂浮明显的油脂和泡沫,及有明显的颜色和异味;不得直接用海水拌制混凝土。

(3)粗集料

粗集料宜采用质地坚硬、洁净、级配合理、粒形良好、吸水率小的碎石或卵石。粗集料宜根据混凝土最大粒径采用连续两级配或连续多级配,以节约水泥,提高工程质量。粗集料最大粒径不得超过结构最小边尺寸的1/4和钢筋最小净距的3/4;在两层或多层密布钢筋结构中,最大粒径不得超过钢筋最小净距的1/2,同时不得超过75mm。粗集料还应具有坚固性好,有害杂质含量低,施工前应对所用粗集料进行碱活性检验。

(4)细集料

细集料宜采用级配良好、质地坚硬、颗粒洁净且粒径小于5mm的河砂;当河砂不易得到时,可采用符合规定的其他天然砂或人工砂。对使用的细集料应进行外观、筛分、细度模数、有机物含量、含泥量、泥块含量及人工砂的石粉含量等内容的试验检测;必要时尚应对坚固性、有害物质含量、氯离子含量及碱活性等指标进行检验。

为了节约水泥,改善部分混凝土的技术性能,在拌制混凝土时,根据施工实际需要,可以掺入一定量的掺和料。常用的掺和料有粉煤灰、磨细矿渣、硅灰等;掺和料的技术指标应符合公路桥涵施工技术规范要求。掺和料在使用前应进行质量鉴定和掺入量试验,测定掺入量对混凝土性质的影响,以确定最大掺入量。

在混凝土中,除了水泥、集料、水、掺和料等材料之外,为了提高混凝土质量,改善混凝土的工艺性,加快施工进度和节约水泥,或满足工程特殊要求等而掺入适量的外加剂。常用的外加剂有减水剂、早强剂、促凝剂、缓凝剂等。使用外加剂时,应与水泥、矿物掺和料之间具有良好的相容性,外加剂质量应符合国家标准,其品种和掺量应根据使用要求、施工条件、混凝土原材料的变化等通过试验确定。

2. 混凝土配合比

混凝土配合比应以质量比表示,并应通过计算和试配选定。试配时应使用施工实际采用的材料,配制的混凝土拌和物应满足和易性、凝结时间等施工技术条件;制成的混凝土应满足强度、耐久性(抗冻、抗渗、抗侵蚀)等质量要求。

混凝土配合比的确定应符合下列规定:

(1)配制混凝土时,应根据结构物情况和施工工艺要求确定混凝土的坍落度和工作性能,在满足工艺要求的前提下,宜采用低坍落度的混凝土施工。

(2)混凝土的最大水胶比、最小水泥用量及最大氯离子含量应符合表2-8的规定。

混凝土的最大水胶比、最小水泥用量及最大氯离子含量 表 2-8

环境类别	环境条件	最大水胶比	最小水泥用量（kg/m^3）	最低混凝土强度等级	最大氯离子含量（%）
Ⅰ	温暖或寒冷地区的大气环境、与无侵蚀的水或土接触的环境	0.55	275	C25	0.30
Ⅱ	严寒地区的大气环境、使用除冰盐环境、滨海环境	0.50	300	C30	0.15
Ⅲ	海水环境	0.45	300	C35	0.10
Ⅳ	受侵蚀性物质影响的环境	0.40	325	C35	0.10

注：①水胶比、氯离子含量系指其与胶凝材料用量的百分比。

②最小水泥用量，包括掺和料。当掺用外加剂且能有效地改善混凝土的和易性时，水泥用量可减少 $25kg/m^3$。

③严寒地区系指最冷月份平均气温低于或等于 -10℃，且日平均温度低于或等于 5℃ 的天数在 145d 以上的地区。

④预应力混凝土结构中的最大氯离子含量为 0.06%，最小水泥用量为 $350kg/m^3$。

⑤封底、垫层及其他临时工程的混凝土，可不受本表的限制。

(3)在钢筋混凝土和预应力混凝土中，均不得掺用氯化钙、氯化钠等氯盐。严格控制混凝土各组成材料的碱含量及混凝土的总碱含量。

(4)泵送混凝土。泵送混凝土的配合比宜符合下列规定：

①最小水泥用量宜为 280 ~ $300kg/m^3$（输送管径 100 ~ 150mm）。通过 0.3mm 筛孔的砂不宜少于 15%，砂率宜控制在 35% ~45% 范围内。

②混凝土拌和物的出机坍落度宜为 100 ~ 200mm，泵送入模时的坍落度宜控制在 80 ~ 180mm 之间。

③宜通过试验掺用适量的减水剂、泵送剂和掺和料。

（二）混凝土的拌制

混凝土拌制就是将水、水泥和粗细集料进行均匀拌和的过程。在桥梁施工中，一般均采用机械拌和。混凝土拌制的关键是投料和搅拌时间。

1. 投料

投料时，为严格控制混凝土的配合比，原材料的数量应采用质量计量，且必须准确。一般袋装水泥以包为单位，砂石必须过称，其质量偏差不得超过表 2-9 的规定。各种衡量器应定期校验，以保持准确。集料含水率应经常测定；雨天施工时，应增加测定次数。

配料数量允许质量偏差 表 2-9

材料类别	允许偏差（%）	
	现场拌制	预制场或集中搅拌站拌制
水泥、干燥状态的掺和料	±2	±1
粗、细集料	±3	±2
水、外加剂	±2	±1

投料顺序常用的有一次投料法和两次投料法两种。

(1)一次投料法是目前普遍采用的方法。它是将石子、水泥、砂和水同时加入搅拌筒中的方法。自落式搅拌机的常用方法是在料斗中先装石子、再装水泥、最后装砂，在向筒内进料的同时装入拌和水（也可在筒内先装一半水）；立轴强制式搅拌机的进料口在搅拌筒上部，应在投入其他原料的同时，缓慢均匀分散地加水。一次投料法所用的投料时间较短。

(2)两次投料法常分两次加水、两次搅拌。即先将全部石子、砂和适量拌和水（约 70%）

投入搅拌机,拌和并使集料润湿,再投入全部水泥进行造壳搅拌,然后加入余下的拌和水(约30%)再进行糊化搅拌即可。一般来说,与普通搅拌工艺相比,两次投料法可使混凝土强度提高10%~20%,或节约水泥5%~10%,但用两次投料法拌制混凝土费时较长。

2. 搅拌时间

搅拌时间是指从原材料全部投入搅拌筒开始搅拌时起,到卸料为止所经历的时间。搅拌时间过短,则混凝土不均匀,强度及和易性均降低;适当延长搅拌时间,混凝土强度及和易性会有较显著的提高,再增加时间则强度增长较少而塑性有所改善;搅拌时间过长,则不坚硬的粗集料会在大容量搅拌机中脱角、破碎,有时还会发生离析现象,从而降低混凝土的质量。另外,搅拌时间的长短直接影响混凝土的产量和能耗。因此,应兼顾技术要求和经济合理性,确定适宜的搅拌时间。其连续搅拌的最短时间一般应符合表2-10的规定。

混凝土搅拌的最短时间 表2-10

搅拌机类别	搅拌机容量(L)	混凝土坍落度(mm)		
		<30	30~70	>70
		混凝土搅拌的最短时间(min)		
自落式	≤400	2.0	1.5	1.0
	≤800	2.5	2.0	1.5
	≤1200	—	2.5	1.5
强制式	≤400	1.5	1.0	1.0
	≤1500	2.5	1.5	1.5

注:掺有外加剂时,搅拌时间应适当延长1~2min。

3. 其他注意事项

混凝土拌制以石子表面包满砂浆、拌和均匀、颜色一致为标准,不能有离析和泌水现象。在整个混凝土施工过程中,应注意搅拌机的搅拌速度与混凝土浇筑速度的密切配合,随时检查与校正混凝土的坍落度,严格控制水灰比。严禁任意变更配合比。

(三)混凝土的运输

运输能力应与混凝土的凝结速度和浇筑速度相适应,应使浇筑工作不间断且混凝土运到浇筑地点时仍能保持其均匀性和规定的坍落度。混凝土的水平运输宜采用搅拌运输车,或在条件允许时采用泵送方式输送;采用吊斗或其他方式运输时,运距不宜超过100m且不得使混凝土产生离析。垂直运输可采用起重机或混凝土泵等。在运输过程中应满足如下要求:

(1)混凝土运输路线应尽量缩短,尽可能减少转运次数,并保持混凝土的均匀性。

(2)运输工具应不漏浆、不吸水,便于装卸混凝土。

(3)采用搅拌运输车运输混凝土时,途中应以2~4r/min的慢速进行搅动;卸料前应以常速再次搅拌。混凝土运至浇筑地点后发生离析、泌水或坍落度不符合要求时,应进行第二次搅拌,二次搅拌时不宜任意加水,确有必要时,可同时加水、相应的胶凝材料和外加剂并保持其原水胶比不变;二次搅拌仍不符合要求时,则不得使用。

(4)混凝土采用泵送方式时应符合下列规定:

①混凝土的供应宜使输送混凝土的泵能连续工作,泵送的间歇时间不宜超过15min。在泵送过程中,受料斗内应具有足够的混凝土,应防止吸入空气产生阻塞。

②输送管应顺直,转弯处应圆缓,接头应严密不漏气。

③向低处泵送混凝土时，应采取必要措施，防止混凝土离析或堵塞输送管。

(5)混凝土应随拌随用，尽量缩短运输时间。其运输时间不宜超过表2-11的规定。

混凝土拌和物运输时间限制 表2-11

气温(℃)	无搅拌设备运输(min)	有搅拌设备运输(min)
20～30	30	60
10～19	45	75
5～9	60	90

(四)混凝土的浇筑与振捣

1.混凝土的浇筑

混凝土浇筑的一般要求包括：

(1)浇筑混凝土前，应对支架、模板、钢筋和预埋件进行检查，并做好记录，符合设计要求后方可浇筑。模板内的杂物、积水和钢筋上的污垢应清理干净。模板如有缝隙，应填塞严密，模板内面应涂刷脱模剂。浇筑混凝土前，应检查混凝土的均匀性和坍落度。

(2)自高处向模板内倾卸混凝土时，为防止混凝土离析，应符合下列规定：

①从高处直接倾卸时，其自由倾落高度不宜超过2m，以不发生离析为宜。

②当倾落高度超过2m时，应通过串筒、溜管(槽)或振动溜管(槽)等设施下落；倾落高度超过10m时，应设置减速装置。

③在串筒出料口下面，混凝土堆积高不宜超过1m。

(3)混凝土应按一定厚度、顺序和方向分层浇筑，应在下层混凝土初凝或能重塑前浇筑完成上层混凝土。上下层同时浇筑时，上层与下层前后浇筑距离应保持1.5m以上。在倾斜面上浇筑混凝土时，应从低处开始逐层扩展升高，保持水平分层。混凝土分层浇筑厚度不宜超过表2-12的规定。

混凝土分层浇筑厚度 表2-12

振捣方法		浇筑层厚度(mm)
采用插入式振动器		300
采用附着式振动器		300
采用表面振动器	无筋或配筋稀疏时	250
	配筋较密时	150

(4)混凝土的浇筑宜连续进行，因故中断间歇时，其间歇时间应小于前层混凝土的初凝时间或能重塑的时间。混凝土的运输、浇筑及间歇的全部时间不得超过表2-13的规定。当超出时应按浇筑中断处理，并应留置施工缝，同时应记录。

混凝土的运输、浇筑及间歇的全部允许时间(min) 表2-13

混凝土强度等级	气温≤25℃	气温>25℃
≤C30	210	180
>C30	180	150

注：当混凝土中掺有促凝或缓凝剂时，其允许时间应通过试验确定。

(5)施工缝的位置应在混凝土浇筑之前确定，且宜留置在结构受剪力和弯矩较小且便于施工的部位，施工缝宜设置成水平面或垂直面。对施工缝的处理应符合下列规定：

①处理层混凝土表面的松弱层应予以凿除。对处理层混凝土的强度，当采用水冲洗凿

毛时，应达到0.5MPa；人工凿毛时，应达到2.5MPa；采用风动机凿毛时，应达到10MPa。

②经凿毛处理后的混凝土面，应采用洁净水冲洗干净。

③重要部位及有抗震要求的混凝土结构或钢筋稀疏的钢筋混凝土结构，宜在施工缝处补插锚固钢筋；有抗渗要求的混凝土，其施工缝宜做成凹形、凸形或设置止水带；施工缝为斜面时宜浇筑或凿成台阶状。

（6）在浇筑过程中或浇筑完成时，如混凝土表面泌水较多，须在不扰动已浇筑混凝土的条件下，采取措施将水排除。继续浇筑混凝土时，应查明原因，采取措施，减少泌水。

（7）结构混凝土浇筑完成后，对混凝土裸露面应及时进行修整、抹平，待定浆后再抹第二遍并压光或拉毛。当裸露面面积较大或气候不良时，应进行覆盖防护，但在开始养生前，覆盖物不得接触混凝土面。

（8）浇筑混凝土期间，应设专人检查支架、模板、钢筋和预埋件等稳固情况，当发现有松动、变形、移位时，应及时处理。

（9）浇筑混凝土时，应填写混凝土施工记录。

2. 混凝土的振捣

浇筑混凝土时，除少量塑性混凝土可用人工捣实外；其他混凝土宜采用振动器振捣，且应符合下列规定：

（1）插入式振动器的移位间距应不超过振动器作用半径的1.5倍，与侧模板应保持50～100mm的距离，且插入下层混凝土中的深度宜为50～100mm。

（2）表面振动器的移位间距应使振动器平板能覆盖已振实部分不小于100mm。

（3）附着式振动器的布置距离，应根据结构物形状和振动器的性能通过试验确定。

（4）每一振点的振捣延续时间宜为20～30s，以混凝土停止下沉、不出现气泡、表面呈现浮浆为度。

（五）混凝土的养护

混凝土养护的要点包括：

（1）对于在施工现场集中养护的混凝土，应根据施工对象、环境、水泥品种、外加剂以及对混凝土性能的要求，提出具体的养护方案，并应严格执行规定的养护制度。

（2）一般混凝土浇筑完成后，应在收浆后尽快予以覆盖和洒水养护。对干硬性混凝土、炎热天气浇筑的混凝土以及桥面等大面积裸露的混凝土，有条件的可在浇筑完成后立即加设棚罩，待收浆后再予以覆盖和洒水养生。覆盖时不得损伤或污染混凝土的表面。混凝土面有模板覆盖时，应在养护期间经常使模板保持湿润。

（3）当气温低于5℃时，应覆盖保温，不得向混凝土面上洒水。

（4）混凝土养护用水的条件与拌和用水相同。

（5）混凝土的洒水养护时间一般为7d，可根据空气的湿度、温度和水泥品种及掺用的外加剂等情况，酌情延长或缩短。每天洒水次数以能保持混凝土表面经常处于湿润状态为宜。用加压成型、真空吸水等方法施工的混凝土，其养护时间可酌情缩短。采用塑料薄膜或喷化学浆液等养护时，可不洒水养护。

（6）当结构物混凝土与流动性的地表水或地下水接触时，应采取防水措施，保证混凝土在浇筑后7d以内不受水的冲刷侵袭。当环境水具有侵蚀作用时，应保证混凝土在10d以内，且强度达到设计强度的70%以前，不受水的侵袭。

（7）对大体积混凝土的养护，应根据气候条件采取控温措施，并按需要测定浇筑后的混凝土表面和内部温度，将温差控制在设计要求的范围内，当设计无要求时，温差不宜超过25℃。

(8)混凝土强度达到2.5MPa前，不得使其承受行人、运输工具、模板、支架及脚手架等荷载。

(9)用蒸汽养护混凝土时，按相关规定执行。

思考题

1. 如何进行桥梁墩台中心定位测量？
2. 综述桥梁施工测量的内容和要求。
3. 简述桥梁施工中常备式结构类型。
4. 试述缆索吊装施工的特点及施工主要设备。
5. 贝雷梁由哪些构件组成？贝雷梁在桥梁施工中有哪些用途？
6. 混凝土的振捣设备有哪几种？分别适用于什么场合？
7. 模板的设计原则是什么？
8. 模板安装的顺序和注意事项有哪些？
9. 模板拆除有哪些要求？
10. 钢筋骨架的施焊顺序有什么要求？
11. 简述钢筋焊接与绑扎接头的一般要求。
12. 钢筋加工包括哪些工序？
13. 叙述钢筋冷拉过程“双控”、“单控”的含义。
14. 简述混凝土浇筑的一般要求。
15. 混凝土浇筑时，因故间歇时间超过容许值时应按工作缝处理，其方法是怎样的？
16. 控制混凝土质量的主要工作有哪些？

第三章　桥梁基础施工

第一节　浅基础施工

刚性扩大基础的施工可采用明挖的方法进行基坑开挖,开挖工作应尽量安排在枯水或少雨季节进行,并连续施工。基坑挖至基底设计高程应立即对基底土质及坑底情况进行检验;验收合格后应尽快修筑基础,不得将基坑暴露过久。基坑可用机械或人工开挖,接近基底设计高程应留30cm高度由人工开挖,以免破坏基底土的结构。如超挖,则应将松动部分清除,并应对基底进行处理。基坑开挖过程中要注意排水,排水应在确认基坑稳定的情况下进行。基坑尺寸要比基底尺寸每边大0.5~1.0m,以方便设置排水沟及立模板和砌筑工作。排水困难时,宜采用水下挖基方法,但应保持基坑中的原有水位高程。基坑开挖时根据土质及开挖深度对坑壁予以围护或不围护,围护的方式有多种多样。水中开挖基坑还需先修筑防水围堰。

一、旱地上刚性扩大基础施工

1. 基础的定位放样

基础的定位放样即将设计图纸上的墩台基础位置和尺寸标定到实际工地上去。定位工作可分为水平定位和垂直定位两个方面。水平定位是定出基础在平面上的位置。一般可首先定出桥梁的主轴线,然后定出墩台轴线(图3-1),最后详细定出基础各部分尺寸。垂直定位即定出基础各部分的高程,可借助施工现场的水准点进行。由于定位桩随着基坑的开挖必须挖去,所以还必须在基坑位置以外不受施工影响的地方,钉立定位桩的护桩,以备在施工中随时检查基坑和基础的位置是否正确。而基坑外围通常可用龙门板固定,或在地面上以石灰线标出。

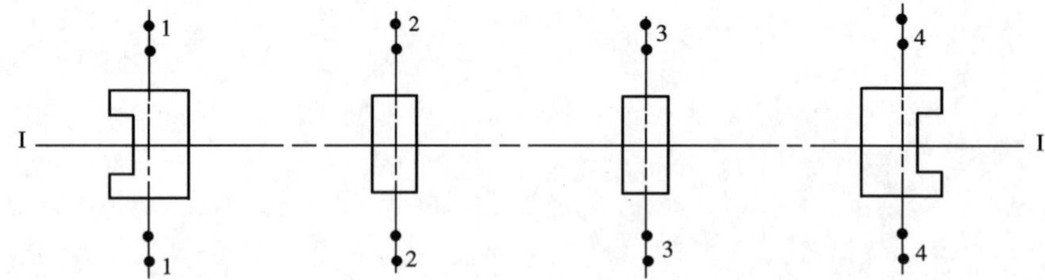

图3-1　桥梁墩台基础定位

2. 基坑围护

基坑开挖前应根据水文、地质、开挖方式及施工环境条件等因素,确定是否对坑壁采取支护措施。当基坑深度较小且坑壁土质稳定时,可直接放坡开挖。当坑壁土质不易稳定且有地下水影响,或放坡开挖场地受到限制,或放坡开挖工程量大时,应按设计要求对坑壁进行支护;设计未要求时,应结合实际情况选择适宜的坑壁支护方案。

基坑的顶面应设置防止地面水流入基坑的设施。基坑顶面有动荷载时，其边缘与动荷载之间应留有不小于1m宽的护道，动荷载较大时宜适当加宽护道；若水文和地质条件较差，应采取加固措施。

(1)无围护基坑

当基坑较浅，地下水位较低或渗水量较少，不影响坑壁稳定时，此时可将坑壁挖成竖直或斜坡形而不设围护。竖直坑壁只适宜在岩石地基或基坑较浅又无地下水的硬黏土中采用。在一般土质条件下开挖基坑时，应采用放坡开挖的方法。

(2)有围护基坑

基坑较浅且渗水量不大时，可采用竹排、木板、混凝土板或钢板等对坑壁进行支护；基坑深度小于或等于4m且渗水量不大时，可采用槽钢、H型钢或工字钢等进行支护；地下水位较高，基坑开挖深度大于4m时宜采用锁口钢板桩或锁口钢管桩围堰进行支护。在条件许可时亦可采用水泥土墙、混凝土围圈或板桩墙等支护方式。

对支护结构应进行设计计算，当支护结构受力过大时应加设临时支撑，支护结构和临时支撑的强度、刚度及稳定性应满足基坑开挖施工的要求。

①挡板支撑。

挡板支撑(图3-2)适用于开挖面积不大，地下水位较低，挖基深度较浅的基坑。根据具体情况，挡板可以垂直设置也可以水平横放。挡板支撑由立木、横枋、顶撑及衬板组成。为便于挖基运土，顶撑应设在同一垂直面内。

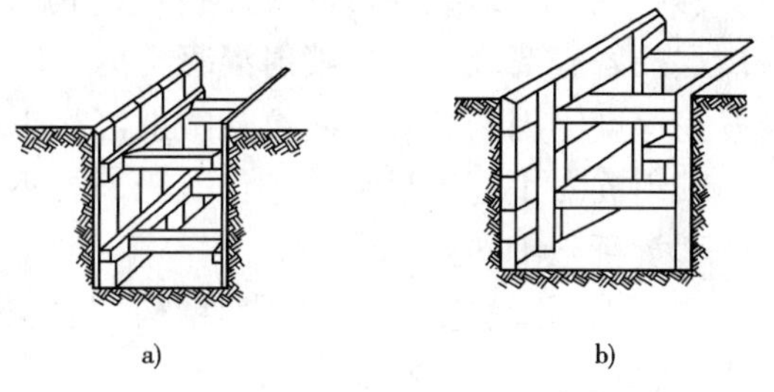

图3-2　挡板支撑

a)竖挡板式支撑；b)横挡板式支撑

基坑开挖时，若坑壁土质密实，不会随挖随坍，可将基坑一次挖到设计高程；然后沿着坑壁竖向撑以衬板(密排或疏排)；再在衬板上压横木，中间用顶撑撑住。

如坑壁土质较差，或所挖基坑较深，坑壁土有可能坍塌时，则可用水平衬板支撑，分层开挖，随挖随撑。

②板桩墙支护。

基坑平面尺寸较大，基坑较深，或因土质、水文等条件的限制，基坑可采用板桩墙支护。其特点是在基坑开挖前先将板桩垂直打入土中至坑底以下一定深度；然后边挖边设支撑，开挖基坑过程中始终是在板桩支护下进行。

板桩材料有木板桩、钢筋混凝土板桩和钢板桩3种。木板桩易于加工，但强度较低，在林区以外已较少采用；钢筋混凝土板桩耐久性好，但制造复杂且重量大，防渗性能差，在桥梁基础修筑中也很少采用；钢板桩特点是板薄、强度大，能穿过较坚硬土层，且锁口紧密，不易漏水，还可以焊接接长，并能重复使用，断面形式多样(图3-3)，可适应不同形状基坑。

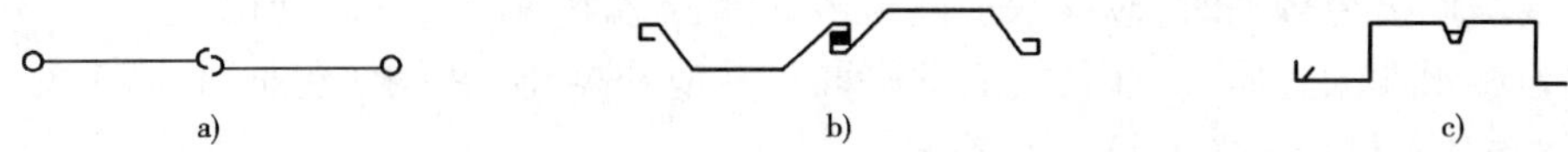

图3-3　钢板桩断面

a)一字形；b)槽形；c)Z字形

板桩墙分无支撑式(图3-4a)、支撑式和锚撑式(图3-4d)。支撑式板桩墙按设置支撑的层数可分为单支撑板桩墙(图3-4b)和多支撑板桩墙(图3-4c)。由于板桩墙多应用于较深基坑的开挖,故多支撑板桩墙应用较多。

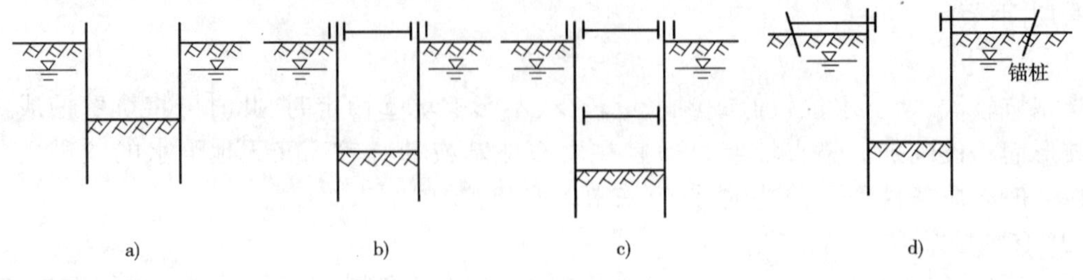

图3-4 板桩墙支撑

③喷射混凝土护壁。

喷射混凝土护壁,适用于土质较稳定,渗水量不大,深度小于10m,直径为6~12m的圆形基坑。

喷射混凝土护壁的基本原理是以高压空气为动力,将搅拌均匀的砂、石、水泥和速凝剂干料,由喷射机经输料管吹送到喷枪,在通过喷枪的瞬间,加入高压水进行混合,自喷嘴射出,喷射于坑壁,形成环形混凝土护壁结构,以承受土压力。喷射混凝土之前应将坑壁上的松散层或岩渣清理干净。喷射混凝土的厚度主要取决于地质条件、渗水量大小、基坑面大小及开挖深度等因素。开挖基坑与喷射混凝土均分层进行,每层高0.5~1.5m。

喷射混凝土应当早强、速凝、有较高的不透水性,且其干料能顺利通过喷射机。

④混凝土围圈护壁。

混凝土围圈护壁也用于环形结构,但其混凝土是现场浇筑的普通混凝土,壁厚较喷射混凝土大,一般为15~30cm。

采用混凝土围圈护壁时,基坑自上而下分层垂直开挖,开挖一层后随即浇筑一层混凝土壁。为防止已浇筑的围圈混凝土施工时因失去支承而下坠,顶层混凝土应一次整体浇筑,以下各层均间隔开挖和浇筑,并将上下层混凝土纵向接缝错开。开挖面应均匀分布、对称施工,及时浇筑混凝土壁支护,每层坑壁无混凝土壁支护总长度应不大于周长的一半。分层高度以垂直开挖面不坍塌为原则,一般顶层高2m左右,以下每层高1~1.5m。

实践证明采用喷射混凝土护壁或混凝土围圈护壁与明挖放坡法相比,无论在技术上还是在经济上均有一定的优点,可以减少大量土方。

3. 基坑开挖

不支护坑壁进行基坑开挖时,坑壁坡度宜根据地质条件、基坑深度、施工方法等情况确定。当为无水基坑且土层构造均匀时,基坑坑壁坡度可按表3-1确定;当土的湿度有可能使坑壁不稳定而引起坍塌时,基坑坑壁坡度应缓于该湿度下的天然坡度。

当基坑有地下水时,地下水位以上部分可放坡开挖;地下水位以下部分,若土质易坍塌或水位在基坑底以上较高时,应采取加固土体或降低地下水位等方法开挖。

基坑为渗水性的土质基坑时,坑底的平面尺寸应根据排水要求(包括排水沟、集水井、排水管网等)和基础模板所需基坑大小确定。

(1)土质地基开挖

基坑开挖前,首先准确放样,定出基础轴线、边线位置及高程,并用桩将中心位置固定。基坑大小应满足基础施工的要求,一般基底应比设计平面尺寸各边增宽50~100cm;当基坑深度在5m以内、施工期较短,且坑底在地下水位以上,土的湿度正常,土质均匀时,坑壁坡度可参考表3-1确定。

基坑坑壁坡度　　表3-1

坑壁土类别	坑壁坡度		
	坡顶无荷载	坡顶有静荷载	坡顶有动荷载
砂类土	1:1	1:1.25	1:1.5
卵石、砾类土	1:0.75	1:1	1:1.25
粉质土、黏质土	1:0.33	1:0.5	1:0.75
极软岩	1:0.25	1:0.33	1:0.67
软质岩	1:0	1:0.1	1:0.25
硬质岩	1:0	1:0	1:0

注:①坑壁有不同土层时,基坑坑壁坡度可分层选用,并设平台。

②坑壁土的类别按照现行行业标准《公路土工试验规程》(JTG E40—2007)划分;岩面单轴抗压强度<5MPa、5~30MPa、>30MPa时,分别定为极软、软质、硬质岩。

③当基坑深度大于5m时,基坑坑壁坡度可适当放缓或加设平台。

坑顶与动荷载间至少应留有1m宽的护道,若工程地质和水文条件不良或者动荷载过大,还应增宽护道或采取加固措施。

如果放坡开挖场地受限或工程量太大,可按具体情况采用挡板支撑、板桩墙支撑、混凝土护壁、钢板桩围堰等防护措施。

开挖方式以机械作用为主,采用挖掘机作用辅以人工清槽。挖掘机可以在基坑内或基坑边缘作用,直接把弃土装车运走。挖基土尽可能远离基坑边缘,以免塌方和影响施工。对于小型基坑的弃土处理,可以直接在四周摊平或堆放,待结构物成型后再回填到基坑内。

基坑开挖应连续作用,避免晾槽。

一次开挖基坑底面以上要预留20~30cm,待验槽前人工一次清除至设计高程,以保证基坑顶面坚实,同时保证基底符合设计要求的嵌岩深度。

若施工时间较长,又可能遇到暴雨天气时,应在基坑外设临时截水沟或排水沟,防止雨水流入基坑内,使坑内土质发生变化。任何土质基坑挖至设计高程后,都不能长时间暴露、扰动或浸泡而削弱其承载力。一般土质基坑挖至接近基底高程时,应保留厚20~30cm的一层土暂不挖掉,在基础砌筑前人工突击挖除,迅速检验,随即进行基础施工。

(2)岩石地基开挖

岩石地基开挖时坑壁坡度参考表3-1。硬质岩可以垂直向下开挖,一般设计开挖深度为风化层厚度,新鲜岩层、微风化或弱风化岩层均可做基础持力层。开挖一般采用机械开挖,必要时可进行松动爆破,但要严格控制爆破深度和用药量,防止过量爆破引起持力层松动破坏。根据岩石的风化程度、倾向、倾角及发育情况,采用适当方法进行坑壁防护。挖除的渣石必须运至设计指定地点,不能对施工安全及周围生态环境造成危害。

4. 基坑排水

当基坑坑底位于地下水位以下时,基坑开挖时坑内便有积水。为了便于基础施工,保证施工质量,必须进行基坑排水。基坑排水的方法一般有表面排水法和井点法降低地下水位两种。

(1)表面排水法

表面排水法是在基坑整个开挖过程及基础砌筑和养护期间，在基坑四周开挖集水沟汇集坑壁及基底的渗水，并引向一个或数个比集水沟挖得更深一些的集水坑；集水沟和集水坑应设在基础范围以外。在基坑每次下挖以前，必须先挖沟和坑，集水坑的尺寸宜视渗水量的大小确定；集水坑的深度应大于抽水机吸水龙头的高度，并在吸水龙头上套竹筐围护，以防土石堵塞龙头。排水设备的排水能力，宜为总渗量的1.5~2.0倍。

这种排水方法设备简单、费用低，一般土质条件下均可采用。但当地基土为饱和细砂、粉砂类土等黏聚力较小的细粒土层时，由于抽水会引起流砂现象，造成基坑的破坏和坍塌，因此当基坑为这类土时，应避免采用表面排水法。

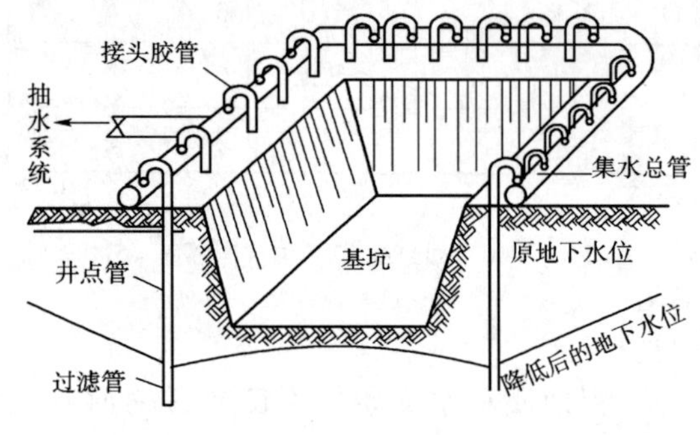

图3-5 轻型井点降水法示意图

(2)井点法降低地下水位

对于细砂、粉砂类土等如采用表面排水法极易引起流砂现象，影响基坑稳定，这种情况可采用井点法降低地下水位。井点法降低地下水位适用于粉细砂质基坑以及地下水位较高、有承压水、挖基较深、坑壁不易稳定和普通排水法难以解决的土质基坑。井点法降低地下水位主要有轻型井点(图3-5)、射流泵井点、喷射井点、电渗井点和深井泵井点等多种类型。井点法类别的选择应按照土的渗透系数、要求降低水位深度及工程特点等选择合适的方法和所需设备，其适用范围参考表3-2。

各种井点法的适用范围 表3-2

井点法类别	土壤渗透系数(m/d)	降低水位深度(m)
一级轻型井点法	0.1~80	3~6
二级轻型井点法	0.1~80	6~9
喷射井点法	0.1~50	8~20
射流泵井点法	0.1~50	<10
电渗井点法	<0.1	5~6
管井井点法	20~200	3~5
深井泵法	10~80	>15

注:①降低土层中的地下水位时，应将滤水管埋设于透水性较大的土层中。

②井点管的下端滤水长度应考虑渗水土层的厚度，但不得小于1m。

使用井点法排水时应注意下列事项：

①降低成层土中地下水时，应尽可能将滤水管埋设在透水性较好的土层中。

②在水位降低的范围内设置水位观测孔，其数量视工程情况而定。

③应对整个井点孔位加强维护与检查，保证不间断地抽水。

④应考虑水位降低区域构筑物受其影响而可能产生的沉降，并应做好沉降观测，必要时采取防护措施。

轻型井点降水法布置如图3-5所示，即在基坑开挖前预先在基坑四周打入(或沉入)若干根井管，井管下端1.5m左右为滤管，上面钻有若干直径约2mm的滤孔，外面用过滤层包扎起来。各个井管用集水管连接并抽水。由于使井管两侧一定范围内的水位逐渐下降，各井管相互影响形成了一个连续的疏干区。在整个施工过程中保持不断抽水，以保证在基坑开挖和基础砌筑的整个过程中基坑始终保持着无水状态。该法可以避免发生流砂和边坡坍塌现象，且流水压力对土层还有一定的压密作用。

井点法降水用的施工机具较多，施工布置较复杂，在桥涵施工中多用于城市内挖基。不同类型井点降水之间的主要区别在于降水设备的抽水部分，其抽水过程基本是相同的。轻型井点是用真空泵抽水。射流泵井点则是使用的水流通过射流器形成的真空度代替真空泵的作用。喷射井点的工作原理与射流泵相似，用多级离心泵代替一般离心泵，因其喷射速度高，形成的真空度较大，降低深度较深，可达 15 ~ 20m；井距可采用 3.0m 左右。深井泵是每个泵独立工作，泵与泵的间距可采用 5 ~ 10m。

5. 基底处理与检验

1）基底处理

（1）基底处理的施工要点

①地基处理应根据地基土的种类、强度和密度，按照设计要求，结合现场情况，采取相应的处理方法。

②地基处理的范围至少应宽出基础之外 0.5m。

③符合设计要求的细粒土、特殊土基底，修整妥善后，应尽快修建基础，不得使基底浸水和长期暴露。

（2）细粒土及特殊土地基的处理

属细粒土或特殊土类的饱和软弱黏土层、粉砂土层及湿陷性黄土、膨胀土和黏土及季节性冻土，强度低，稳定性差，处理时应视该类土的处治深度、含水率等情况，按基底的要求采取固结处理，以满足设计要求。

（3）粗粒土和巨粒土地基的处理

对于强度和稳定性满足设计要求的粗粒土及巨粒土基底，应将其承重面平整夯实，其范围应满足基础的要求。

基底有水不能彻底排干时，应将水引至排水沟，然后在其上修筑基础。

（4）岩层基底的处理

①风化的岩层，应挖至满足地基承载力要求或其他方面的要求为止。

②在未风化的岩层上修建基础前，应先将淤泥、苔藓、松动的石块清除干净，并洗净岩石。

③坚硬的倾斜岩层，应将岩层面凿平。倾斜度较大，无法凿平时，则应凿成多级台阶；台阶的宽度不宜小于 0.3m。

（5）多年冻土地基的处理

①基础不应置于季节冻融土层上，并不得直接与冻土接触。

②基础的基底修筑于多年冻土层（即永冻土）上时，基底之上应设置隔温层或保温层材料，且铺筑宽度应在基础外缘加宽 1m。

③按保持冻结的原则设计的明挖基础，其多年平均地温等于或高于 -3℃时，应于冬季施工。多年平均地温低于 -3℃时，可在其他季节施工，但应避开高温季节，并应按下列规定处理：

a. 严禁地表水流入基坑。

b. 及时排除季节冻层内的地下水和冻土本身的融化水；必须搭设遮阳棚和防雨棚。

c. 施工前做好充分准备，组织快速施工。做好的基础应立即回填封闭，不宜停歇。必须停歇时，应以草袋、棉絮等加以覆盖，防止热量侵入。

d. 施工时，明水应在距坑顶10m之外修排水沟。水沟之水，应引于远离坑顶宣泄并及时排除融化水。

(6)溶洞地基的处理

①影响基底稳定的溶洞，不得堵塞溶洞水路。

②干溶洞可用砂砾石、碎石、干砌或浆砌片石及灰土等回填密实。

③基底干溶洞较大，回填处理有困难时，可采用桩基处理；桩基应进行设计，并经有关单位批准。

(7)泉眼地基的处理

①可将有螺口的钢管紧紧打入泉眼，盖上螺母并拧紧，阻止泉水流出；或向泉眼内压注速凝的水泥砂浆，再打入木塞堵眼。

②堵眼有困难时，可采用管子塞入泉眼，将水引流至集水坑排出或在基底下设盲沟引流至集水坑排出；待基础圬工完成后，向盲沟压注水泥浆堵塞。采用引流排水时，应注意防止砂土流失，引起基底沉陷。

③基底泉眼，不论采用何种方法处理，都不应使基底饱水。

(8)地基加固

当地基需要加固时，应根据设计要求及有关规范处理。

2)地基检验

(1)检验内容

①检验基底平面位置、尺寸大小、基底高程。

②检验基底地质情况和承载力是否与设计资料相符。

③检验基底处理和排水情况是否符合规范要求。

④检验施工记录及有关试验资料等。

(2)检验方法

按桥涵大小、地基土质复杂(如溶洞、断层、软弱夹层、易熔岩等)情况及结构对地基有无特殊要求，可采用以下检验方法：

①小桥涵的地基检验，可采用直观或触探方法，必要时可进行土质试验。

②大、中桥和地基土质复杂、结构对地基有特殊要求的地基检验，一般采用触探和钻探(钻深至少4m)取样做土工试验，或按设计的特殊要求进行荷载试验。

(3)基底的平面位置和高程

基底的平面位置和高程允许偏差应符合下列规定：

①基底的平面位置应符合设计要求，且应满足基础施工作业的需要。

②基底高程允许偏差为：土质±50mm；石质+50mm、-200mm。

6. 基础的砌筑与浇筑

基础的砌筑与浇筑一般在干燥无水的情况下进行，只有当渗水量很大、排水很困难时，才采用水下灌注混凝土的方法。

基础的砌筑分为：干地基上砌筑圬工、排水砌筑圬工和混凝土封底再排水砌筑圬工。

(1)干地基上砌筑圬工

当基坑无渗漏、坑内无积水、基坑为非黏土或干土时，应先将基底洒水湿润；如地基为过湿的土基,应铺设一层厚10~30cm的碎石垫层,夯实后再铺水泥砂浆一层,然后再砌筑基础。圬工砌筑时,各工作层竖缝应相互错开不得贯通,浆砌块石的竖缝错开距离不应小于8cm。

(2)排水砌筑圬工

如基坑基本无渗漏,仅有雨水存积,则可沿基坑底四周基础范围以外挖排水沟,将坑内积水排出后再砌筑基础。如基坑有渗漏,则应沿基坑底四周基础范围以外挖水坑,然后用水泵排出坑外,再砌筑基础。

(3)水下混凝土封底再排水砌筑圬工

水下灌注混凝土,一般只有在排水困难时采用。当坑壁有较好防水设施(如钢板桩护壁等),但基坑渗漏严重时,可采用水下灌注混凝土封底方法。待封底混凝土达到强度要求后排水,清除封底混凝土面浮浆,冲洗干净后再砌筑基础圬工。水下封底混凝土应在基础底面以下。封底只能起封闭渗水的作用,封底混凝土只作为地基,而不能作为基础。因此,不得侵占基础厚度。水下封底混凝土层的最小厚度由以下条件控制:当围堰作业已封底并抽干水后,板桩同封底混凝土组成一个浮筒,该浮筒的自重应能保证不被浮起;同时,封底混凝土作为周边简支的板,在基底面上水压力作用下,不致因向上挠曲而折裂。封底混凝土的最小厚度一般为2.0m左右。

石砌基础在砌筑中应使石块大面朝下,外圈块石必须坐浆,且丁顺相间,以加强石块之间的连接。砌筑基础的第一层砌块时,如基底为土质,只在已砌石块的侧面铺上砂浆即可,不需坐浆;如基底为石质,应将其表面清洗、湿润后,再坐浆砌石块。

基础排水浇筑时应防止渗水浸泡圬工,以免降低混凝土强度。混凝土基础的浇筑应在终凝后才容许浸水。扩大基础混凝土的施工属于大体积混凝土,应按有关大体积混凝土的规定组织施工。施工时宜采用钢模板。混凝土宜在全截面范围内水平分层进行浇筑,且机械设备的能力应满足混凝土浇筑施工的要求。当浇筑量过大、设备能力难以满足施工要求,或大体积混凝土温控需要时,可分块浇筑。

基础砌筑与浇筑完成后,应检验质量和各部分尺寸是否符合设计要求。扩大基础施工质量,应符合表3-3的规定。合格后方可选用好土回填基坑,并应分层夯实;回填土每层厚度不超过30cm。

扩大基础施工质量标准 表3-3

检查项目		规定值或允许偏差
混凝土强度(MPa)		在合格范围内
平面尺寸(mm)		±50
基础底面高程(mm)	土质	±50
	石质	+50,-200
基础顶面高程(mm)		±30
轴线偏位(mm)		25

二、开挖水中基坑时的围堰工程

在水中修筑桥梁基础时,开挖基坑前需在基坑周围先修筑一道防水围堰,把围堰内水排干后,再开挖基坑修筑基础。如排水较困难,也可在围堰内进行水下挖土,挖至预定高程后先灌注水下封底混凝土,然后再抽干水继续修筑基础。在围堰内不但可以修筑浅基础,也可以修筑桩基础等。

围堰的种类有土围堰、土袋围堰、钢板桩围堰、双壁钢围堰和地下连续墙围堰等。

对围堰的要求有如下诸方面：

(1)围堰顶面高程应高出施工期间中可能出现的最高水位0.5～0.7m，有风浪时应适当加高。

(2)修筑围堰将压缩河道断面，使流速增大引起冲刷，或堵塞河道影响通航，因此要求河道断面压缩一般不超过流水断面面积的30%。对两边河岸河堤或下游建筑物有可能造成危害时，必须征得有关单位同意并采取有效的防护措施。

(3)围堰内尺寸应满足基础施工要求，留有适当工作面积，由基坑边缘至堰脚距离一般不少于1m。

(4)围堰结构应能承受施工期间产生的土压力、水压力以及其他可能发生的荷载，满足强度和稳定要求。围堰应具有良好的防渗性能。

1. 土石围堰

土围堰(图3-6)适用于水深1.5m以内，流速0.5m/s以内，河床土质渗水性较小且满足泄洪要求的河流。堰顶宽度宜根据施工需要确定；边坡的坡度应按围堰位置的不同、高度及基坑开挖深度等条件确定。在筑堰之前，应将堰底河床处的树根、石块及其他杂物清除干净。筑堰材料宜采用黏性土或砂夹黏土，填筑应自上游开始至下游合龙，超出水面之后应进行夯实。堰外坡面有受水流冲刷的危险时，应采用合适的材料对其进行防护。

土袋围堰(图3-7)适用于水深3m以内，流速1.5m/s以内，河床土质渗水性较小且满足泄洪要求的河流。袋内填土宜采用黏性土，装填量宜为60%；水流流速较大时，在过水面及迎水面，袋内可装填粗砂或卵石。堆码时土袋的上下层和内外层应相互错缝，搭接长度宜为1/3～1/2，堆码应密实平整。围堰的中心部分可填筑黏土及黏性土芯墙。堰外边坡坡度宜为1∶0.5～1∶1，堰内边坡坡度宜为1∶0.2～1∶0.5。

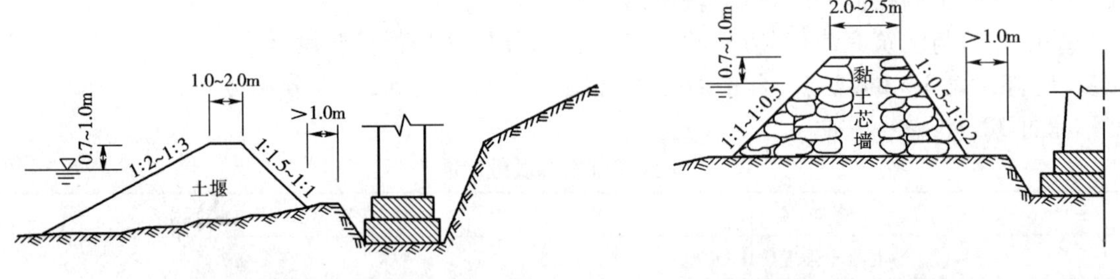

图3-6　土围堰　　　　图3-7　土袋围堰

此外，水深在4m以内，流速较大，且能满足泄洪要求时，可筑竹、木或铅丝笼围堰；水深超过4m时，可筑钢笼围堰。竹、木笼围堰结构一般由内外两层装片石的竹(木)笼中间填黏土芯墙组成。黏土芯墙厚度不应小于2m。为避免片石笼对基坑顶部压力过大，并为必要时变更基坑边坡留有余地，片石笼围堰内侧一般应距基坑顶缘3m以上。竹、木或铅丝笼围堰及钢笼围堰的笼体应坚固，并满足使用要求。围堰的层数宜根据水深、流速、基坑大小及防渗要求等因素确定；宽度宜为水深的1.0～1.5倍。且宜在堰底外围堆填土袋，防止堰底渗漏。

2. 钢板桩围堰

当水较深时，可采用钢板桩围堰(图3-8)。钢板桩围堰适用于砂类土、碎卵石类土、硬黏土和风化岩等地层；它具有材料强度高、防水性能好、穿透力强、堵水面积小，并可重复使用等优点。围堰内抽水深度最大可达20m左右。

钢板桩围堰施工时，在施打钢板桩前应设置测量观测点，控制其施打的定位，且其锁口宜采用止水材料捻缝，防止在使用的过程中漏水。施打钢板桩应有导向装置，应能保证桩的位置准确。施打顺序应按既定的施工技术方案进行，并宜从上游开始分两头向下游方向合龙。施打时应随时检查其位置和垂直度是否准确，不符合要求的应立即纠正或拔起重新施打。施打完成后所有钢板桩的锁口均应闭合。

图3-8 钢板桩围堰

修建水中桥梁基础常使用单层钢板桩围堰，其支撑（一般为万能杆件构架，也可采用浮箱拼装）和导向（由槽钢组成内外导环）系统的框架结构称"围囹"或"围笼"（图3-9）。

3. 双壁钢围堰

在深水中修建桥梁基础还可以采用双壁钢围堰（图3-10）。双壁钢围堰一般做成圆形结构，它本身实际上是个浮式钢沉井。井壁钢壳是由有加劲肋的内外壁板和若干层水平钢桁架组成，中空的井壁提供的浮力可使围堰在水中自浮，使双壁钢围堰在漂浮状态下分层接高下沉。围堰的双壁间距应根据下沉时需要克服的浮力、土层摩阻力及基底抗力等经计算确定，内外壁板间距一般为1.2～1.4m，这就使围堰刚度很大，围堰内无须设支撑系统。此外应在双壁之间分设多个对称的、横向互不相通的隔舱。利用向隔舱不等高灌水来控制双壁围堰下沉及调整下沉时的倾斜。井壁底部设置刃脚以利于切土下沉。

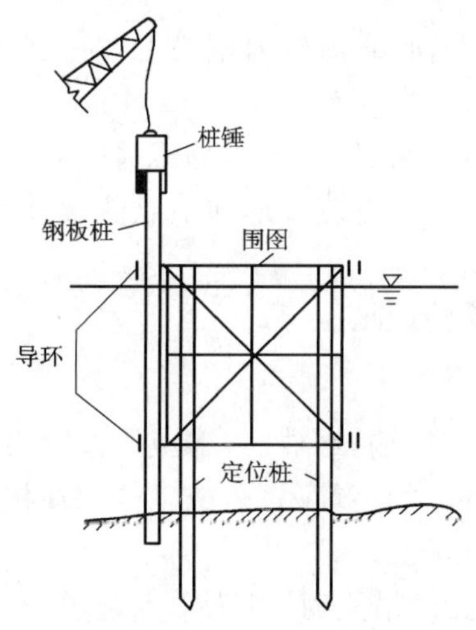

图3-9 围囹法施打钢板桩

图3-10 双壁钢围堰

围堰施工时应根据现场的水文、地质和通航等情况，设置可靠的定位系统和导向装置。其浮运、下沉、定位等工序的施工及允许偏差应符合规范规定。围堰下沉至设计高程，在灌注封底混凝土之前，应对河床面进行清理和整平。围堰置于岩面上时，宜将岩面整平；基岩岩面倾斜或凹凸不平时，宜将围堰底部制作成与岩面相应的异形刃脚，增加其稳定性并减少渗漏。

第二节　桩基础施工

桩基础按施工方法可分为沉入桩和灌注桩两大类。而灌注桩按成孔方法不同主要有钻孔灌注桩和挖孔灌注桩。目前我国公路桥梁基础常用钻孔灌注桩。

桩基础施工前应根据已定出的墩台纵横中心轴线直接定出桩基础轴线和各基桩桩位，并设置好固定桩志或控制桩，以便施工时随时校核。

一、沉入桩的施工

(一)预制桩的制作

沉入桩所用的基桩主要为预制的钢筋混凝土桩和预应力混凝土桩。其断面形式常用的有实心方桩和空心管桩两种，管桩一般由工厂以离心成型法制成，分为上、中、下三节，管壁厚度为8～10cm。钢筋混凝土预制桩的分节长度应根据施工条件决定，并应尽量减少接头数量。接头强度不应低于桩身强度，接头法兰盘不应突出于桩身之外，在沉桩时和使用过程中接头不应松动和开裂。

制作钢筋混凝土桩和预应力混凝土桩所用技术，应按照《公路桥涵施工技术规范》(JTG/T F50—2011)办理。此外，还应注意以下几个事项：

(1)钢筋混凝土桩内的纵向主钢筋宜采用整根钢筋，如需接长时，宜采用对焊连接或机械连接。

(2)螺旋筋或箍筋必须箍紧主筋，与主筋交接处应用点焊焊接或用铁丝扎结牢固。

(3)预应力混凝土的纵向主筋采用冷拉钢筋且需焊接时，应在冷拉前采用闪光接触对焊焊接。

(4)桩长用法兰盘连接时，法兰盘应对准位置焊接在钢筋或预应力钢筋上；对先张法预应力混凝土桩，法兰盘应先焊接在力筋上，然后进行张拉。

(5)每根或每一节桩的混凝土应由桩顶向桩尖方向连续灌注，不得留施工缝，不得中断。

(6)混凝土浇筑完毕后，应及时覆盖养护，并应标明编号、浇筑日期和吊点位置，同时填写制桩记录。

预制桩出场前应进行检验；出场时应具备出场合格检验记录。

(二)桩的吊运、存放和运输

钢筋混凝土预制桩由预制场地吊运到桩架内，在起吊、运输、堆放时，都应该按照设计计算的吊点位置起吊(一般吊点在桩内预埋直径为20～25mm的钢筋吊环，或以油漆在桩身标明)，否则桩身受力情况与计算不符，可能引起桩身混凝土开裂。

预制桩在起吊与堆放时，较多采用两个吊(支)点。插桩吊立时，常为单点起吊；对于较长的桩为了减小内力、节省钢材，有时采用多点起吊，可用3～4个支点。支点位置一般应按各支点处最大负弯矩与支点间桩身最大正弯矩相等的条件来确定，如图3-11所示。起吊就位时多采用1个或2个吊点，如图3-11a)、b)。吊桩时桩身上的吊点位置距设计规定位置的允许偏差不应超过±20mm，并应使各吊点同时均匀受力；吊点处应采取措施进行保护，避免绳扣或桩角的损伤。

桩的存放场地应靠近沉桩现场，场地平整、坚实，并备有防排水措施，以免场地出现湿陷或不均匀沉陷。堆放时应设置垫木，支垫位置宜按设计吊点位置确定，其偏差不宜超过200mm，多层堆放时，各层垫木应位于同一垂直面内，且层数不宜超过3层。

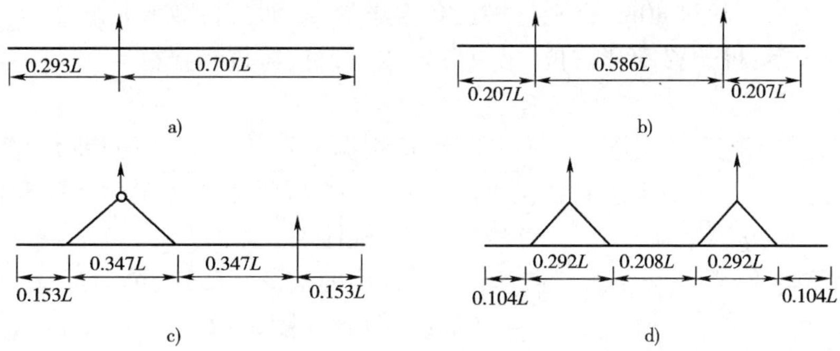

图3-11 预制桩的起吊位置

桩在运输时，应采用多支垫堆放，垫木应均匀放置且其顶面应在同一平面上，堆放形式应保持平稳。采用驳船装运时，对桩体应采取加撑和系绑等措施，防止风浪影响而发生倾斜。

(三)桩的连接

当预制桩长度不足，需要接桩时，常用的接桩方法有：法兰盘连接、钢板连接及硫磺胶泥(砂浆)连接等。桩的连接应符合设计要求，并应符合下列规定：

(1)在同一墩、台的桩基中，同一水平面内的桩接头数量不得超过基桩总数的1/4，但采用法兰盘按等强度设计的接头，可不受此限制。

(2)接桩时应保持各节桩的轴线在同一直线上，接好后应进行检查，符合要求方可进行下一步工序。

(3)接桩可采用焊接或法兰盘连接。当采用焊接时，焊接应牢固，位置应准确；采用法兰盘连接桩时，法兰螺栓应对称逐个拧紧，并加设弹簧垫圈或加焊，锤击时应采取有效措施防止螺栓松动。

(4)在宽阔水域沉设的大直径管桩和钢管桩，宜在厂(场)内制作时按设计桩长拼接成整根，不宜在现场连接接长；必须在现场连接时，每根桩的接头数量不得超过1个。

(四)沉桩施工

沉桩施工前应在陆地或水域建立平面测量与高程测量的控制网点，桩基础轴线的测量定位点应设置在不受沉桩作业影响处；根据桩的类型、地质条件、水文条件及施工环境等确定沉桩的方法和机具，并应对地上和地下的障碍物进行妥善处理。

沉桩顺序应根据现场地形条件、土质情况、桩距大小、斜桩方向、桩架移动的方便等来决定。沉桩顺序宜由一端向另一端进行，当基础尺寸较大时，宜由中间向两端或四周进行；如桩埋置有深浅，宜先沉深的，后沉浅的；在斜坡地带，应先沉坡顶的，后沉坡脚的。在桩的沉入过程中，应始终保持锤、桩帽和桩身在同一轴线上。

正式沉桩前，还应进行沉桩试验，以便检验设备和工艺是否符合要求。按照规范的规定，试桩不得少于2根。沉桩前应处理空中和地面上下的障碍物，平整场地或搭设支架、平台，做好准备工作。

沉入桩的施工方法主要有锤击沉桩、振动沉桩、静力压桩和射水沉桩等。

1. 锤击沉桩(打入桩)施工

打入桩靠桩锤的冲击能量将桩打入土中,因此桩径不能太大(不大于0.6m),桩的入土深度在一般土质中不超过40m,否则打桩设备要求较高,而打桩效率很低。

打桩过程包括:桩架移动和定位、吊桩和定桩、打桩、截桩和接桩等。

(1)沉桩设备

沉桩设备是桩基施工的质量与成败的关键,应根据土质、工程量、桩的种类、规格、尺寸、施工期限、现场水电供应等条件选择。锤击沉桩的主要设备有桩锤、桩架及动力装置3部分。

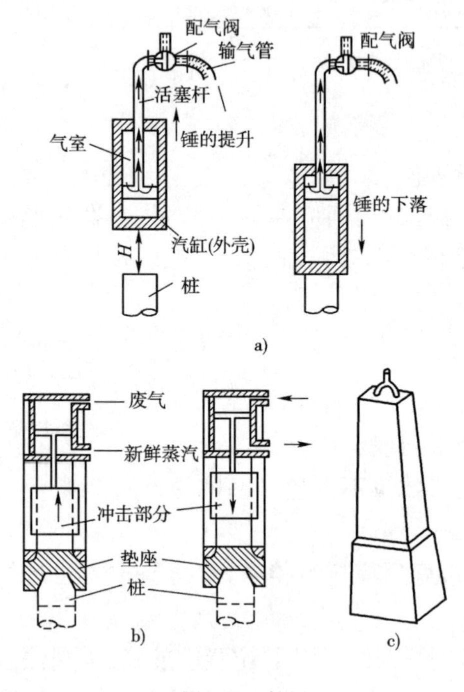

图3-12　桩锤

a)单动汽锤;b)双动汽锤;c)坠锤

①桩锤。

常用的桩锤有坠锤、单动汽锤、双动汽锤及柴油锤等几种(图3-12)。

坠锤是最简单的桩锤,它是由铸铁或其他材料做成的锥形或柱形重块,锤重2~20kN,用绳索或钢丝绳通过吊钩由人力或卷扬机提升,然后锤自由落下锤击桩顶。此法打桩效率低,每分钟仅打数次,适用于小型工程打桩。

单动汽锤、双动汽锤是利用蒸汽或压缩空气将桩锤在桩架内顶起下落锤击基桩。单动汽锤锤重10~100kN,每分钟冲击20~40次,冲程1.5m左右;双动汽锤锤重3~10kN,每分钟冲击100~300次,冲程数百毫米,打桩效率高,但一次冲击动能较小,适用于打较轻的桩,还可用来拔桩。

柴油锤实际上是一个柴油汽缸,工作原理同柴油机。它是利用柴油在汽缸内压缩发热点燃而爆炸将汽缸沿导向杆顶起,下落时锤击桩顶。其本身既是发动机又是工作机,不需要外部能源和蒸汽锅炉、空压机或电动机等,较单动、双动汽锤优越,且沉桩效率较高,工程上应用较为普遍。

打入桩施工时,桩锤的选择宜根据地质条件、桩身结构强度、单桩承载力、锤的性能并结合试桩情况确定,且宜选用液压锤和柴油锤。其他辅助设备宜与所选用的桩锤相匹配。桩锤重量宜适当,桩锤过轻,桩难以打下,频率较低,还可能将桩头打坏。桩锤过重,则各种机具、动力设备都需加大,不经济。桩锤与桩重的比值一般不宜小于表3-4的参考数值。

桩锤与桩重比值　　表3-4

锤类 / 土状态 / 桩类别	单动汽锤		双动汽锤		柴油锤		坠锤	
	硬土	软土	硬土	软土	硬土	软土	硬土	软土
钢筋混凝土桩	1.4	0.4	1.8	0.6	1.5	1.0	1.5	0.35
木桩	3.0	2.0	2.5	1.5	3.5	2.5	4.0	2.0
钢桩	2.0	0.7	2.5	1.5	2.5	2.0	2.0	1.0

②桩架。

钢制万能桩架，如图 3-13 所示。桩架的作用是装吊桩锤、插桩、打桩、控制桩锤的上下方向。桩架由导杆（又称龙门，控制桩和锤的插打方向）、起吊设备（滑轮组、绞车、动力设备等）、撑架（支撑导杆）及底盘（承托以上设备）、移位行走部件等组成。桩架在结构上必须有足够的强度、刚度和稳定性，保证在打桩过程中桩架不会发生移位和变位。桩架的高度应保证桩吊立就位的需要和锤击的必要冲程。

根据材料不同，桩架的类型有木桩架和钢结构桩架；常用的是钢结构桩架。

打桩设备还有桩帽与送桩等。桩帽主要是承受冲击，保护桩顶，在沉桩时能保证锤击力作用于桩轴线而不偏心，故要求构造坚固，支垫易于拆换或整修。送桩用于当桩顶被锤击低于龙门架而仍需继续沉入时，即需把桩顶送到地面下必要深度处用。

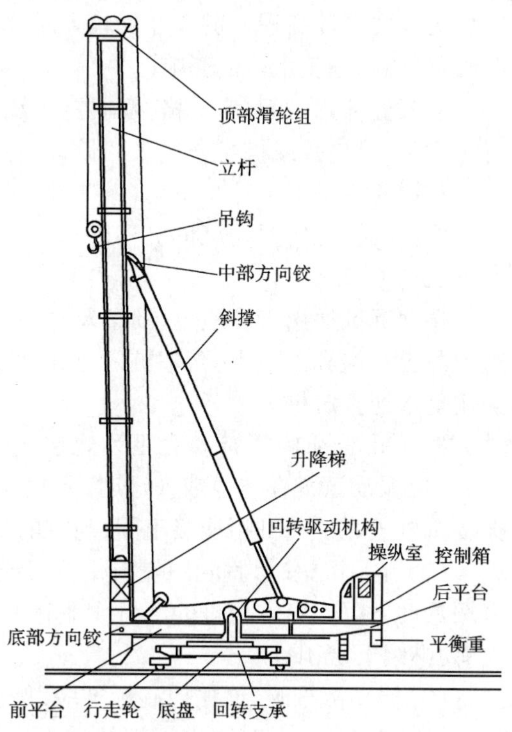

图 3-13　钢制万能桩架

（2）打桩过程的注意事项

①在打桩前，应检查锤与桩的中心线是否一致，桩位是否正确，桩的垂直度或倾斜度是否符合设计要求，打桩架是否安置牢固平稳。桩顶应采用桩帽、桩垫保护，以免打裂桩头。

②桩开始打入时，宜采用较低落距，重锤轻击。每次的冲击能量不宜过大，随着桩的打入，逐渐增大锤击的冲击能量。

③打桩时应记录好桩的贯入度，作为桩承载力是否达到设计要求的一个参考数据。若遇到贯入度剧变，桩身突然发生倾斜、移位或有严重裂缝、破碎，桩身开裂等情况时，应暂停沉桩，查明原因，采取有效措施后方可继续沉桩。

④打桩过程中应随时注意观测打桩情况，防止基桩的偏移，并填写好打桩记录。

⑤每打一根桩应一次连续完成，避免中途停顿过久，避免因桩周摩阻力的恢复而增加沉桩的困难。

⑥在建筑物靠近打桩场地或建筑物密集地区打桩时，需观测地面变化情况，注意打桩对周围建筑物的影响。

⑦锤击沉桩的停锤控制标准应根据地质情况、设计承载力、锤型、桩型和桩长综合考虑，并应符合下列规定：

a. 设计桩尖土层为一般黏性土时，应以高程控制。桩沉入后，桩顶高程的允许偏差为 +100mm，-0。

b. 设计桩尖土层为砾石、密实砂土或风化岩时，应以贯入度控制。当沉桩贯入度已达到控制贯入度，而桩端未达到设计高程时，应继续锤击贯入 100mm 或锤击 30 ~ 50 击，其平均贯入度应不大于控制贯入度，且桩端距设计高程不宜超过 1 ~ 3m。超过上述规定，应会同监理和设计单位研究处理。

c. 设计桩尖土层为硬塑状黏性土或粉细砂时，应以高程控制为主，贯入度作为校核。当桩尖已达到设计高程而贯入度仍较大时，应继续锤击使其贯入度接近控制贯入度，但继续下沉时，应考虑施工水位的影响。

从沉桩开始时起，应严格控制桩位及竖桩的竖直度或斜桩的倾斜度。在沉桩过程中，不得采用顶、拉桩头或桩身办法来纠偏，以防桩身开裂并增加桩身附加弯矩。

2. 振动沉桩施工

振动沉桩是用振动沉桩机将桩沉入土中的方法。其原理是由振动沉桩机使桩产生振动而下沉。

振动沉桩适用于砂质土、硬塑及软塑的黏性土和中密及较松散的碎、卵石类土。对于软塑类黏土及饱和砂质土，当基桩入土深度小于15m时，可只用振动沉桩机。除此情况外，宜采用射水配合沉桩。

振动沉桩的施工，应符合下列规定：

(1)振动沉桩在选锤或换锤时，应验算振动上拔力对桩身结构的影响。同时应注意确保振动沉桩机、机座、桩帽连接牢固，与桩的中心轴线应保持在同一直线上。

(2)开始沉桩时，宜利用桩自重下沉或射水下沉，待桩身入土达一定深度确认稳定后，再采用振动下沉。每一根桩的沉桩作业宜一次完成，不宜中途停顿过久，以免土层的摩阻力恢复，使继续下沉困难。

(3)振动沉桩时，停振控制标准应以设计规定的或通过试桩验证的桩尖高程控制为主，以最终贯入度(mm/min)作为校核。当桩尖已达到设计高程，而与最终的贯入度相差较大时，应查明原因，会同监理和设计单位研究处理。

3. 静力压桩施工

静力压桩施工是采用静压力将桩压入土中，即以压桩机的自重克服沉桩过程中的阻力而使桩下沉。静力压桩适用于高压塑性黏土或砂性较轻的亚黏土层。沉桩速度视土质状况而异。同一地区、相同截面尺寸与沉入深度相同的桩，其极限承载能力与锤击沉桩大体相同。静力压桩具有施工时无噪声、无振动、无污染，对周围环境的干扰小等特点，常用于城市中心或建筑物密集区的桩基础工程。

静力压桩施工的准备工作包括：根据地质钻探、静力触探或试桩资料估算压桩阻力；选用压桩设备，但应注意使设计承载力大于压桩阻力的40%；压桩施工用辅助设备及测量仪器的检查校定等。压桩作业开始后，应尽可能连续施工，减少停顿次数和时间，以免产生过大的启动阻力。桩尖接近设计高程时，应严格控制压桩进程。当遇到插桩初压时，桩尖即有较大走位和倾斜，或沉桩过程中桩身倾斜或下沉速度加快，以及压桩阻力突然剧增或压桩设备倾斜等情况时，应暂停施压，分析原因，及时处理。

4. 射水沉桩施工

射水沉桩施工多与锤击或振动相辅使用。射水施工方法的选择应视土质情况而异，在砂夹卵石层或坚硬土层中，一般以射水为主，以锤击或振动为辅；在亚黏土或黏土中，为避免降低承载力，一般以锤击或振动为主，以射水为辅，并应适当控制射水时间和水量；下沉空心桩，一般用单管内射水。当下沉较深或土层较密实，可用锤击或振动，配合射水；下沉实心桩，将射水管对称地装在桩的两侧，并能沿着桩身上下自由移动，以便在任何高度上射水冲土。必须注意，不论采取何种射水施工方法，在沉入最后阶段至设计高程1~1.5m时，应停止射水，单用锤击或振动沉入至设计深度。预制的钢筋混凝土桩或预应力混凝土桩以射水配合沉桩时，宜用较低落距锤击，避免因射水后，桩尖支承力不足，桩身产生超过允许的拉应力。

射水沉桩的设备包括：水泵、水源、输水管路和射水管等。射水管内射水的长度应为桩长、射水嘴伸出桩尖外的长度和射水管高出桩顶以上高度之和。射水管的布置见图3-14。具体需根据实际施工需要的水压与流量而定。水压与流量关系到地质条件、选用的桩锤或振动机具、沉桩深度和射水管直径、数目等因素，较完善的方法是在沉桩施工前经过试桩后予以选定。

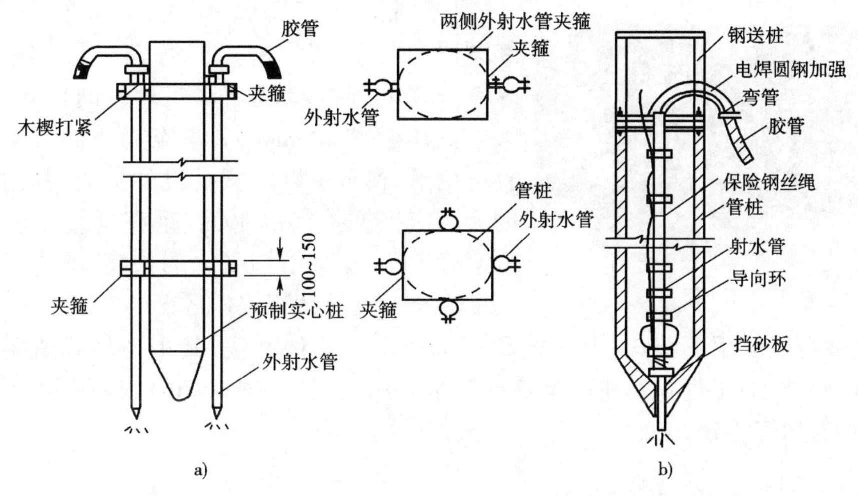

图3-14 射水法沉桩装置

a）外射水管；b）内射水管

射水沉桩的施工要点是：吊插基桩时要注意及时引送输水胶管，防止拉断与脱落；基桩插正立稳后，压上桩帽桩锤，开始用较小水压，使桩靠自重下沉。初期应控制桩身不使下沉过快，以免阻塞射水管嘴，并注意随时控制和校正桩的方向；下沉渐趋缓慢时，可开锤轻击，沉至一定深度（8～10m）已能保持桩身稳定后，可逐步加大水压和锤的冲击动能；沉桩至距设计高程一定距离（2.0m以上）时应停止射水，拔出射水管，进行锤击或振动使桩下沉至设计要求高程。

二、钻孔灌注桩的施工

钻孔灌注桩施工前应制订专项施工技术方案和安全技术方案。对工程地质、水文条件或技术条件特别复杂的钻孔灌注桩，宜在施工前进行工艺试桩，获得相应的工艺参数后再正式施工。

钻孔灌注桩施工应根据土质、桩径大小、入土深度和机具设备等条件选用适当的钻具和钻孔方法，以保证能顺利达到预计孔深，然后，清孔、吊放钢筋笼、灌注水下混凝土。

（一）准备工作

1.准备场地

施工前应将场地平整好，以便安装钻架进行钻孔。当桩位位于旱地时，钻架位置处应整平夯实，清除杂物。当桩位位于浅水区时，宜采用土或土袋围堰筑岛。当桩位位于深水或陡坡时，可搭设钢制平台以支承钻机（架）。在深水中如水流较平稳时，也可将施工平台架设在浮船上，就位锚固稳定后在水上钻孔。各类施工平台的平面面积大小，应满足钻孔成桩作业的需要，其顶面高程应高于施工期可能的最高水位1.0m以上。且施工平台的结构强度、刚度、稳定性和船只的浮力、稳定性都应事先进行验算。

2. 埋置护筒

护筒的作用为：

(1)固定桩位，开始钻孔时对钻头起导向作用；

(2)保护孔口，防止孔口土层坍塌；

(3)隔离孔内孔外表层水，并保持钻孔内水位高出施工水位以稳固孔壁。

图 3-15 钢护筒

护筒制作要求坚固、耐用、不易变形、不漏水，装卸方便和能重复使用。护筒宜采用钢板卷制(图3-15)。在陆地上或浅水区筑岛处的护筒，其内径应大于桩径至少 200mm，壁厚应能使护筒保持圆筒状且不变形；在水中以机械沉设的护筒，其内径和壁厚的大小应根据护筒的平面、垂直偏差要求及长度等因素确定；对参与结构受力的护筒，其内径和壁厚及长度应符合设计的规定。

护筒埋设可以采用下埋式、上埋式和下沉埋设等几种方法，其中下埋式适用于旱地施工，如图 3-16a)所示；上埋式适用于旱地或浅水筑岛施工，如图 3-16b)、c)所示；下沉埋设适用于深水施工，如图 3-16d)所示。

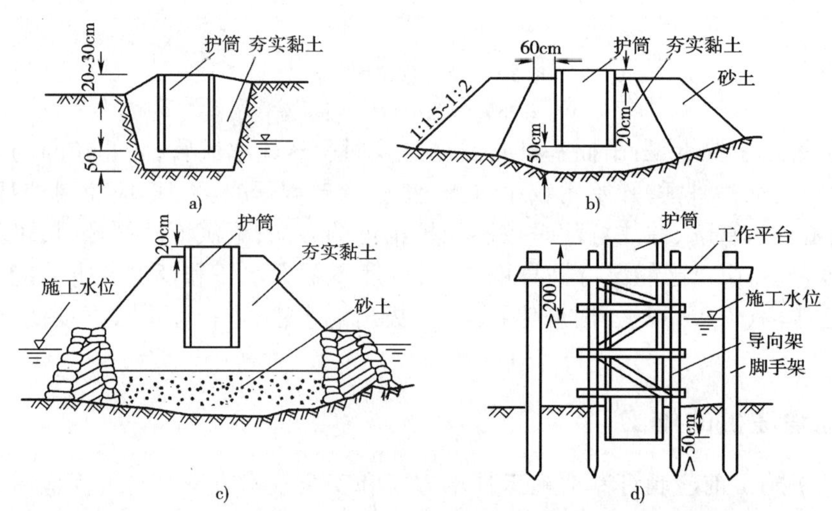

图 3-16 护筒的埋设

a)旱地施工；b)旱地施工；c)浅水筑岛施工；d)深水施工

埋置护筒时应注意下列几点：

(1)护筒平面位置应埋设正确，护筒中心与桩中心的平面位置偏差不应大于 50mm。

(2)护筒顶宜高于地面 0.3m 或施工最高水位 1.5 ~ 2.0m；当桩孔内有承压水时，护筒顶应高于稳定后承压水位 2.0m 以上。

(3)护筒底应低于施工最低水位(一般低于 0.1 ~ 0.3m 即可)。深水下沉埋设的护筒应沿导向架借自重、射水、振动或锤击等方法将护筒下沉至稳定深度，黏性土入土深度应达到 0.5 ~ 1m，砂性土则为 3 ~ 4m。

(4)下埋式及上埋式护筒挖坑不宜太大(一般比护筒直径大 1.0 ~ 0.6m)，护筒四周应夯填密实的黏土，护筒底应埋置在稳固的黏土层中，保证护筒底口处不致漏失泥浆；否则应换填黏土并夯实，其厚度一般为0.50m。

3. 制备泥浆

泥浆在钻孔中的作用有如下几个方面：

(1)在孔内产生较大的静水压力，可防止坍孔。

(2)泥浆向孔外土层渗漏，在钻进过程中，由于钻头的活动，孔壁表面形成一层胶泥，具有护壁作用，同时将孔内外水流切断，稳定孔内水位。

(3)泥浆相对密度大，具有挟带钻渣的作用，利于钻渣的排出。

在钻孔过程中孔内应保持一定稠度的泥浆，泥浆的配合比和配制方法宜通过试验确定，其性能与钻孔方法、土层情况相适应。泥浆各种性能见本书表5-32。一般相对密度以1.1~1.3为宜，在冲击钻进大卵石层时可用1.4以上，黏度为20s，含砂率小于6%。在较好的黏性土层中钻孔，也可灌入清水，使钻孔内自造泥浆，达到固壁效果。钻孔过程中应随时对孔内泥浆的性能进行检测。泥浆宜进行循环处理后重复使用。

4. 安装钻机或钻架

钻架是钻孔、吊放钢筋笼、灌注混凝土的支架。我国生产的定型旋转钻机和冲击钻机都附有定型钻架，其他常用的还有木制的和钢制的四脚钻架(图3-17)、三脚架或人字扒杆。

在钻孔过程中，成孔中心必须对准桩位中心，钻机(架)必须保持平稳，不发生位移、倾斜和沉陷。钻机(架)安装就位时，应详细测量，底座应用枕木垫实塞紧，顶端应用缆风绳固定平稳，并在钻进过程中经常检查。

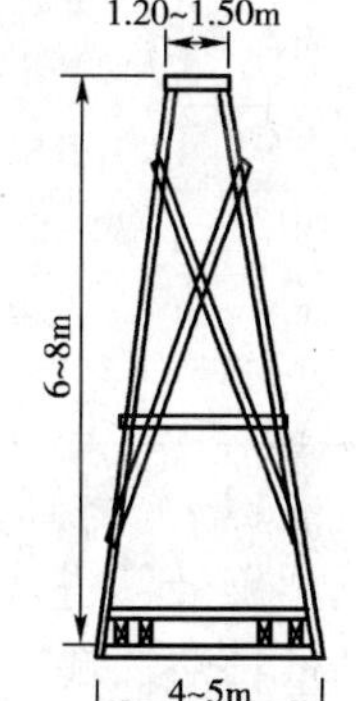

图3-17 四脚钻架

(二)钻孔

1. 钻孔方法和钻具

钻孔的方法可归纳为3种类型，即冲击法、冲抓法与旋转法。冲击法系用冲击钻机或卷扬机带动冲锥，借助锥头自重下落产生的冲击力反复冲击破碎土石或把土石挤入孔壁中，用泥浆浮起钻渣，用抽渣筒或空气吸泥机排出钻渣而形成钻孔。冲抓法系用冲抓锥靠自重产生冲击力切入土层或破碎土层，叶瓣抓土、弃土以形成钻孔。旋转法系用人力或钻机，通过钻杆带动锥或钻头旋转切削土壤，用泥浆浮起排出钻渣形成钻孔。每种钻孔方法又因动力与设备功能的不同，而分为多种。表3-5所示为国内常用的钻孔方法的适用范围。钻孔方法和钻具的选择宜根据孔径、孔深、桩位处的水文和地质情况、施工环境条件等因素，参考各种钻孔方法的适用范围和特点，结合机具设备供应情况、设计和工期要求，合理选择钻孔方法。所选用的钻机及钻孔方法应能满足施工质量和施工安全的要求。

各种钻孔方法的适用范围 表3-5

编号	成孔设备(方法)	适用范围			
		土层	孔径(cm)	孔深(m)	泥浆作用
1	机动推钻	黏性土，砂土，砾石粒径小于10cm，含量少于30%的碎石土	60~160	30~40	护壁
2	正循环回转钻机	黏性土，砂土，砾、卵石粒径小于2cm，含量少于20%的碎石土，软岩	80~200	30~100	悬浮钻渣并护壁

续上表

编号	成孔设备(方法)	适用范围			
		土层	孔径(cm)	孔深(m)	泥浆作用
3	反循环回转钻机	黏性土,砂土,卵石粒径小于钻杆内径2/3,含量少于20%的碎石土,软岩	80~250	泵吸<40 气举100	护壁
4	正循环潜水钻机	淤泥,黏性土,砂土,砾卵石粒径小于10cm,含量少于20%的碎石土	60~150	50	悬浮钻渣并护壁
5	反循环潜水钻机	各类土层	60~150	泵吸<40 气举100	护壁
6	全护筒冲抓和冲击钻机	各类土层	80~200	30~40	不需泥浆
7	冲抓锥	淤泥、黏性土、砂土、砾石、卵石	60~150	20~40	护壁
8	冲击实心锥	各类土层	80~200	50	悬浮钻渣并护壁
9	冲击管锥	黏性土、砂土、砾石、松散卵石	60~150	50	悬浮钻渣并护壁
10	冲击、振动沉管	软土、黏性土、砂土、砾石、松散卵石	25~50	20	不需泥浆

(1)旋转钻进成孔

旋转钻进成孔是利用钻具的旋转切削土体钻进,并在钻进的同时采用循环泥浆的方法护壁排渣。我国现用旋转钻机按泥浆循环的程序不同分为正循环和反循环两种。所谓正循环即在钻进的同时,泥浆泵将泥浆以高压压进泥浆笼头,通过钻杆中心从钻头喷入钻孔内,泥浆挟带钻渣沿桩孔上升,从护筒顶部排浆孔排出至沉淀池,钻渣在此沉淀而泥浆仍进入泥浆池循环使用。正循环旋转钻进成孔,如图3-18所示。采用这种方法时,由于钻渣需靠泥浆悬浮才能上升而排出,故对泥浆的质量要求较高。

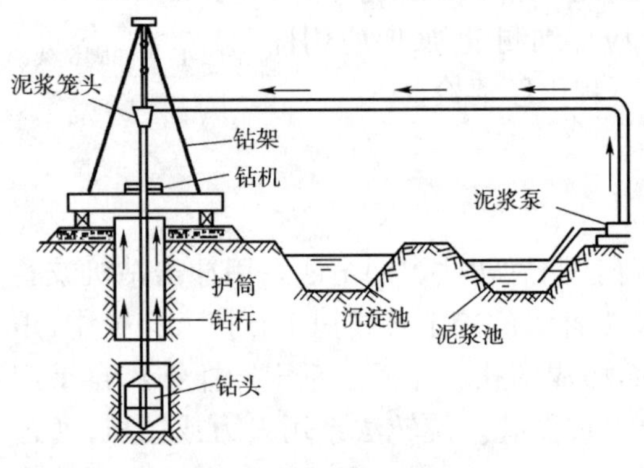

图3-18 正循环旋转钻孔

正循环成孔设备简单、操作方便、工艺成熟,钻进与排渣同时连续进行,在适用的土层中当孔深不太大、孔径较小时钻进效率高。当桩径较大时,钻杆与孔壁间的环形断面较大,泥浆循环时返流速度低,排渣能力弱。另外,需设置泥浆槽、沉淀池等,施工占地较多,且机具设备较复杂。

反循环成孔与正循环成孔程序正好相反(图3-19),用泥浆泵将泥浆送进桩孔内;然后从钻杆下口吸进,用真空泵或其他方法(如空气吸泥机)将泥浆挟带钻渣通过钻杆中心吸出排到沉淀池,泥浆循环使用。

反循环成孔钻进及排渣效率高,但在接长钻杆时装卸较麻烦,如钻渣粒径超过钻杆内径(一般为120mm)易堵塞管路,则不宜采用。另

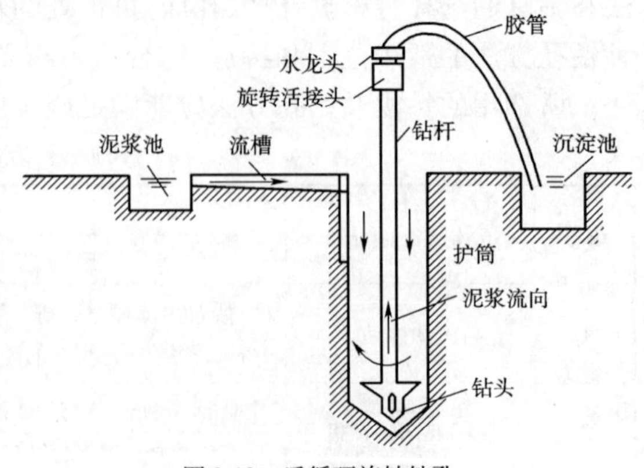

图3-19 反循环旋转钻孔

外，因泥浆是从上向下流动，孔壁坍塌的可能性较正循环法的大，为此需用较高质量的泥浆。

我国定型生产的旋转钻机在转盘、钻架、动力设备等均配套定型，钻头的构造根据土质采用各种形式。正循环旋转钻机常用钻头有：鱼尾钻头、笼式钻头和刺猬钻头等（图 3-20）。反循环常用钻头有三翼空心单尖钻锥（图 3-21）。

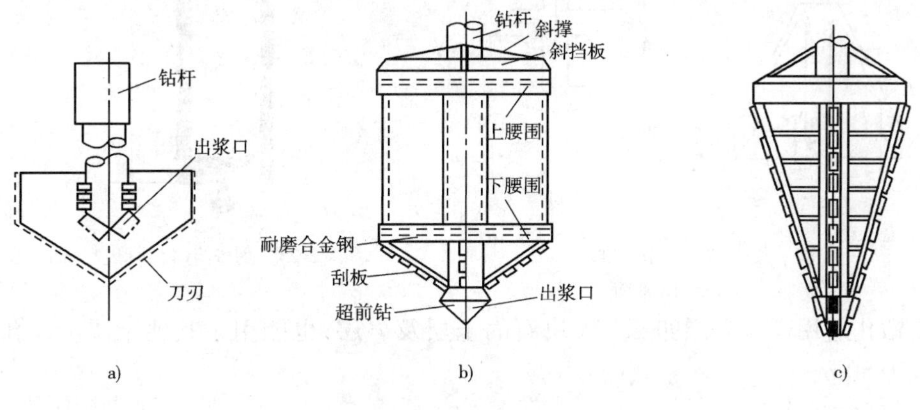

图 3-20　正循环旋转钻头

a）鱼尾钻头；b）笼式钻头；c）刺猬钻头

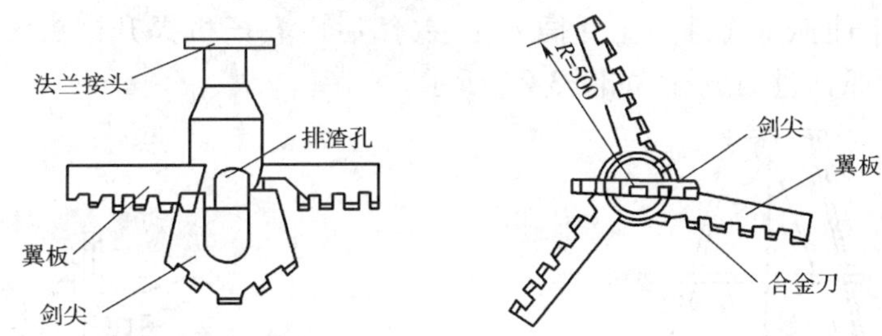

图 3-21　反循环旋转钻头

旋转钻孔现在也可采用更轻便、高效的潜水电钻，钻头的旋转电动机及变速装置均经密封后安装在钻头与钻杆之间。钻孔时钻头旋转刀刃切土，并在端部喷出高速水流冲刷土体，以水力排渣。

由于旋转钻进成孔的施工方法受到机具和动力设备的限制，一般适用于较细、软的土层，如各种塑性状态的黏性土、砂土、夹少量粒径小于 100 ~ 200mm 的砂卵石土层，在软岩中也可使用。我国采用这种钻孔方法深度可达 100m 以上。

（2）冲击钻进成孔

冲击钻进成孔是利用钻锥（自重为 10 ~ 35kN ）不断地提锥、落锥反复冲击孔底土层，把土层中泥砂、石块挤向四壁或打成碎渣，钻渣悬浮于泥浆中，利用掏渣筒取出，重复上述过程冲击钻进成孔。采用的机具有定型的冲击式钻机（包括钻架、动力、起重装置等）、冲击钻头、转向装置和掏渣筒等；也可用自重为 30 ~ 50kN 带离合器的卷扬机配合钢、木钻架及动力装置组成简易冲击机。

钻头一般是整体铸钢做成的实体钻锥，钻刃为十字形（图 3-22）。冲击时钻头应有足够的重量、适当的冲程和冲击频率，以使它有足够的能量将岩块打碎。冲锥每冲击一次旋转一个角度，才能得到圆形的钻孔，因此在钻头和提升钢丝绳连接处应有转向装置，常用的有合金套或转向环，以保证冲锥的转动，避免钢丝绳打结扭断。

掏渣筒是用以掏取孔内钻渣的工具，如图 3-23 所示。用 30mm 左右厚的钢板制作，下面碗形阀门应与渣筒密合以防止漏水漏浆。

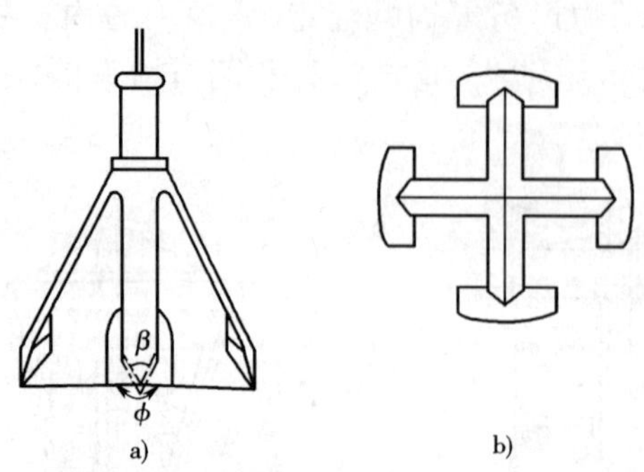

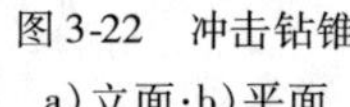

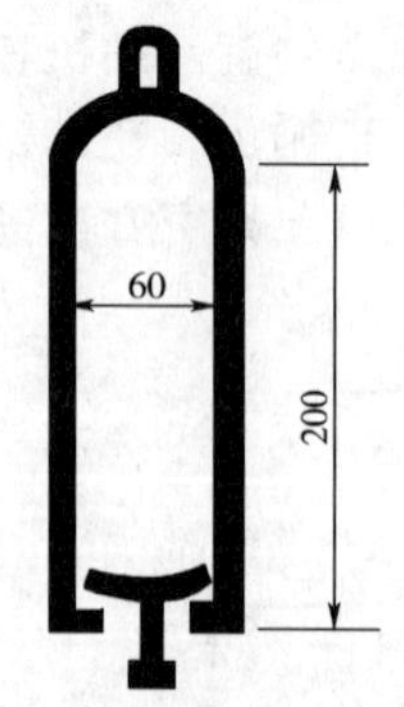

图 3-22　冲击钻锥

a) 立面;b) 平面

图 3-23　掏渣筒(尺寸单位:cm)

冲击钻孔适用于含有漂卵石、大块石的土层及岩层,也能用于其他土层。成孔深度一般不宜大于 50m。

(3) 冲抓钻进成孔

用兼有冲击和抓土作用的抓土瓣,通过钻架,由带离合器的卷扬机操纵,靠冲锥自重(重为 10 ~ 20kN)冲下使抓土瓣锥尖张开插入土层,然后由卷扬机提升锥头收拢抓土瓣将土抓出,弃土后继续冲抓钻进而成孔,如图 3-24 所示。

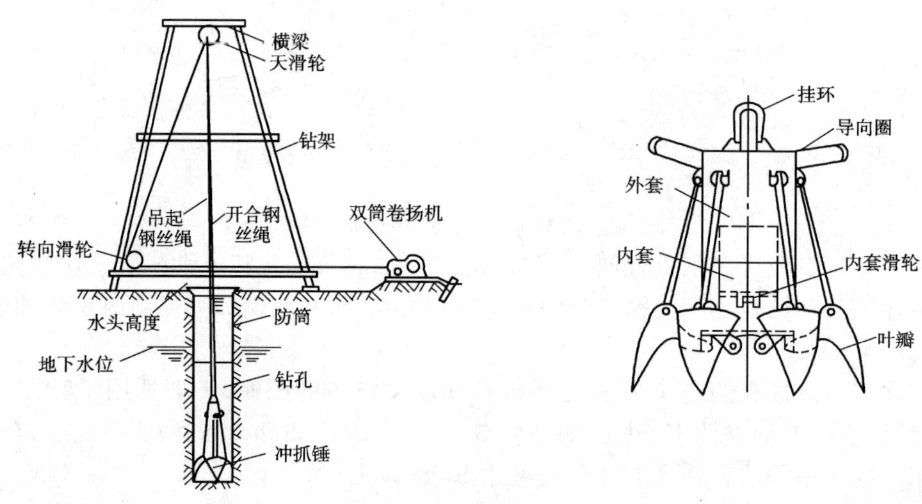

图 3-24　冲抓钻孔

钻锥常采用四瓣或六瓣冲抓锥,当收紧外套钢丝绳松内套钢丝绳时,内套在自重作用下相对外套下坠,便使锥瓣张开插入土中。

冲抓成孔适用于黏性土、砂性土及夹有碎卵石的砂砾土层,成孔深度不宜大于 30m。

2. 钻孔过程中易发生的事故

常见的钻孔事故有:坍孔、钻孔偏斜、扩孔与缩孔、钻孔漏浆、糊钻以及形成梅花孔、卡钻、钻杆折断,甚至把钻头埋住或掉进孔内等事故。

(1) 坍孔

在钻孔过程中,始终要保持钻孔护筒内外水位差和泥浆浓度,以起到护壁固壁作用,防止坍孔。在钻孔过程中如出现排出的泥浆中不断出现气泡,或护筒内的水位突然下降,应怀疑为坍孔的迹象。坍孔形成原因主要是土质松散、泥浆护壁不好、护筒水位不高等所致。

发生坍孔后,应认真分析原因和查明位置,然后进行处理。坍孔不严重时,可回填至坍孔位置以上,并采取改善泥浆性能,加高水头、埋深护筒等措施,继续钻进。坍孔严重时,应立即将钻孔全部用砂或小砾石夹黏土回填,暂停一段时间后,查明坍孔原因,采取相应措施重钻。坍孔部位不深时,可采取深埋护筒法,将护筒周围土夯填密实,重新钻孔。

(2)钻孔偏斜、弯曲

钻孔偏斜、弯曲是由于护筒倾斜和位移、钻杆不垂直、钻头导向部分太短、导向性差、土质软硬不一或遇上孤石等原因造成。钻孔偏斜、弯曲会影响桩基质量,并会造成施工困难。遇有孔身偏斜、弯曲时,一般可在偏斜处吊住钻锥反复扫孔,直至把孔位校直。偏斜严重时,应回填黏性土到偏斜处,待沉积密实后重新钻进。

(3)扩孔与缩孔

遇有扩孔、缩孔时,应采取防止坍孔和钻锥摆动过大的措施。缩孔是钻锥磨损过甚、焊补不及时或因地层中有遇水膨胀的软土、黏土泥岩造成孔径小于设计孔径的现象。对前者应及时补焊钻锥;对后者应用失水率小的优质泥浆护壁。对已发生的缩孔,宜在该处用钻锥上下反复扫孔以扩大孔径。

(4)钻孔漏浆

钻孔漏浆时,如护筒内水头不能保持,宜采取将护筒周围回填土筑实、增加护筒埋置深度、适当减小水头高度或加稠泥浆、倒入黏土慢速转动等措施;用冲击法钻孔时,还可填入片石、碎卵石土,反复冲击以增强护壁。

(5)梅花孔

由于钻锥的转向装置失灵、泥浆太稠、钻锥旋转阻力过大或冲程太小,钻锥来不及旋转,易发生梅花孔(或十字槽孔,多见于冲击钻孔)。此时可采用片石或卵石与黏土的混合物回填钻孔,重新冲击钻进。

(6)糊钻、埋钻

糊钻、埋钻常出现于正、反循环(含潜水钻机)回转钻进和冲击钻进中,遇此情况应对泥浆稠度、钻渣进出口、钻杆内径大小、排渣设备进行检查计算,并控制适当的进尺。若已严重糊钻,则应停钻,提出钻锥,清除钻渣。冲击钻锥糊钻时,应减小冲程、降低泥浆稠度,并在黏土层上回填部分砂、砾石。遇到坍方或其他原因造成埋钻时,应使用空气吸泥机吸出埋钻的泥砂,提出钻锥。

(7)卡钻

卡钻常发生在冲击钻孔,卡钻后不宜强提,只宜轻提;轻提不动时,可用小冲击钻锥冲击或用冲、吸的方法将钻锥周围的钻渣松动后再提出。

(8)掉钻落物

掉钻落物时,宜迅速用打捞叉、钩、绳套等工具打捞;若落物已被泥砂埋住,应按前述,先清除泥砂,使打捞工具接触落下的物体后再进行打捞。

处理钻孔事故时,在任何情况下,严禁施工人员进入没有护筒或其他防护设施的钻孔中处理故障。

3. 钻孔注意事项

(1)钻机就位前,应对钻孔的各项准备工作进行检查;钻机安装后,其底座和顶端应平稳。不论用何种方法钻孔,开孔的孔位均必须准确;开钻时应慢速钻进,待导向部位或钻头全部进入地层后,方可正常钻进。钻机在钻进时不应产生位移或沉陷,否则应及时处理。分级扩孔钻进施工时，应保持桩轴线一致。

(2)采用正、反循环回转钻机(含潜水钻)钻孔时应减压钻进，钻机的主吊钩始终应承受部分钻具的重力，孔底承受的钻压不应超过钻具重力之和(扣除浮力)的80%。

(3)采用冲击钻冲击成孔时，应小冲程开孔，并应使初成孔的孔壁坚实、竖直、圆顺，能起到导向作用，待钻进深度超过钻头全高加冲程后，方可进行正常的冲击。冲击钻进过程中，孔内水位应高于护筒底口500mm以上；掏取钻渣和停钻时，应及时向孔内补水，保持水头高度。

(4)在钻孔过程中，始终要保持钻孔护筒内外水位差和护壁泥浆要求，以起到护壁固壁作用，防止坍孔。若发现漏水(漏浆)现象，应找出原因及时处理。

(5)在钻孔过程中，应根据土质等情况控制钻进速度、调整泥浆稠度，以防止坍孔及钻孔偏斜、卡钻和旋转钻机负荷超载等情况发生。

(6)钻孔宜一气呵成，不宜中途停钻以避免坍孔。

(7)钻孔过程中应加强对桩位、成孔情况的检查工作。终孔时应对桩位、孔径、形状、深度、倾斜度及孔底土质等情况进行检验；合格后立即清孔、吊放钢筋笼，灌注混凝土。

(三)清孔及吊装钢筋骨架

清孔的目的是抽、换孔内泥浆，清除钻渣和沉淀层，尽量减少孔底沉淀厚度，防止桩底存留过厚沉淀土层而降低桩的承载能力，以保证灌注的钢筋混凝土质量；其次，清孔还为灌注水下混凝土创造良好条件，使测深正确，灌注顺利。清孔应紧接在终孔检查后进行，避免间隔时间过长而引起泥浆沉淀过厚，导致孔壁坍塌。清孔的方法有抽浆清孔、掏渣清孔、换浆清孔等。清孔方法应根据设计要求、钻孔方法、机具设备和土质条件决定，其中抽浆清孔较为彻底。不论采用何种方法清孔，在清孔排渣时，均应保持孔内水头，防止坍孔。在吊放钢筋骨架后，灌注混凝土之前，应再次检查孔内泥浆的性能指标和孔底沉淀厚度；如不符合清孔质量要求，应进行第二次清孔，符合要求后方可灌注水下混凝土。

1. 抽浆清孔

用空气吸泥机吸出含钻渣的泥浆而达到清孔目的，如图3-25所示。由风管将压缩空气

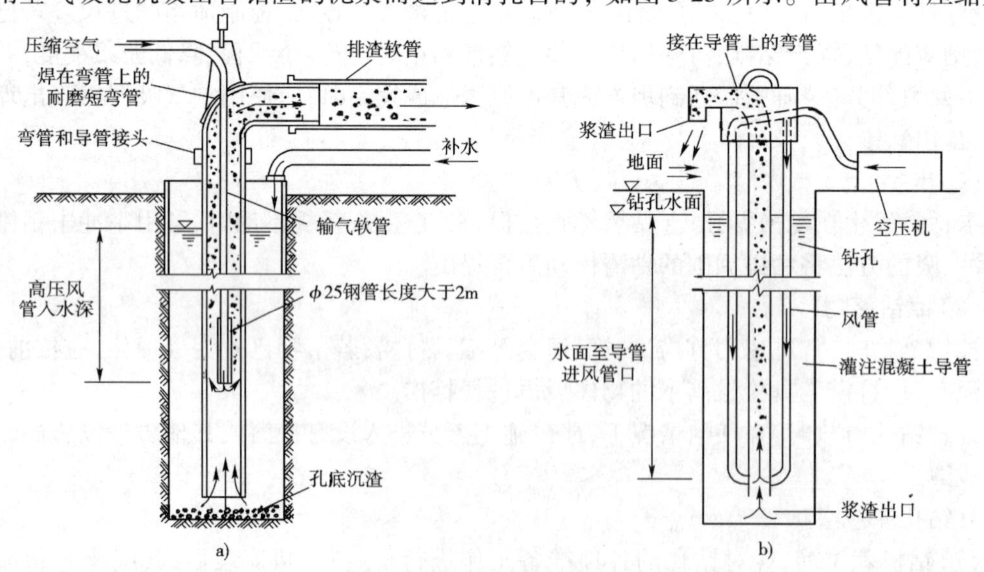

图3-25 吸泥机清孔示意

a)内风管吸泥清孔；b)外风管吸泥清孔

输进排泥管，使泥浆形成密度较小的泥浆空气混合物，在水柱压力下沿排泥管向外排出泥浆和孔底沉渣；同时用水泵向孔内注水，保持水位不变直至喷出清水或沉渣厚度达到设计要求为止。这种方法适用于孔壁不易坍塌的各种钻孔方法成孔的柱桩和摩擦桩。

2. 掏渣清孔

用掏渣筒掏清孔内粗粒钻渣，适用于冲抓、冲击成孔的摩擦桩。掏渣筒结构，如图3-23所示。

3. 换浆清孔

正、反循环旋转机可在钻孔完成后不停钻、不进尺，继续循环换浆清渣，直至达到清理泥浆的要求。它适用于各类土层的摩擦桩。其优点是不易坍孔，不需增加机具，只需将钻机稍提离孔底0.1～0.2m空转，把钻孔内悬浮钻渣较多的泥浆换出；其缺点是因要使排出泥浆的含砂率与换入泥浆的含砂率接近，故清孔时间较长，且清孔不彻底。

清孔应达到的要求是灌注混凝土前孔底500mm以内的泥浆密度应小于1.25、含砂率8%、黏度28s。

4. 清孔的质量要求

(1)沉淀厚度

对于摩擦桩应符合设计要求。当设计未规定时，对于直径≤1.5m的桩，沉淀厚度≤200mm；对桩径>1.5m或桩长>40m或土质较差的桩，沉淀厚度≤300mm。

对于支承桩，沉淀厚度不大于设计规定；设计未规定时，沉淀厚度≤50mm。

(2)泥浆指标

清孔泥浆指标为相对密度：1.03～1.10；黏度：17～20Pa·s；含砂率：<2%；胶体率：>98%。对冲击成孔的桩，清孔后泥浆的相对密度可适当提高，但不宜超过1.15。

对于沉淀土厚度的测量，用冲击、冲抓锤时，沉淀土厚度从锥头或抓锥底部所到达的孔底平面算起。沉淀土厚度测量方法可在清孔后用取样盒(开口铁盒)吊到孔底，待到灌注混凝土前取出，直接测量沉淀在盒内的沉渣厚度。

5. 吊放钢筋笼骨架

钻孔灌注桩的钢筋应按设计要求预先焊成钢筋骨架，整体或分段就位，吊入桩孔(图3-26)。钢筋笼骨架吊放前应检查孔底深度是否符合要求；孔壁有无妨碍骨架吊放和正确就位的情况。钢筋骨架吊装可利用钻架或另立扒杆进行。吊放时应避免骨架碰撞孔壁，并保证骨架外混凝土保护层厚度，随时校正骨架位置。钢筋骨架达到设计高程后，应将骨架吊挂在孔口的钢护筒上，或在孔口地面上设置扩大受力面积的装置进行吊挂，不得直接将钢筋骨架支承在孔底。再次进行孔底检查，有时须进行二次清孔，达到要求后立即灌注水下混凝土。

图3-26　下放钢筋笼

(四)灌注水下混凝土

灌注水下混凝土宜采用钢导管。

1. 灌注方法及有关设备

导管法的施工过程，如图3-27所示。将导管居中插入到离孔底30～40cm，导管上口接漏斗，在接口处设隔水栓，以隔绝混凝土与导管内水的接触。在漏斗中储备足够的混凝土，放开隔水栓使混凝土向孔底猛落，将导管内水挤出，混凝土沿导向架下落至孔底堆积，并使导管下口埋入混凝土内，此后向导管连续灌注混凝土。导管的埋置深度宜控制在2～6m，以保证钻孔内的水不可能重新流入导管。随着混凝土不断由漏斗、导管灌入孔内，钻孔内初期灌注的混凝土及其上面的水或泥浆不断被顶托升高，相应地不断提升导管和拆除导管，直到混凝土灌注完毕（图3-28）。

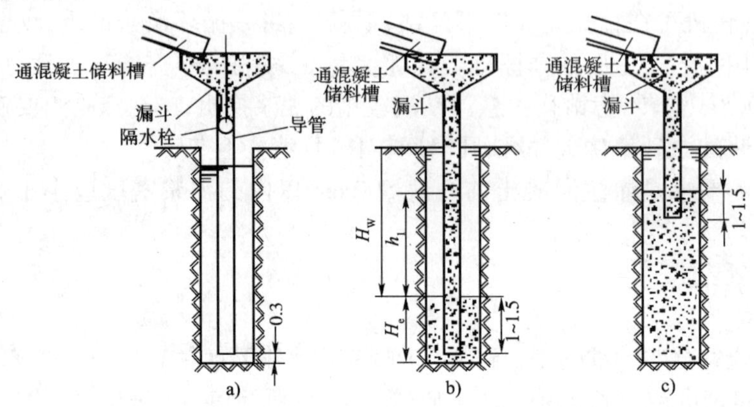

图3-27　灌注水下混凝土（尺寸单位：m）

图3-28　水下混凝土灌注现场

导管是内径200～350mm的钢管，壁厚3～4mm，每节长度1～2m；最下面一节导管应较长，一般为3～4m。导管两端用法兰盘及螺栓连接，并垫橡皮圈以保证接头不漏水，导管内壁应光滑，内径大小一致，连接牢固，在压力下不漏水。使用前应进行水密承压试验和接头抗拉试验，严禁采用气压试验。

漏斗顶端至少应高出桩顶（桩顶在水面以下时应比水面）3m，以保证在灌注最后部分混凝土时，管内混凝土能满足顶托管外混凝土及其上面的水或泥浆重力的需要。

2. 对混凝土材料的要求

为了保证水下混凝土的质量，混凝土的配合比按设计要求强度等级提高20%进行设计。混凝土拌和物应具有良好的和易性，灌注时应能保持足够的流动性，其坍落度当桩孔直径$D<1.5$m时，宜为180～220mm；$D\geq1.5$m时，宜为160～200mm；且充分考虑气温、运距及施工时间的影响导致的坍落度损失。为了改善混凝土的和易性，可在其中掺入减水剂和粉煤灰掺和物。为防卡管，粗集料宜选用卵石，如采用碎石宜适当增加混凝土配合比中的含砂率。粗集料的最大粒径不应大于导管内径的1/8～1/6和钢筋最小净距的1/4，同时不应大于37.5mm；细集料宜采用级配良好的中砂。

3. 灌注水下混凝土注意事项

灌注水下混凝土是钻孔灌注桩施工最后一道关键性的工序，其施工质量将严重影响到成桩质量，因此施工中应注意以下几点：

（1）水下混凝土的灌注时间不得超过首批混凝土的初凝时间。

（2）混凝土运到灌注地点时，应检查其均匀性和坍落度等，不符合要求时不得使用。

(3)混凝土拌和必须均匀,尽可能缩短运输距离和减小颠簸,防止混凝土离析而发生卡管事故。

(4)首批灌注混凝土的数量应能满足导管首次埋置深度1.0m以上的需要。混凝土入孔后,灌注混凝土必须连续作业,一气呵成,避免任何原因而中断。因此混凝土的搅拌和运输设备应满足连续作业的要求。

(5)在灌注过程中,应保持孔内的水头高度,并要随时测量和记录孔内混凝土灌注高程和导管入孔长度,以控制和保证导管埋入孔内混凝土有适当的深度(2~6m),防止导管提升过猛,管底提离混凝土面或埋入过浅,而使导管内进水造成断桩夹泥;同时还要防止导管埋入过深,造成导管内混凝土压不出或导管被混凝土埋住而不能提升,导致终止浇灌而断桩。

(6)灌注时应采取措施防止钢筋骨架上浮。当灌注的混凝土顶面距钢筋骨架底部1m左右时,宜降低灌注速度;混凝土顶面上升到骨架底部4m时,宜提升导管,使其底口高于骨架底部2m以上后再恢复正常灌注速度。

(7)混凝土灌注至桩顶部时,应采取措施保持导管内的混凝土压力,避免桩顶泥浆密度过大而产生泥团或桩顶混凝土不密实、松散等现象;灌注的桩顶高程应比设计高程高出不小于0.5m,当存在地质较差、孔内泥浆密度过大、桩径较大等情况时,应适当提高其超灌的高度;超灌的多余部分在承台施工前或接桩前应凿除,凿除后的桩头应密实、无松散层。

桩身混凝土达到设计强度要求,按规定检验后方可灌注系梁、盖梁或承台。

三、挖孔灌注桩施工

挖孔灌注桩是用人工和适当的小型爆破,配合简单机具挖掘成孔,灌注混凝土(或钢筋混凝土)成桩。挖孔灌注桩适用于无水或少水且较密实的各种土层,桩的直径(或边长)不宜小于1.2m,孔深一般不宜超过20m。

桩分圆形和方形两种,用人力挖掘的方桩边长或圆桩孔径不宜小于1.4m,孔深一般不宜超过20m;用机械挖掘并用钢护筒护壁的孔,其孔径不宜小于0.8m。挖孔时必须采取孔壁支撑,支撑形式视土质、渗水情况、工期与工地条件而定,一般可用就地灌筑混凝土或用便于拆装的钢、木支撑。支护应高出地面,支护结构应经过验算。挖孔灌注桩施工必须在保证安全的前提下不间断地快速进行,每一桩孔开挖、提升出土、排水、支撑、立模板、吊装钢筋混凝土等作业都应事先准备充分,紧密配合。挖孔达到设计深度后,应进行孔底处理,孔底不应有松渣、淤泥、沉淀等扰动过的软层。

1. 开挖桩孔

一般采用人工开挖,开挖之前应清除现场四周及山坡上悬石、浮土等,排除一切不安全因素,做好孔口四周临时围护和排水设备,并安排好排土提升设备,布置好弃土通道,必要时孔口应搭雨棚。

挖土过程中要随时检查桩孔尺寸和平面位置,防止误差。注意施工安全,下孔人员必须配备安全帽和安全绳,提取土渣的机具设备必须经常检查。孔深超过10m时应经常检查孔内二氧化碳浓度,如浓度过大应增加通风措施。根据孔内渗水情况,做好孔内排水工作,并注意施工安全。

2. 护壁和支撑

挖孔灌注桩开挖过程中,开挖和护壁两个工序必须连续作业,以确保孔壁不坍。应根据地质、水文条件、材料来源等情况因地制宜选择支撑和护壁方法。当桩孔较深,土质相对较

图 3-29　混凝土孔壁支护

差,出水量较大或遇流砂等情况时,宜采用就地灌注混凝土围圈护壁。每下挖 1 ~ 2m 灌注一次,随挖随支。护壁厚度一般为 15 ~ 20cm,混凝土采用 C15 或 C20,如图 3-29 所示。必要时可配置少量的钢筋。挖孔灌注桩施工护壁还可采用沉井护圈、钢套管护圈等方法。

3. 排水

孔内如渗水量不大,可采用人工排水;渗水量较大时,可采用抽水机排水。

4. 吊装钢筋骨架及灌注桩身混凝土

挖孔到达设计深度后,应检查和处理孔底和孔壁情况,清除孔壁、孔底浮土。孔底必须平整,土质及尺寸应符合设计要求,以保证基桩质量。吊装钢筋骨架及灌注桩身混凝土的方法及注意事项与钻孔灌注桩基本相同。

四、水中桩基础施工

水中修筑桩基础比旱地上施工要复杂困难得多,尤其是在深水急流的大河中修筑桩基础。为了适应水中施工的环境,需要增添浮运沉桩及有关的设备和采用水中施工的特殊方法。

(一)浅水中桩基础施工

对位于浅水或临近河岸的桩基,其施工方法类似于浅水中浅基础常采用的围堰修筑法,即先筑围堰,然后施工基桩。对围堰所用的材料和形式,以及各种围堰应注意的要求,与浅基础施工相同。

在浅水中建桥,常在桥位旁设置施工临时便桥。在这种情况下,可利用便桥和相应的脚手架搭设水中工作平台,这样在整个桩基础施工中可不必动用浮运打桩设备,同时也可解决材料、机具、人员运输问题。

(二)深水中桩基础施工

在宽大的江河深水中施工桩基础时,常采用笼架围堰和吊箱等施工方法。

1. 围堰法

在深水中低桩承台桩基础或墩身有相当长度需在水下施工时,常采用围笼(围囹)修筑钢板桩围堰进行桩基础施工。

钢板桩围堰桩基础施工的方法与步骤如下:

(1)在导向船上拼装围笼,拖运至墩位,将围笼下沉、接高、沉至设计高程,用锚船(定位船)抛锚定位(图 3-30)。

(2)在围笼内插打定位桩(可以是基础的基桩也可以是临时桩或护筒),并将围笼固定在定位桩上,退出导向船。

(3)在围笼上搭设工作平台,安置钻机或打桩设备;沿围笼插打钢板桩,组成防水围堰。

(4)完成全部基桩的施工(钻孔灌注桩或打入桩)。

(5)用吸泥机吸泥,开挖基坑。

(6)基坑经检验后,灌注水下混凝土封底。

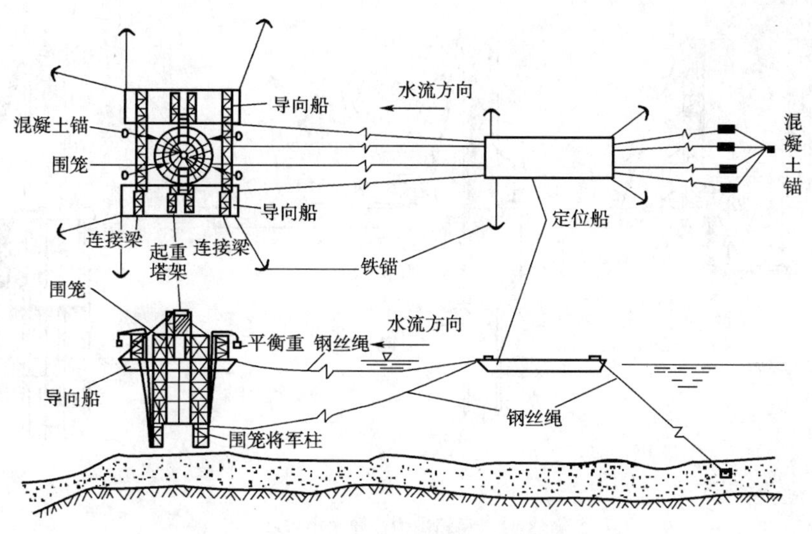

图 3-30　围笼定位示意图

(7)待封底混凝土达到规定强度后,抽水、修筑承台和墩身,直至出水面。

(8)拆除围笼,拔除钢板桩。

在施工中也有采用先完成全部基桩施工后,再进行钢板桩围堰施工的方法。是先筑围堰还是先打基桩,应根据现场水文、地质条件、施工条件、航运情况和所选择的基桩类型等情况而确定。

2. 吊箱法和套箱法

在深水中修筑高桩承台桩基时,由于承台位置较高不需坐落到河底,一般采用吊箱方法修筑桩基础,或在已完成的基桩上安置套箱的方法修筑高桩承台。

(1)吊箱法

吊箱是悬吊在水中的箱形围堰,基桩施工时用作导向定位;基桩完成后封底抽水,灌注混凝土承台。

吊箱一般由围笼、底盘、侧面围堰板等部分组成。吊箱围笼平面尺寸与承台相适应,分层拼装,最下一节将埋入封底混凝土内,以上部分可拆除周转使用;顶部设有起吊的横梁和工作平台,并留有导向孔。底盘用槽钢作纵、横梁,梁上铺以木板做封底混凝土的底板,并留有导向孔以控制桩位。侧面围堰板由钢板形成,整块吊装。

吊箱法的施工方法与步骤如下:

①在岸上或岸边驳船上拼装吊箱围堰,浮运至墩位,吊箱下沉至设计高程(图 3-31a)。

②插打围堰外定位桩,并将吊箱围堰固定于定位桩上(图 3-31c)。

③基桩施工(图 3-31b、c)。

④填塞底板缝隙,灌注水下混凝土。

⑤抽水,将桩顶钢筋伸入承台,铺设承台钢筋,灌注承台及墩身混凝土。

⑥拆除吊箱围堰连接螺栓外框,吊出围笼。

(2)套箱法

套箱法是针对先完成了全部基桩施工后,修筑高桩承台基础的水中承台的一种方法。

套箱可预制成与承台尺寸相应的钢套箱或钢筋混凝土套箱,箱底板按基桩平面位置预留桩孔。基桩施工完成后,吊放套箱围堰,将基桩顶端套入套箱围堰内,并将套箱固定在定

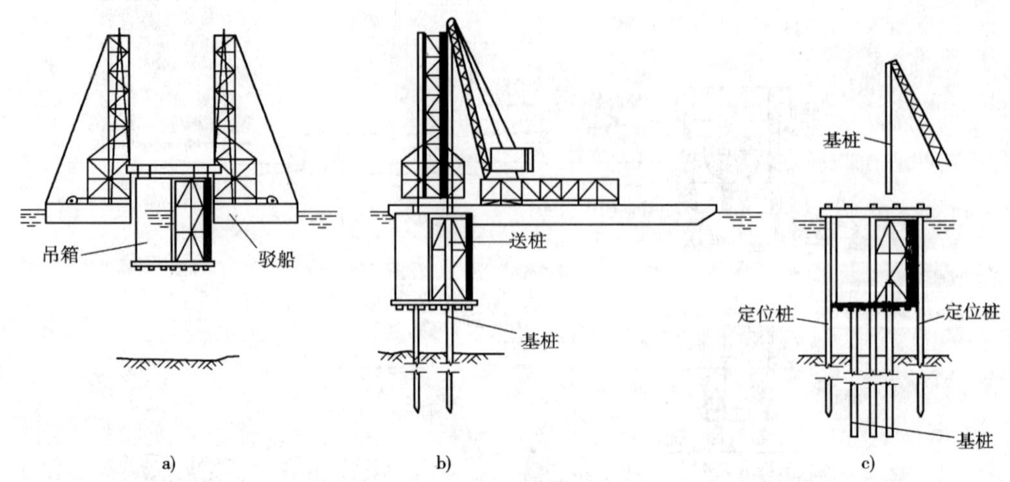

图 3-31　吊箱围堰修建水中桩基

位桩上,然后灌注水下混凝土封底;待混凝土达到规定强度后即可抽水,继而施工承台和墩身结构。

施工中应注意:水中直接打桩及浮运箱形围堰吊装的正确定位,一般均采用交汇法控制,在大河中有时还需搭临时观测平台;在吊箱中插打基桩,由于桩的自由长度大,应细心把握吊沉方位;在浇灌水下混凝土前应将箱底桩侧缝隙堵塞好。

3. 沉井结合法

在深水中施工桩基础,当河床基岩裸露或因卵石、漂石土层钢板围堰无法插打时,或在水深流急的河道上为使钻孔灌注桩在静水中施工时,还可以采用浮运钢筋混凝土沉井或薄壁沉井做桩基施工时的挡水和挡土结构和沉井顶设置工作平台。沉井既可以作为桩基础的施工设施,又可以作为桩基础的一部分即承台。

第三节　沉井基础施工

沉井基础的施工宜尽量安排在枯水季节进行。沉井施工前应根据设计文件提供的工程地质和水文资料及现场的实际情况决定是否补充地质钻探,并应对洪汛、凌汛、河床冲淤变化、通航及漂流物等进行调查,制订专项施工技术方案。需要在施工中度汛、度凌的沉井,应制订防护措施,保证安全。对水中特大沉井的施工,应在施工前进行河床冲淤变化和防护的数学模型分析计算,必要时进行物理模型的模拟试验。

沉井基础施工一般可分为旱地上沉井施工和水中沉井施工(它又包括水中筑岛施工及浮式沉井施工)。

一、旱地上沉井的施工

桥梁墩台位于旱地时,沉井可就地制造、挖土下沉、封底、充填井孔以及浇筑顶板。在这种情况下,一般较容易施工,其沉井施工的工序如图 3-32 所示。

(一)整平场地

沉井位于无水的陆地时,如天然地面土质较好,地基承载力满足设计要求,只需将地面杂物清理干净,整平夯实地面形成平台制作沉井。如土质松软,应换土夯实,在一般情况下,应在整平场地上铺砂或砂砾层，厚度不小于 0.5m，以免沉井在混凝土浇筑初期，因地面沉降不均而产生裂缝。

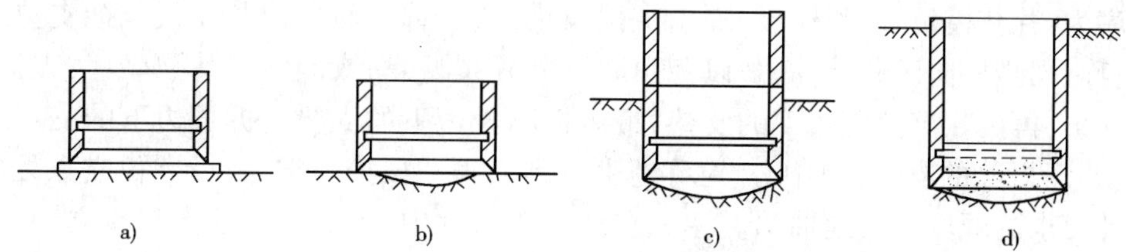

图 3-32　旱地上沉井施工的工序

a) 制造底节沉井；b) 抽支垫、挖土下沉；c) 沉井接高下沉；d) 封底

(二) 制造底节沉井

沉井分节制造，分节高度应能保证沉井的稳定，且应具有适当的重力便于沉井顺利下沉。底节沉井的最小高度，应能抵抗拆除支垫后的竖向挠曲；土质条件许可时，可适当增加高度。

1. 铺支垫

由于沉井自重较大，刃脚踏面尺寸较小、应力集中，因此，在整平的场地上，首先应在刃脚踏面处对称地铺满一层支垫，以加大支承面，沉井在支垫下产生的压应力不大于 100kPa。支垫的布置应满足设计要求，并使长短支垫相间布置以方便抽垫，如图 3-33 所示。支垫顶面应与钢刃脚底面紧贴，应使沉井重力均匀分布于各支垫上。

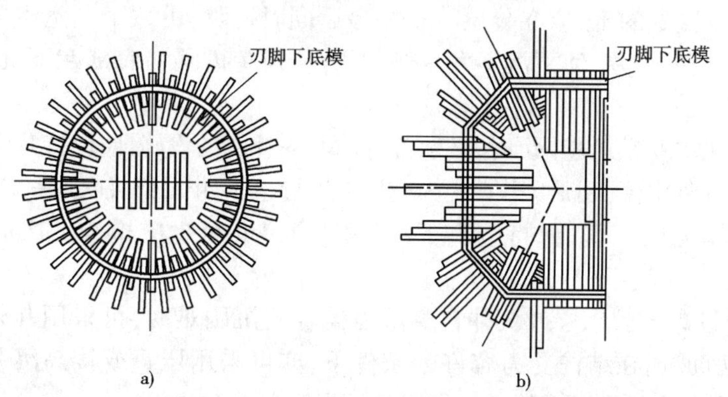

图 3-33　支垫布置示意图

a) 圆形沉井；b) 矩形沉井

为方便抽垫，沉井支垫应沿刃脚周边的垂直方向铺设。支垫下须铺一层厚 0.3m 的砂，支垫间的间隙也用砂填平。

2. 立模板、绑扎钢筋

支垫铺好后，先在刃脚位置处布置刃脚角钢；然后立模板，其顺序为：刃脚斜坡底模、隔墙底模、井孔内模，绑扎、安装钢筋，最后安装外模和模板拉杆。内隔墙与井壁连接处的支垫应连成整体，底模应支承于支垫上，并应防止不均匀沉降。模板应有较大的刚度，以免发生挠曲变形。外模板应平滑，以便制作的沉井外壁光滑，利于下沉。

3. 混凝土灌注与养生

沉井混凝土应沿井壁四周对称均匀灌注，最好一次灌完。混凝土灌注后 10h 即可洒水遮盖养生。

4. 拆模及抽垫

沉井混凝土达到设计强度的70%时可拆除模板与支撑，达到设计强度后才能抽除支垫。拆模顺序为：井孔模板、外侧模板、隔墙支撑及模板、刃脚斜面支撑及模板。抽支垫应分区、依次、对称、同步地向沉井外抽出，以免引起沉井开裂、移动或倾斜。其顺序为：先拆除内隔墙下的支垫，再拆除沉井短边下的支垫，最后拆除长边下的支垫。拆长边下的支垫时，以定位支垫（最后拆除的支垫）为中心，对称地由远到近隔一根抽一根；最后定位支点处的支垫，应按设计要求的顺序尽快地抽出。注意在抽支垫过程中，每抽出一根支垫应立即用砂回填进去并捣实。

（三）挖土下沉

沉井下沉施工可分为排水下沉和不排水下沉。当沉井穿过的土层较稳定，不会因排水而产生大量流砂时，可采用排水下沉；排水下沉常采用人工挖土，也可以采用机械挖土。不排水下沉一般采用机械挖土，可采用抓土斗或吸泥机，如土质较硬，吸泥机需配水枪射水将土冲松。由于吸泥机是将水和土一起吸出井外，故需经常向井内补水维持井孔内水位，以免发生涌土或流砂现象。

在下沉过程中应注意如下几个问题：

（1）下沉过程中，宜对下沉的状况进行动态化、信息化管理，应随时掌握土层情况，进行下沉的监测和控制，及时分析和检验土的阻力与沉井重力的关系，采取最有利的下沉措施。

（2）正常下沉时，应自井孔中间向刃脚处均匀对称除土。采取排水除土下沉的底节沉井，对设计支承位置处的土，应在分层除土中最后同时挖除；由数个井室组成的沉井，应控制各井室之间除土面的高差，使下沉不发生倾斜，并应避免内隔墙底部在下沉时受到下面土层的顶托。

（3）采用吸泥吹砂等方法下沉时，必须备有向井内补水的设施，应保持井内外的水位平衡或井内水位略高于井外水位；吸泥吹砂在井内应均匀进行，应防止局部吸吹过深导致沉井偏斜。

（4）下沉时应随时纠偏，保持竖直下沉，每下沉1m至少应检查1次；当沉井出现倾斜时，应及时校正。

（5）下沉通过黏土胶结层或沉井自身重力偏轻下沉困难时，可采用井外高压射水、降低井内水位等方法助沉；在结构受力容许的条件下，亦可采用压重或接高沉井等方法助沉；在土层条件适宜的情况下，可采用空气幕、泥浆润滑套等方法助沉。

（6）下沉至设计高程以上2m左右时，应适当放慢下沉速度并控制井内的除土量和除土位置，使沉井能平稳下沉，准确就位。

（7）弃土应远离沉井，以免造成偏压。在水中下沉时，应注意河床因冲刷和淤积引起的土面高差，必要时应在井外除土调整。

（四）接高沉井

底节沉井顶面下沉至地面还剩1～2m时，应停止挖土，接筑第二节沉井。接筑前应先检查沉井的纵、横向中轴线位置是否符合设计要求，并将沉井的倾斜纠正到允许偏差范围内，且不得将刃脚下部的土层掏空。然后凿毛底节沉井顶面，立模浇筑混凝土，接高加重应均匀、对称地进行，并应采取措施防止沉井在接高过程中发生倾斜。

沉井在地面上接高时，井顶露出地面不应小于0.5m。水上沉井接高时，井顶露出水面不应小于1.5m，且在接高过程中，应采取措施保持沉井的入水深度不变；带气筒的浮式沉井，对气筒应加防护。

等混凝土强度达到设计要求后拆模继续挖土下沉。如沉井顶面低于地面或水面，应在沉井顶面接筑井顶；围堰的平面尺寸略小于沉井，其下端与井顶预埋件相连。围堰是临时性的，待墩身出水后可拆除。

（五）基底检验和处理

沉井沉至设计高程后，应进行基底检验。检验内容包括地基土质是否与设计相符合，是否平整，并对地基进行必要的处理。如果是排水下沉的沉井可以直接进行检查；不排水下沉的沉井应由潜水工进行检查或钻取土样鉴定。井壁隔墙及刃脚与封底混凝土接触面处的泥污应清除干净。如地基为砂土或黏土，可在其上铺一层砾石或碎石至刃脚底面以上200mm。如地基为风化岩石，则应将风化岩层凿掉，岩层倾斜时，应凿成阶梯形。不排水情况下，可由潜水工清基或用水枪与吸泥机清基。

（六）封底、充填井孔及浇筑顶盖

对下沉至设计高程的沉井尚应进行沉降观测，如沉降稳定且满足设计要求，基底检验与处理合格后，应立即进行封底。对排水下沉的沉井，基底渗水的上升速度不大于6mm/min时，可按一般混凝土浇筑方法进行封底，但应设置引流排水设施，及时排除明水，且应采取可靠措施使混凝土强度在达到5MPa前不受压力水的作用。

渗水上升速度大于上述规定时，宜采用水下混凝土进行封底。不排水下沉的沉井也应采用水下混凝土进行封底。如封底是在不排水情况下进行，可用导管法灌注水下混凝土；如灌注面积较大，可用多根导管，以先周围后中间、先低后高的次序进行灌注。水下混凝土封底宜全断面一次连续灌注完成；对特大型沉井，可划分区域进行封底，但任一区域的封底工作均应一次连续灌注完成。

沉井的封底混凝土厚度应根据基底的水压力和地基土的向上反力经计算确定，且封底混凝土的顶面高度应高出刃脚根部0.5m及以上。水下混凝土面的最终灌注高度应比设计值高出150mm以上；待混凝土强度达到设计要求后，再抽水凿除表面松弱层。封底混凝土强度等级不应低于C25。

封底混凝土达到设计强度后，填充井孔。如井孔为空心或仅填砂砾，则应在沉井顶面浇筑钢筋混凝土盖板，以支承墩台，然后砌筑墩身。

二、水中沉井的施工

（一）筑岛法

沉井位于浅水或可能被水淹没的岸滩上时，宜就地筑岛施工（图3-34）。制作沉井的岛面应比施工期可能的最高水位（包括波浪影响）高出0.5～0.7m；有流冰时适当加高。筑岛尺寸应满足沉井制作及抽垫等施工要求，对无围堰的筑岛，应在沉井周围设置不小于2.0m的护道。有围堰的筑岛，可按式（3-1）计算护道宽度：

$$b \geqslant H\tan(45° - \frac{\varphi}{2}) \tag{3-1}$$

式中：b——护道宽度；

H——筑岛高度；

φ——筑岛土饱和时的内摩擦角。

筑岛材料应采用透水性好、易于压实的砂性土或碎石土等，且不应含有影响岛体受力及抽垫下沉的块体。在斜坡上筑岛时应进行设计计算，并应有抗滑措施；在淤泥等软土上筑岛时，应将软土挖除、换填或采取其他加固措施。

当水流速度不大，水深在 3 ~ 4m 以内，可在水中筑岛。周围用草袋围护，如水深较大可做围堰防护。如筑岛压缩水面较大，可用钢板桩围堰筑岛，但应考虑沉井重力对其产生的侧向压力。岛面及地基承载力应满足设计要求。无围堰筑岛的临水面坡度宜为 1:1.75 ~ 1:3。在施工期内，应采取必要的防护措施保证岛体的稳定，坡面、坡脚不应被水冲刷损坏。

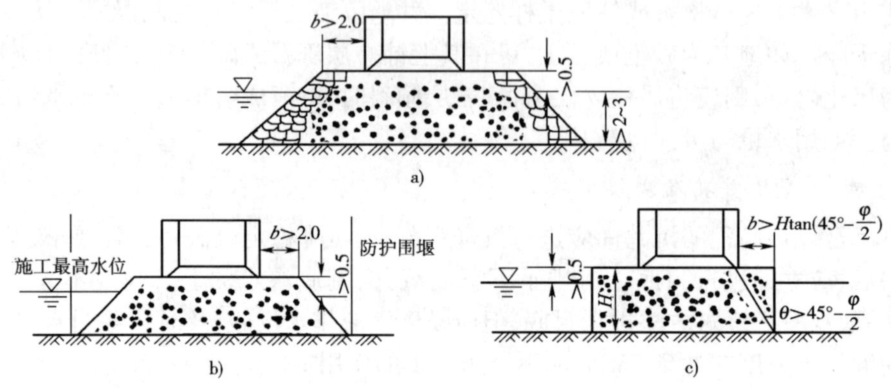

图 3-34　水中筑岛沉井施工（尺寸单位：m）

（二）浮式沉井施工

当水深较大，筑岛很不经济，且施工困难时，宜采用浮式沉井。浮式沉井的制作应根据沉井的规模、河岸地形、设备条件等，进行技术经济比较，确定制作场地及下水方案。在浮船上或支架平台上制作沉井时，浮船、支架平台的承载力应满足制作要求。

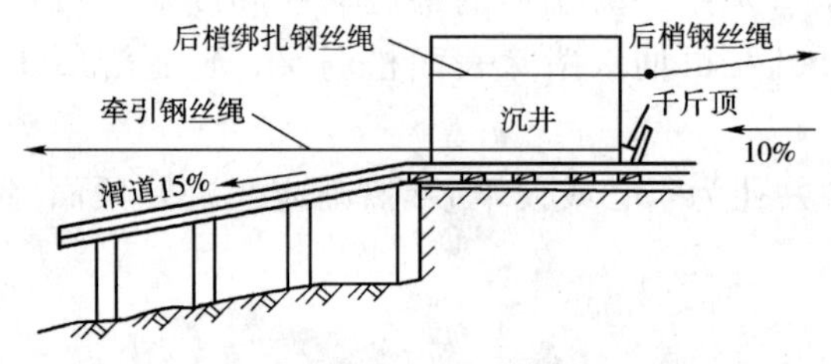

图 3-35　岸边制作沉井后利用滑道将其滑入水中

沉井可在岸边制作，在岸边铺滑道将沉井滑入水中（图 3-35）；然后用绳索牵引到设计位置。沉井井壁可做成空体形式或采用其他措施（如带木底或装钢气筒）使沉井浮于水上；也可在船只上制成用浮船定位和吊放下沉，或利用潮汐，水位上涨浮起，再浮运至设计位置。各类浮式沉井在下水浮运前，均应进行水密性检查，对底节沉井尚应根据其工作压力进行水压试验，并对沉井的定位系统以及浮运、就位的稳定性进行验算。

沉井就位后，用水或混凝土灌入空体、徐徐下沉直至河底。或依靠在悬浮状态下接长沉井及填冲混凝土使其逐步下沉，施工时均需保证沉井本身有足够的稳定性。沉井刃脚切入河床一定深度后，按前述方法施工。

三、沉井施工质量检验与质量标准

沉井基础的施工应分阶段进行质量检验并填写检查记录。沉井基础施工质量，应符合表 3-6 的规定。

沉井基础施工质量标准 表 3-6

项目		规定值或允许偏差
沉井混凝土强度(MPa)		在合格范围内
沉井平面尺寸(mm)	长度、宽度	±0.5%边长,>24m 时 ±120
	曲线部分的半径	±0.5%半径,>12m 时 ±60
	两对角线的差异	对角线长度的 1%,且不大于 180
沉井井壁厚度(mm)	混凝土	+40,-30
	钢壳和钢筋混凝土	±15
沉井刃脚高程(mm)		符合设计要求
中心偏位(纵、横向)(mm)	就地制作下沉	井高的 1/100
	水中下沉	井高的 1/100、+250
最大倾斜度(纵、横向)		井高的 1/100
平面扭转角(°)	就地制作下沉	1
	水中下沉	2

注:①对于钢沉井及结构构造、拼装等有特殊要求的沉井,其平面尺寸允许偏差值应按照设计要求确定。

②井壁的表面应该平滑、不外凸,且不得向外倾斜。

四、沉井下沉过程中遇到的问题及处理

(一)沉井发生倾斜和偏移

沉井在下沉过程中应该随时观测沉井的位置和方向,发现与设计位置有过大偏差时应及时纠正。纠正前应分析偏斜的原因。偏斜原因主要有:土岛表面松软,使沉井下沉不均,河底土质软硬不匀;挖土不对称;井内发生流砂,沉井突然下沉;刃脚遇到障碍物顶住而未及时发现;井内挖除的土堆压在沉井外一侧,沉井受压偏移或水流将沉井一侧土冲空等。在沉井遇到障碍物的情况下,必须先予以清除后再下沉。如遇树根或钢材可锯断或烧断;如遇大孤石,宜用少量炸药炸碎。在不能排水的情况下,由潜水工进行水下切割或水下爆破。

沉井偏斜多数发生在沉井下沉不深的时候;下沉较深后,只要控制得好,一般不会发生倾斜。沉井发生倾斜时常用的纠正方法有以下几种。

1. 偏除土纠偏

当沉井入土深度不大,采用偏除土纠偏这种方法效果较好。纠正倾斜时,可在刃脚较低一侧加撑支垫,在刃脚较高一侧除土。随着沉井的下沉,倾斜即可纠正。纠正偏移时,可用偏除土使其向偏位的方向倾斜;然后沿倾斜方向下沉,直至沉井底面中心与设计中心位置符合或接近时,再纠正倾斜。

2. 井顶施加水平力

在低的一侧刃脚下加设支垫纠偏,由滑车组在高的一侧沉井顶部施加水平力,通过挖土沉井逐渐下沉并纠正偏斜。

3. 滑车组施加拉力,配合井外射水、井内吸泥实现纠偏

井顶施加水平力、井外射水、井内偏除土纠偏,在刃脚高的一侧沉井顶部,由滑车组施加拉力,并在同一侧井外射水、井内吸泥实现纠偏。

4. 增加偏压纠偏

在沉井的一侧抛石填土，增加该侧土压力，可使沉井向另一侧倾斜，达到纠偏的目的。

5. 沉井位置扭转的纠正

在沉井两组对角偏除土或偏填土，可借助不相对的土压力形成扭矩，使沉井在下沉过程中逐渐纠正其位置。

（二）沉井下沉困难

沉井下沉困难主要是由于沉井自身重力克服不了井壁摩阻力，或刃脚下遇到大的障碍物所致。解决摩阻力过大而下沉困难的方法是从增加沉井自重和减小沉井外壁摩阻力 2 个方面考虑。

1. 增加沉井自重

可提前浇筑上面一节沉井，以增加沉井自重；或在沉井顶上压重物迫使沉井下沉。对不排水下沉的沉井可以抽井内水以增加下沉重量，但要注意井内外水位差，保证不会产生流砂现象。

2. 减小沉井外壁摩阻力

减小沉井外壁摩阻力的方法是：可以将沉井设计成阶梯形、钟形，或在施工中尽量使外壁光滑；亦可在井壁内侧埋设高压射水管，利用高压水流冲松井壁附近的土，且水流沿井壁上升可以润滑井壁，使井壁摩阻力减少；还可在刃脚挖空情况下，利用炸药炮振使沉井下沉，但要注意避免振坏沉井。

近年来，对下沉较深的沉井，为了减小井壁摩阻力常采用泥浆润滑套或壁后压气沉井的施工方法。

五、泥浆润滑套与壁后压气沉井施工法

（一）泥浆润滑套

泥浆润滑套是把配置的泥浆灌注在沉井井壁周围，即在沉井外壁周围与土层间设置泥浆隔离层，形成井壁与泥浆接触。选用的泥浆配合比应使泥浆性能具有良好的固壁性、触变性和胶体稳定性。一般采用的泥浆配合比（质量比）为黏土 35% ~45%，水 55% ~65%，另加分散剂碳酸钠 0.4% ~0.6%；其中黏土或粉质黏土要求塑性指数不小于 15，含砂率小于 6%。这种泥浆对沉井壁起润滑作用，它与井壁间摩阻力仅 3 ~5kPa，大大降低了井壁摩阻力，因而有效提高沉井下沉的效率，减少井壁的圬工数量，加大沉井的下沉深度，且施工中沉井稳定性好。

采用泥浆润滑套施工的沉井，其构造要求为：沉井刃脚踏面宽度不宜大于 10cm，最好采用钢板保护无踏面的尖刃脚，以利于减小下沉时的正面阻力，并可防止漏浆。沉井外壁应做成单台阶形。为防止泥浆穿过沉井侧壁而渗漏到井内，并保持沉井下沉的稳定性，对直径不大于 8m 的圆形沉井，台阶位置多设在距刃脚底面 2 ~3m 处；对面积较大的沉井，台阶可设在底节与第二节接缝处。台阶的宽度就是泥浆润滑套的宽度，一般宜为 10 ~20cm。

泥浆润滑套的构造主要包括：射口挡板、地表围圈及压浆管。

射口挡板可用角钢或钢板弯制，置于每个泥浆射出口处并固定在井壁台阶上（图 3-36）。其作用是防止泥浆管射出的泥浆直冲土壁而起缓冲作用，防止土壁局部坍落堵塞射浆口。

地表围圈是埋设在沉井周围保护泥浆的围壁（图 3-37）。其作用是在沉井下沉时防止土

壁坍落，保持一定的泥浆储存量，以保证在沉井下沉过程中泥浆及时补充到新造成的空隙内；通过泥浆在围圈内的流动，调整各压浆管的不均衡。地表围圈的宽度即沉井台阶的宽度，其高度一般在1.5～2.0m之间，顶面高出地面或岛面约0.5m；围圈顶面应加盖，顶盖可用木板或钢板制作。地表围圈外围用不透水的土回填夯实。

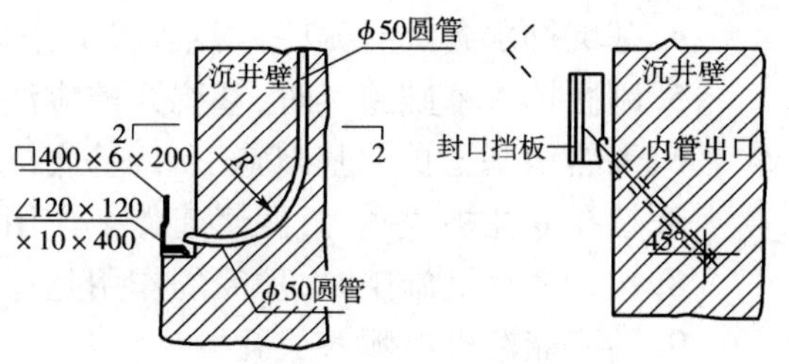

图3-36　泥浆润滑套射口挡板与内管法压浆管

压浆根据井壁的厚度分为内管法和外管法。厚壁沉井多采用内管法（图3-36），把压浆管埋在井壁内，压浆管的直径为38～50mm，间距3～4m，射口方向与井壁成45°角；薄壁沉井宜采用外管法（图3-38），将压浆管布置在井壁内侧或外侧。

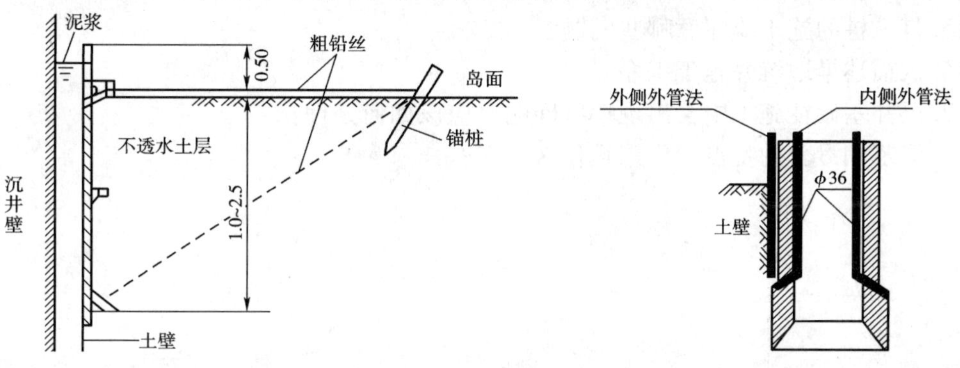

图3-37　泥浆润滑套地表围圈（尺寸单位：m）

图3-38　外管法压浆管构造

沉井下沉过程中要勤补浆、勤观测，发现倾斜、漏浆等问题要及时纠正。当沉井沉到设计高程时，若基底为一般土质，因井壁摩阻力较小，会形成边清基边下沉的现象，为此，应压入水泥砂浆置换泥浆，以增大井壁的摩阻力。另外，在卵石、砾石层中采用泥浆润滑套效果一般较差。

（二）壁后压气沉井法

壁后压气沉井法也是减少下沉时井壁摩阻力的有效方法。它是通过对沿井壁内周围预埋的气管中喷射高压气流，气流沿喷气孔射出，再沿沉井外壁上升，形成一圈压气层（又称空气幕），使井壁周围土松动，减少井壁摩阻力，促使沉井顺利下沉。

施工时压气管分层设置，竖管可用塑料管或钢管，水平环管则采用直径25mm的硬质聚氯乙烯管，沿井壁外缘埋设。每层水平环管可按四角分为四个区，以便分别压气调整沉井倾斜。压气沉井所需的气压可取静水压力的2.5倍。

与泥浆润滑套相比，壁后压气沉井法在停气后即可恢复土对井壁的摩阻力，下沉量易于控制，且所需施工设备简单，可以水下施工，经济效果好。现认为在一般条件下较泥浆润滑套更为方便，它适用于细、粉砂类土和黏性土中。

思考题

1. 水中基坑开挖的围堰形式有哪些？它们各自的特点和适用条件是什么？
2. 旱地上扩大基础的施工工序有哪些？
3. 刚性扩大基础施工时，常用的坑壁加固方法有哪些？

4. 基坑排水方法有哪些？各适用于什么情况？
5. 刚性扩大基础施工时，基坑开挖应注意哪些问题？
6. 天然地基上扩大基础施工时，基底检查内容有哪些？
7. 钻孔灌注桩成孔时，泥浆起什么作用？制备泥浆应控制哪些指标？
8. 钻孔灌注桩施工时，护筒的作用是什么？护筒埋设有哪些要求？
9. 钻孔灌注桩有哪些成孔方法？各适用什么条件？
10. 试比较正循环回转钻孔与反循环回转钻孔的施工工艺和优缺点。
11. 钻孔灌注桩施工中坍孔的原因有哪些？如何预防？
12. 导管法灌注水下混凝土应注意哪些事项？
13. 钻孔灌注桩施工中出现夹泥或断桩事故的原因主要有哪些？
14. 如何保证钻孔灌注桩的施工质量？
15. 打入桩的施工应注意哪些问题？
16. 试描述旱地沉井施工工序。
17. 沉井基础在施工中会出现哪些问题？应该如何处理？
18. 泥浆润滑套的特点和作用是什么？

第四章　桥梁墩台施工

桥梁墩台施工方法通常分为两大类：一类是现场就地浇筑与砌筑；另一类是拼装预制的混凝土砌块、钢筋混凝土或预应力混凝土构件。前者采用较多，其特点是工序简便，机具较少，技术操作难度较小；但是施工期较长，需耗费较多的劳动力与物力。近年来，交通建设迅速发展，施工机械也随之有了很大发展，采用预制装配构件建造桥梁墩台的施工方法有了新的进展，其特点是既可确保施工质量、减轻工人劳动强度，又可加快工程进度、提高工程效益，对施工场地狭窄，尤其对缺少砂石地区或干旱缺水地区等建造墩台有更重要的意义。

第一节　石砌墩台施工

石砌墩台具有就地取材和经久耐用等优点，在石料丰富地区建造墩台时，在施工期限许可的条件下，为节约水泥，应优先考虑石砌墩台方案。

一、石料与砂浆

石砌墩台是用片石、块石及粗料石以及水泥砂浆黏结而砌筑的，石料与砂浆的规格要符合有关规定。浆砌片石一般适用于高度小于6m的墩台身、基础、镶面以及各式墩台身填腹；浆砌块石一般用于高度大于6m以上的墩台身、镶面或应力要求大于浆砌片石砌体强度的墩台；浆砌粗料石则用于磨耗及冲击严重的分水体及破冰体的镶面工程以及有整齐美观要求的桥墩台身等。

石料要求质地坚硬，不易风化且无裂纹。石料表面的污渍应予清除。石料按加工程度分为片石、块石、粗料石，加工程度越来越细。片石厚度应不小于150mm；块石形状应大致方正，上下面大致平整，厚度应为200~300mm，宽度为厚度的1~1.5倍，长度为厚度的1.5~3.0倍。粗料石外形应方正，呈六面体，厚度应为200~300mm，宽度为厚度的1~1.5倍，长度为厚度的2.5~4.0倍。

砌体工程所用砂浆的强度等级一般不小于M5。砂浆所用的砂宜采用中砂或粗砂，如缺乏中砂与粗砂，在适当增加水泥用量，保证砂浆强度的基础上也可以采用细砂。砂的最大粒径必须适合砌体灰缝宽度及砌体特点。当用于砌筑片石时，砂的粒径不宜超过5mm；用于混凝土预制块及块石、料石砌体的砂浆，其粒径不宜大于2.5mm。各种圬工材料强度等级要求见表4-1。

圬工材料最低强度等级　　表4-1

结构物种类	材料最低强度等级	砌筑砂浆最低强度等级
拱圈	MU50 石材 C25 混凝土（现浇） C30 混凝土（预制块）	M10（大中桥） M7.5（小桥涵）

续上表

结构物种类	材料最低强度等级	砌筑砂浆最低强度等级
大、中桥墩台及基础，轻型桥台	MU40 石材 C25 混凝土(现浇) C30 混凝土(预制块)	M7.5
小桥涵墩台、基础	MU30 石材 C20 混凝土(现浇) C25 混凝土(预制块)	M5

将石料吊运并安砌到正确位置是砌石工程中比较困难的工序。当重量小或距地面不高时，可用简单的马凳跳板直接运送；当重量较大或距地面较高时，可采用固定式动臂吊机或桅杆式吊机或井式吊机，将材料运到墩台上，然后再分运到安砌地点。

二、墩台砌筑施工要点

在砌筑前应按设计图放出实样，挂线砌筑。形状比较复杂的工程，应先作出配料设计图(图4-1)，注明块石尺寸；形状比较简单的，也要根据砌体高度、尺寸、错缝等，先行放样配好料石再砌。

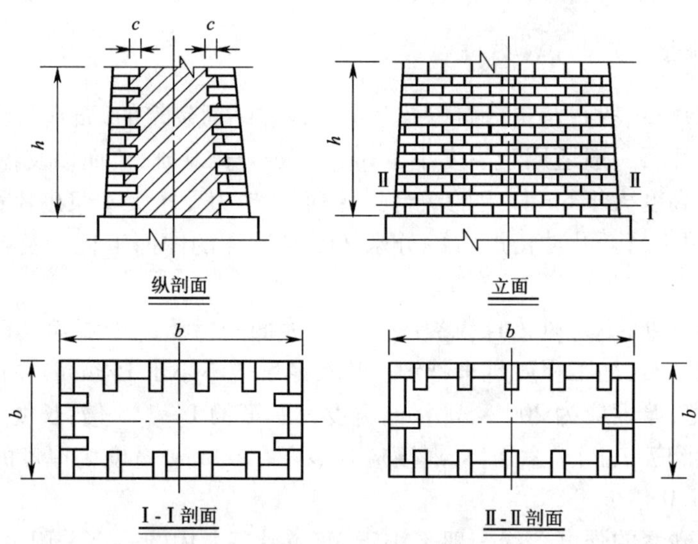

图4-1 桥墩配料大样图

砌筑斜面墩台时，斜面应逐层放坡，以保证规定的坡度。若用块石和料石砌筑，则应分层放样加工，石料应分层分块编号，砌筑时对号入座。砌块在使用前应浇水湿润，砌块表面应清洗干净。

墩台应分段分层砌筑。砌体较长时，可分段分层砌筑，但两相邻工作段的砌筑高差不超过1.2m。分段位置应尽量设置在沉降缝或伸缩缝处，各段水平砌缝应一致。

墩台砌筑时，砌块间用砂浆黏结并保持一定厚度的砌缝，所有砌缝要求砂浆饱满。任何情况下砌块不得直接接触挨靠，上层石块应在下层石块上铺满砂浆后砌筑。竖缝可在先砌好的砌块侧面抹上砂浆；若用小块碎石填塞砌缝时，要求碎石四周都是砂浆。不得采取先堆积石块，然后用砂浆灌缝的方法砌筑。同一层石料及水平灰缝的厚度要均匀一致，每层按水平砌筑，丁顺相间，砌石灰缝互相垂直。砌石顺序为先角石、再镶面、后填腹。填腹石的分层高度应与镶面相同；圆端、尖端及转角形砌体的砌石顺序，应自顶点开始，按丁顺排列接砌镶面石（图4-2）。砌体外露面应进行勾缝，隐蔽面砌缝可随砌随刮平，不另勾缝。

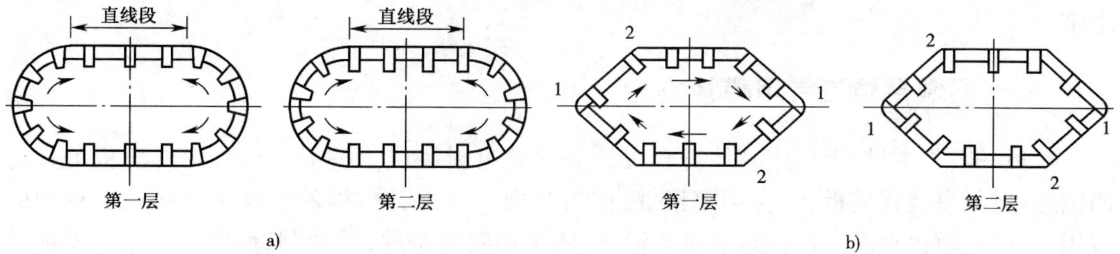

图4-2 桥墩的砌筑
a)圆端形桥墩的砌筑；b)尖端形桥墩的砌筑

分层砌筑时，应将较大的石块用于下层，并应用宽面为底铺砌，砌筑上层时应避免扰动下层砌块。砌筑工作中断后重新恢复砌筑时，应将原砌体表面清扫干净，适当湿润，再铺浆砌筑。

浆砌片石的砌缝宽度一般不应大于40mm，用小石子混凝土砌筑时，可为30～70mm；浆砌块石的砌缝宽度一般不应大于30mm。上下层竖缝错开距离应不小于80mm。砌体里层平缝不应大于30mm，竖缝宽度不应大于40mm，用小石子混凝土砌筑时不应大于50mm。浆砌粗料石的砌缝宽度不应大于20mm；混凝土预制块的砌缝宽度不应大于10mm。上下层竖缝错开距离不应小于100mm。

在砌筑中应经常检查平面外形尺寸及侧面坡度是否符合要求。砌筑完后的所有砌石（块）均应勾缝。勾缝砂浆强度不应低于砌体强度。石砌体勾缝应嵌入砌缝内约20mm深。缝槽深度不足时，应凿够深度再勾缝。

浆砌砌体应在砂浆初凝后，洒水覆盖养生7～14d。养护期间应避免碰撞、振动或承重。

墩台身砌筑完成后应对墩台身基本尺寸及墩顶高程等进行检测，以确保工程质量。墩、台砌体施工质量，应符合表4-2的规定。

墩、台砌体施工质量标准 表4-2

项目		规定值或允许偏差
砂浆强度(MPa)		在合格标准内
轴线偏位(mm)		20
墩台长、宽(mm)	片石	+40，-10
	块石	+30，-10
	粗料石	+20，-10
大面积平整度(mm)	片石	30
	块石	20
	粗料石	10
竖直度或坡度(%)	片石	0.5
	块石、粗料石	0.3
墩台顶面高程(mm)		±10

第二节　混凝土及钢筋混凝土墩台施工

就地浇筑的混凝土墩台施工有两个主要工序:一是制作与安装墩台模板;二是混凝土浇筑。

一、桥梁墩台施工常用模板类型

模板一般用木材、钢料或其他符合设计要求的材料制成。桥梁墩台常用的模板类型有固定式模板、拼装式模板、组合钢模板、整体吊装模板及滑升模板等。各种模板在工程中的应用,可根据墩台高度、墩台形式、机具设备、施工期限等条件,因地制宜,合理选用。模板的设计与施工要求参见第二章。

1. 固定式模板

固定式模板也称零拼模板,它是采用预先制备好的模板构件,到工地就地安装而成的。模板由紧贴混凝土的面板(壳板)、支撑面板的肋木、立柱、拉条(或钢箍)、铁件等组成,如图4-3所示。固定式模板安装时,先拼骨架,后钉壳板。具体做法是先将立柱安装在承台顶部的枕梁(底肋木)上,肋木固定在立柱上,在立柱两端用钢拉条拉紧并加强连接,形成骨架(图4-4)。若桥墩很高,应加设斜撑、横撑和抗风拉索(图4-5)。

模板骨架拼成后,即可将面板钉在肋木上。为防止面板翘曲,每块面板宽度不宜超过200mm,厚度30~50mm。在桥墩曲面处,应根据曲度采用窄木板。圆锥形模板的面板应做成梯形。与混凝土接触的面板,一般应刨光,拼缝应严密不漏浆。

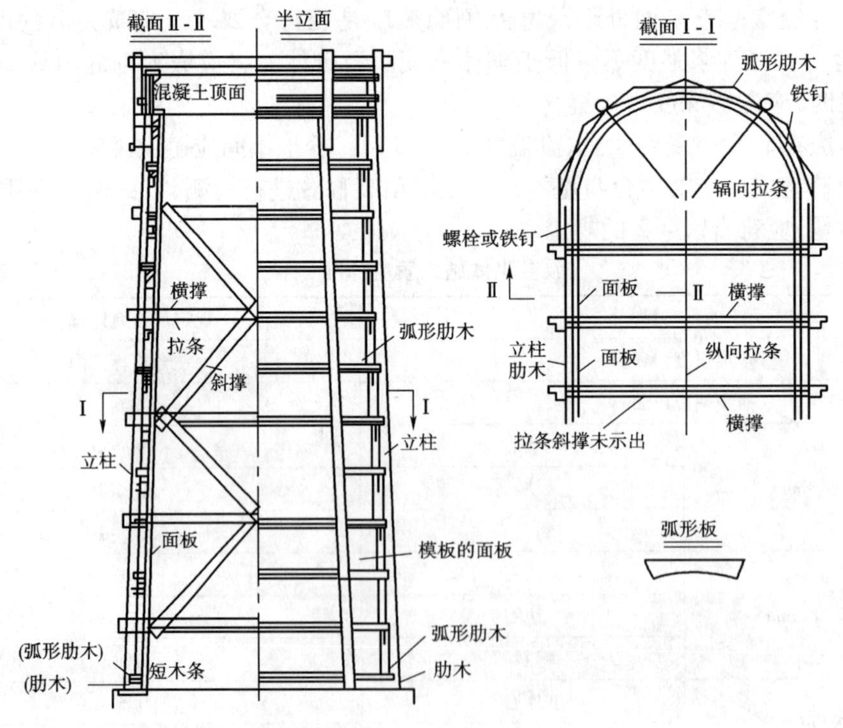

图4-3　固定式模板

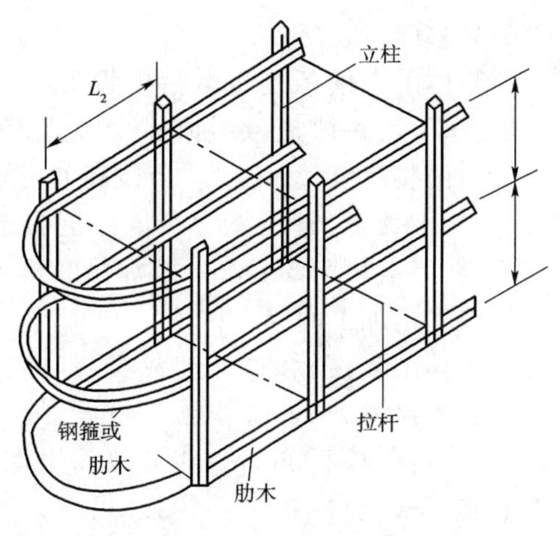

图 4-4　模板骨架

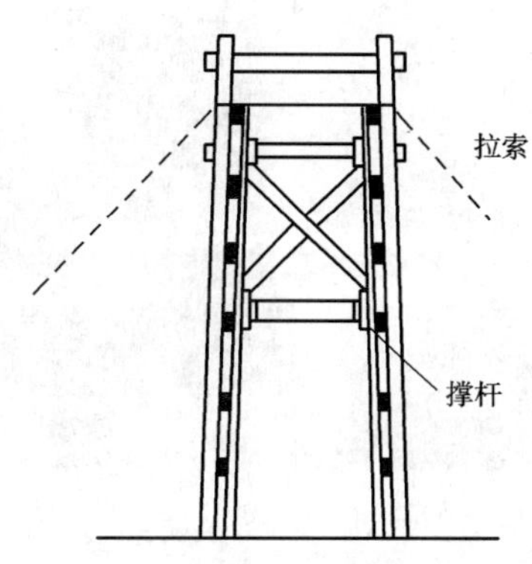

图 4-5　稳定桥墩模板

肋木与面板垂直,其作用是把面板连成整体,并承受面板传来的荷载。肋木可为方木或两面削平的圆木。曲面面板的肋木做成弧形,它由 2 ~ 3 层交错重叠的弧形板用钉或螺栓连接而成。弧形肋木应根据准确的样板或在样台上按 1:1 放线加工制作,形状复杂的更宜先制成模型套制。

拉杆采用 $\phi12 \sim \phi20$ 的钢筋制成。在混凝土外露的表面,宜使用可拆卸的连接螺栓紧固拉杆,拆模后将表面的孔穴用砂浆填实。弧形肋木与水平肋木间除用铁钉或螺栓连接外,还应加设立柱和轴向拉条。圆形桥墩可在立柱外侧安装钢箍,以保证模板的形状和尺寸正确。

2. 拼装式模板

拼装式模板又称盾状模板,它是将墩台表面划分成若干尺寸相同的板块,按板块尺寸预先将模板制成板扇(图 4-6);然后用板扇拼成所要求的模板,再利用销钉连接,并与拉杆、加劲构件等组成墩台所需形状的模板。拼装模板适用于高大桥墩或同类型墩台较多时使用,其特点是当混凝土达到拆模强度后,可整块拆下,由于每部分板扇尺寸相同,可直接或略加修整后重复周转使用。

拼装式模板在划分板块时,应尽量使板扇尺寸相同,以减少板扇类型(图 4-6)。板扇高度可与墩台分节灌筑的高度相同,约 3 ~ 6m,宽可为 1 ~ 2m,依墩台尺寸与起吊条件而定,务必使立模方便、施工安全。单块板扇可用木材、钢材或钢木组合加工制作。木质板扇加工制作简便,制作方法与固定式模板基本相同。模板组装时可用连接螺栓连接,两侧相对应的立柱间,用穿过模板的拉条拉紧,圆端部分常要配置固定式模板的弧形模板。

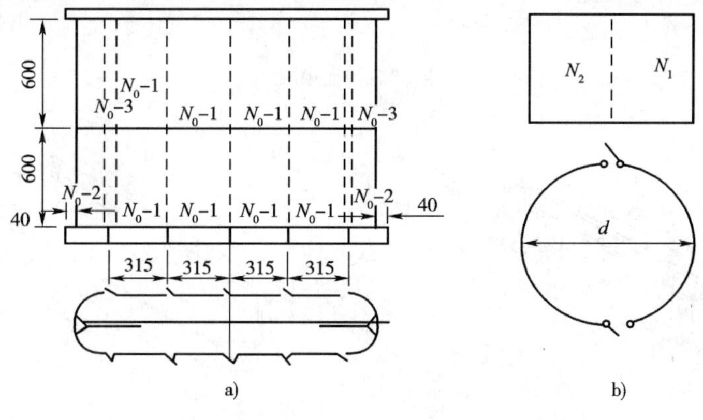

图 4-6　板扇划分示意图(尺寸单位:mm)

a)圆端形桥墩;b)圆形桥墩

图 4-7　整体吊装模板

3. 整体吊装模板

整体吊装模板是将墩台模板沿高度水平分成若干段，每段模板组成一个整体，在地面拼装后吊装就位(图 4-7)。节段高度可视墩台尺寸、模板数量、起吊能力及灌注混凝土的能力而定，一般可为 3 ~ 5m。整体吊装模板常用钢板或型钢加工而成。

整体吊装模板的优点为：安装时间短，无须设施工接缝，从而加快施工进度，提高施工质量；将拼装模板的高空作业改为平地操作，有利施工安全；模板刚性较强，可少设拉筋或不设拉筋，节约钢材；可利用模外框架作简易脚手架，不需另搭施工脚手架；结构简单，装拆方便，对建造较高的桥墩较为经济。缺点是起吊重量较大。图 4-7 所示为杭州湾跨海大桥桥墩整体吊装模板。

4. 组合式定型钢模板

组合式定型钢模板是桥梁施工中常用的模板之一。它是以各种长度、宽度及转角标准构件，用定型的连接件将钢模拼成结构用模板。其具有强度高、刚度大、体积小、重量轻、运输方便、装拆简单、接缝紧密等优点，适用于在地面拼装、整体吊装的结构上，也可以预拼成大的板块后再安装使用。公路工程中常用的组合式定型钢模板组成部件，见表 4-3、图 4-8、图 4-9、图 4-10。

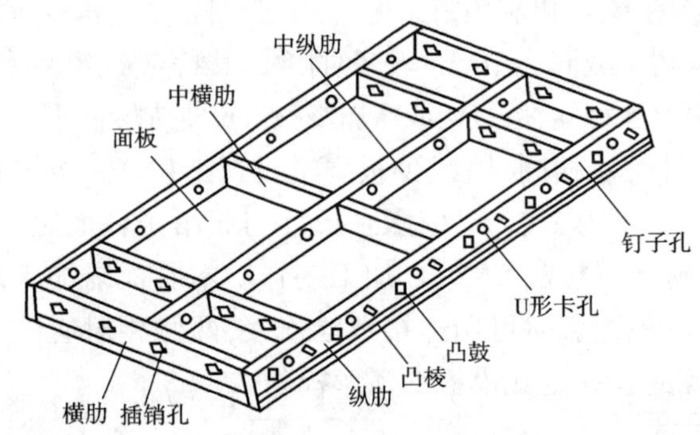

图 4-8　平面模板

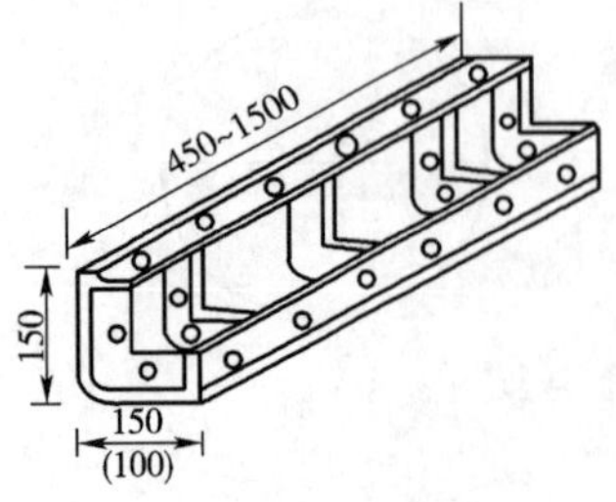

图 4-9　阴角模板(尺寸单位：mm)

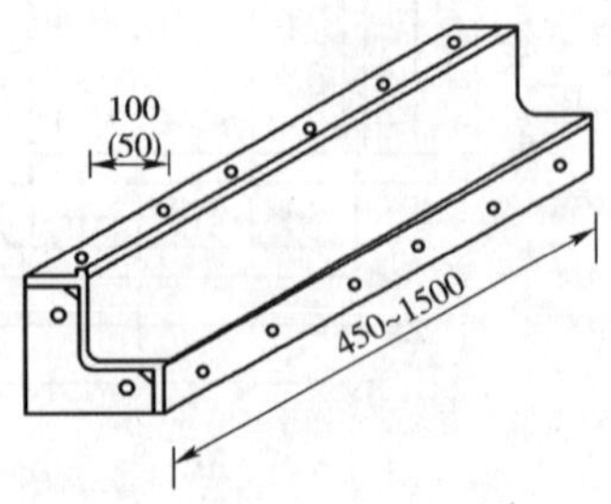

图 4-10　阳角模板(尺寸单位：mm)

公路工程常用钢模板组成部件　　表4-3

序 号	部件名称	所用材料	规 格 尺 寸(mm)	使用部件
1	平面模板	A3 钢板	面板厚2.3或2.5;宽100~300,按50级进;长1500、1200、900、750、600、450六种。肋高55,厚2.3、2.5、2.8三种	墩、台平面位置
2	转角模板	A3 钢板	阴角模板:横断面高×宽有150×150、100×100,长度同平面模板。 阳角模板:横断面高×宽有100×100、50×50,长度同平面模板。 连接角模:横断面高×宽有50×50,长度同平面模板	墩、台转角部位
3	倒棱模板	A3 钢板	角棱模板:宽有17及45两种。 圆棱模板:半径有20及35两种,长度均同平面模板	墩、台倒棱部位
4	加腋模板	A3 钢板	横断面高×宽有50×150、50×1 00,长度同平面模板	墩、台加肋部位
5	柔性模板	A3 钢板	宽度100,长度同平面模板	墩、台圆形曲面部位
6	可调模板	A3 钢板	宽度80,长度同平面模板,断面形状为L形,仅一边设肋条	拼装模板面尺寸小于50 mm的补齐部位
7	嵌补模板	A3 钢板	长:300、200、150、100四种。 宽:平面嵌板有200、150、100三种。 阴角嵌板:100×150。 阳角嵌板:150×100。 连接角模:50×50	用于墩、台的接头部位,形状同平面模板及转角模板

注:表中各种模板的肋条高度均为55 mm。

5. 滑升模板

滑升模板是利用一套滑动提升装置,将已在桥墩承台位置处安装好的整体模板连同工作平台、脚手架等,随着混凝土的灌注,沿着已灌注好的混凝土慢慢向上提升,这样连续不断地灌注混凝土直至墩顶。滑升模板施工具有速度快、结构整体性好等特点,适用于竖立式而断面变化较小的高耸结构,如桥墩、立柱、水塔、墙壁等。

二、混凝土浇筑施工要点

(1)墩、台身施工前,应对其施工范围内基础顶面的混凝土进行凿毛处理,并应将表面的松散层、石屑等清理干净;对节段施工的墩、台身,其接缝亦作相同的凿毛和清洁处理。

(2)在模板安装前,应在基础顶面放出墩台身的轴线及边缘线;对节段施工的墩、台身,其首节模板安装的平面位置和垂直度应严格控制。模板在安装过程中应通过测量监控措施保证墩、台身的垂直度,并应有防倾覆的临时措施;对高墩且风力较大地区的墩身模板,应考虑抗风稳定性。

(3)灌筑混凝土时,应经常检查模板、钢筋及预埋件的位置和保护层的尺寸,确保位置正确,不发生变形。混凝土施工中,应切实保证混凝土的配合比、水灰比和坍落度等技术性能指标满足规范要求。

(4)浇筑混凝土时,应根据墩台结构形状、钢筋布置,按一定厚度、顺序和方向分层、分块浇筑。混凝土浇筑厚度可根据使用振捣方法按规定数值采用。墩台身混凝土宜一次连续灌筑,否则应按桥涵施工规范的要求,处理好连接缝。

(5)墩、台身高度超过10m时,可分节段施工,节段的高度宜根据混凝土施工条件和钢筋定尺长度等因素确定。上一节段施工时,已浇筑的混凝土强度应不低于2.5MPa。

(6)应采取措施缩短墩、台身与承台之间浇筑混凝土的间隔时间,间歇期不宜大于10d。

(7)浇筑混凝土时,串筒、溜槽等的布置应方便摊铺和振捣,并应明确划分工作区域。混凝土下落高度较大,为防止混凝土离析,混凝土的自由倾落高度应符合规定。混凝土浇筑完成后,应及时进行养护,养护时间不得少于7d。

(8)墩、台身施工质量应符合表4-4的规定。

墩、台身施工质量标准 表4-4

项　目	规定值或允许偏差		项　目	规定值或允许偏差
混凝土强度(MPa)	在合格标准内		断面尺寸(mm)	±20
竖直度(mm)	$H \leq 30m$	$H/1500$,且不大于20	顶面高程(mm)	±10
	$H > 30m$	$H/3000$,且不大于30		
节段间错台(mm)	5		轴线偏位(mm)	10
预埋件位置(mm)	10		大面积平整度(mm)	5

(9)墩台是大体积圬工,为避免水化热过高,导致混凝土因内外温差引起裂缝,可采取如下措施:

①用改善集料级配、降低水灰比、掺加混合材料与外加剂、掺入片石等方法减少水泥用量。

②采用C_3A和C_3S含量小、水化热低的水泥,如大坝水泥、矿渣水泥、粉煤灰水泥、低强度等级水泥等。

③减小浇筑层厚度,加快混凝土散热速度。

④混凝土用料应避免日光曝晒,以降低初始温度。

⑤在混凝土内埋设冷却管通水冷却。

(10)当墩台浇筑混凝土体积很大时,为了节约水泥,可以掺入一定数量的片石。混凝土中填放片石时应符合以下规定:

①埋放石块的数量不宜超过混凝土结构体积的20%;当设计为片石混凝土砌体时,石块含量可增加为50%~60%。

②应选用无裂纹、夹层且未被煅烧过的,高度不小于15cm、具有抗冻性能的石块。

③石块的抗压强度不应低于25MPa或30MPa及混凝土强度等级。

④石块应清洗干净,应在捣实的混凝土中埋入一半以上。

⑤石块应分布均匀,净距不小于10cm,距结构侧面和顶面净距不小于15cm;对于片石混凝土,石块净距可不小于4~6cm;石块不得挨靠钢筋或预埋件。

⑥受拉区混凝土或当气温低于0℃时,不得埋放石块。

第三节　装配式墩台施工

装配式墩台施工适用于山谷架桥、跨越平缓无漂流物的河沟、河滩等的桥梁,特别是在工地干扰多、施工场地狭窄,缺水与砂石供应困难地区,其效果更为显著。其优点是:结构形式轻便,建桥速度快,圬工省,预制构件质量有保证等。目前常用的有砌块式、柱式和管节式等。砌块式墩台的施工大体上与石砌墩台相同,只是预制砌块的形式因墩台形状不同而有很多变化。下面主要介绍预制柱式墩台和后张法预应力混凝土装配式桥墩的施工方法。

一、预制柱式墩台施工

预制柱式桥梁墩台分解成若干轻型部件，在工厂或工地集中预制，再运送到现场装配成桥梁。其形式有双柱式、排架式、板凳式和刚架式等。图4-11为各种柱式墩构造示意图。其施工工序为预制构件、安装连接与混凝土填缝养护等。其中拼装接头是关键工序，拼装接头既要牢固、安全，又要结构简单便于施工。

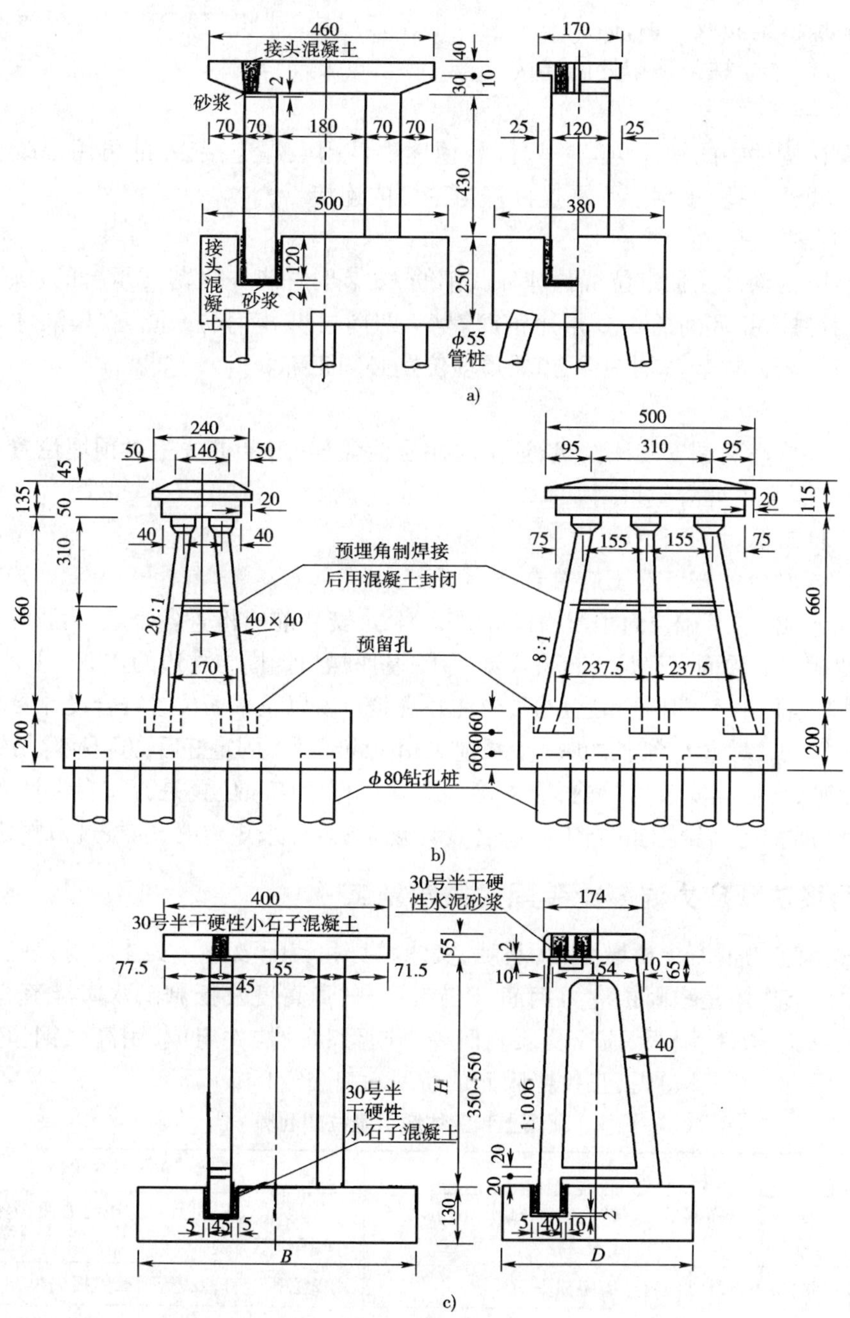

图4-11 各种柱式桥墩构造示意（尺寸单位：cm）

a）双柱式拼装墩；b）排架式拼装墩；c）刚架式拼装墩

1. 常用拼装接头

常用的拼装接头有以下几种：

(1) 承插式接头

将预制构件插入相应的预留孔内，插入长度一般为1.2～1.5倍的构件宽度，底部铺设2cm砂浆，四周以半干硬性混凝土填充，常用于立柱与基础的接头连接。

(2) 钢筋锚固接头

构件上预留钢筋或型钢，插入另一构件的预留槽内，或将钢筋互相焊接，再灌注半干硬性混凝土，多用于立柱与顶帽处的连接。

(3) 焊接接头

将预埋在构件中的铁件与另一构件的预埋铁件用电焊连接，外部再用混凝土封闭。这种接头易于调整误差，多用于水平连接杆与主柱的连接。

(4) 扣环式接头

相互连接的构件按预定位置预埋环式钢筋，安装时柱脚先坐落在承台的柱芯上，上下环式钢筋互相错接，扣环间插入U形短钢筋焊牢，四周再绑扎钢筋一圈，立模灌注外围接头混凝土。因施工较为复杂，要求上下扣环预埋位置必须正确。

(5) 法兰盘接头

在相连接构件两端安装法兰盘，连接时用法兰盘连接；要求法兰盘预埋位置必须与构件垂直，接头处可不用混凝土封闭。

2. 预制柱式墩台的安装施工

预制柱式墩台的安装施工应符合下列规定：

(1) 预制构件与基础顶面预留槽口应对应编号，安装前应检查各个墩、台预制构件的尺寸和基础预留槽口的顶面高程是否符合设计要求；基座槽口四周与柱边的空隙应不小于20mm。

(2) 预制构件吊入基座槽口就位时，应在柱身竖直度以及平面位置符合设计要求后，再将楔子塞入槽洞打紧。对重大、细长的墩、台柱，应采用风缆或撑木固定好后，方可摘除吊钩。

(3) 在墩、台柱顶安装盖梁前，应先检查盖梁口预留槽眼位置是否符合设计要求。

(4) 槽口内现浇混凝土的施工应符合设计规定；设计未规定时，应按规范规定执行。

二、后张法预应力混凝土装配式桥墩施工

装配式预应力混凝土桥墩分为：基础、实体墩身和装配墩身。实体墩身是装配墩身与基础的连接段，其作用是锚固预应力钢筋、调节装配墩身高度及抵御洪水时漂流物的冲击等。装配墩身由基本构件、隔板、顶板及顶帽四种不同形状的构件组成，用高强钢丝或钢绞线穿入预留的上下贯通的孔道内，张拉锚固而成桥墩墩身（图4-12）。

顶帽上和实体墩下张拉的利弊　　表4-5

顶帽上张拉	实体墩下张拉
①高空作业，张拉设备需起吊，人员需在顶帽操作，张拉便于指挥与操作	①地面作业，机具设备搬运方便，但彼此看不见指挥，操作不方便
②在直线段张拉，不计算曲线管道摩阻损失	②必须计算曲线管道摩阻损失
③向下垂直安放千斤顶，对中容易	③向上斜向安装千斤顶，对中较困难
④实体墩开孔小，削弱面积小，无须割断钢筋	④实体墩开孔大，增大削弱面积，必须割断钢筋，增加封锚工作量

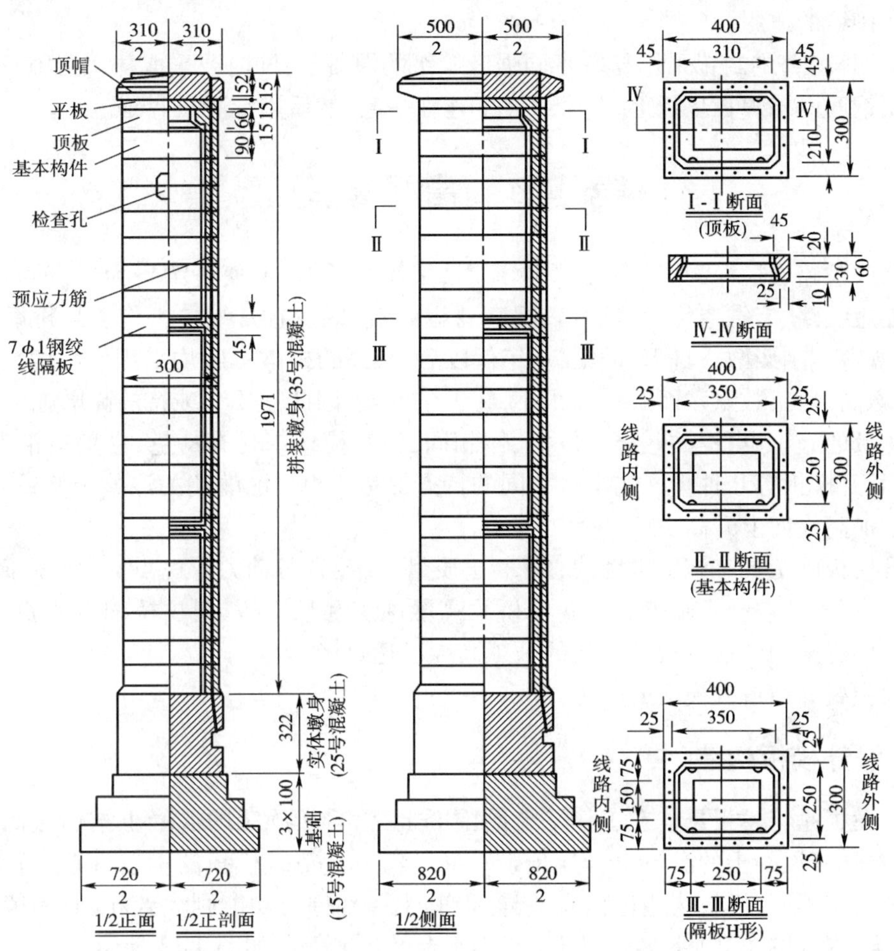

图 4-12　装配式预应力混凝土桥墩构造图(尺寸单位:cm)

后张法预应力混凝土装配式桥墩施工工艺流程分为施工准备、构件预制及墩身装配 3 个方面。施工内容如下:

(1)实体墩身浇筑时要按装配构件孔道的相对位置,预留张拉孔道及工作孔,并严格控制预留孔道位置的准确性。构件装配的水平拼接缝采用 M7.5 水泥砂浆,砂浆厚度为 15mm,以便于调整构件水平高程,不至于误差积累。

(2)安装构件要求平、稳、准、实、通五个关键,即起吊平、构件顶面平、内外壁砂浆接缝要抹平;起吊、降落、松钩要稳;构件尺寸准、孔道位置准、中线准及预埋配件位置准;接缝砂浆要密实;构件孔道要畅通。

(3)张拉预应力的钢丝束分为两种:一种是直径 5mm 的高强钢丝,用 18ϕ5 锥形锚;另一种用 7ϕ4mm 钢绞线,用 JM12－6 型锚具,采用一次张拉工艺。张拉位置可以在桥墩顶帽上进行张拉,也可以在实体墩下进行张拉。一般多在顶帽上张拉。顶帽上和实体墩下张拉的利弊见表 4-5。

(4)孔道压浆前先采用高压水冲洗孔道,压浆采用纯水泥浆。为了减少水泥浆的收缩及泌水性能,可掺入水泥重量为(0.8～1.0)/10000 的铝粉。压浆最好由下而上压注。压浆分初压与复压,初压后,约停 1h,待砂浆初凝后再复压。复压压力可为 0.8～1.0MPa,初压压力可小一点。压浆后,若构件上的砂浆接缝全部湿润,说明接缝砂浆空隙中压入了水泥浆,起到了密实接缝的作用。

(5)实体墩身的封锚采用与墩身同强度等级的混凝土,同时要采取防水措施。顶帽上的封锚采用钢筋网罩焊在垫板上,单个或多个连在一起,然后用混凝土封锚。

第四节　高桥墩施工

公路或铁路通过深沟宽谷或大型水库时,采用高桥墩,能使桥梁更为经济合理,这样不仅可以缩短线路、节省造价,而且可以提高营运效益,减少日常维护工作。高桥墩可分为实体墩、空心墩与刚架墩。自20世纪70年代以后,较高的桥墩一般均采用空心墩。高桥墩的特点是:墩高、圬工数量多而工作面积小,施工条件差,因此需要有独特的高墩施工工艺。

高桥墩的施工设备与一般桥墩虽大体相同,但其模板却另有特色,一般有滑升模板、爬升模板、翻升模板等几种。这些模板共同的特点都是依附于已灌注的混凝土墩壁上,随着墩身的逐步加高而向上升高。

滑升模板施工具有施工进度快、混凝土质量好、节省劳动力等优点,既可用于直坡墩身施工,也可用于斜坡墩身施工。在我国桥梁高墩施工和悬索桥、斜拉桥的索塔施工中,滑升模板已被广泛采用。目前滑升模板的施工高度已达百米。

下面主要介绍滑升模板的施工方法。

一、滑升模板构造

滑升模板是将模板悬挂在工作平台的围圈上,沿着所施工的混凝土结构截面的周边组拼装配,并随着混凝土的灌筑由千斤顶带动向上滑升。滑升模板的构造,由于桥墩类型、提升工具的类型不同,模板构造也稍有差异,但其主要部件与功能则大致相同,一般可分为顶架、辐射梁、内外围圈、内外支架、模板、工作平台及吊篮等。如图4-13所示。

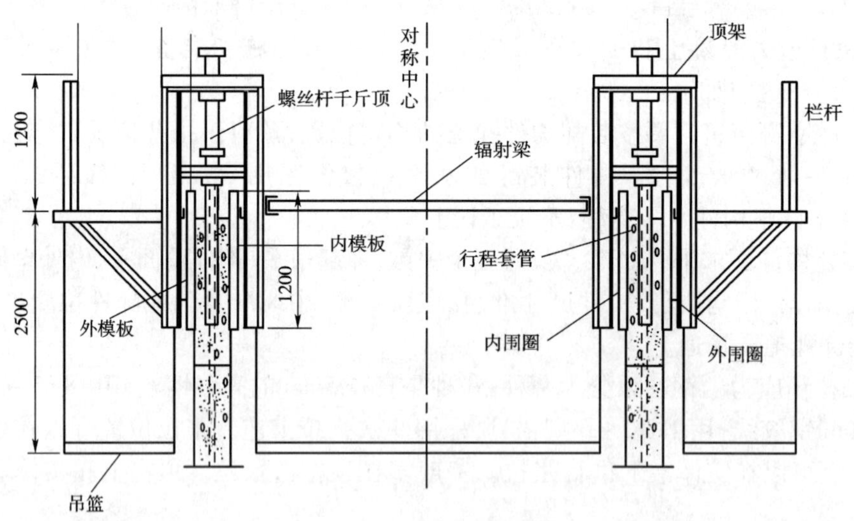

图4-13　无坡度空心墩滑升模板构造示意图(尺寸单位:mm)

1. 顶架

顶架的作用是将模板重量及施工临时荷载传递到千斤顶,并用以固定内外模板。顶架由上下横梁及立柱组成,轮廓尺寸应按墩壁厚度、坡度、提升千斤顶类型等因素决定。千斤顶一般固定在横梁上。带有坡度的桥墩,顶架应设计成能在辐射梁上的滑动结构。

2. 辐射梁与内外围圈

辐射梁为滑升模板的平面骨架,从滑模中心向四周辐射,与顶架或支架组合起来承受荷载,又作为施工操作平台。内外围圈用来固定辐射梁两端的相对位置。

3. 内外支架

支架一般固定在辐射梁上,用调模螺栓来移动模板;模板上端则吊在辐射梁上移动。也可设计能在辐射梁上用调径螺栓来移动的支架。

4. 模板

滑升模板用2~3mm钢板制作,高度一般为1.1~1.5m。每块内模宽约0.5m、外模宽约0.6m,以适应不同尺寸的桥墩。收坡桥墩模板分固定模板与活动模板,活动模板又有边板与心板之分。固定模板应安装在顶架立柱或内外支架上,而活动模板则依靠上下横梁悬挂在左右固定模板的横梁上。

5. 工作平台及吊篮

工作平台是供施工人员操作、存放小工具及混凝土分配盘用,即在辐射梁上安设钢制或木制盖板。吊篮设在顶架或支架下面,供调节收坡螺栓杆、修补混凝土表面及养护等需要;宽度约为0.6~0.8m。

二、滑升模板提升工艺

滑升模板提升设备主要有提升千斤顶、液压控制装置及支承顶杆几部分。

提升千斤顶常用的有螺旋千斤顶和液压千斤顶。液压控制装置是用来控制液压千斤顶提升和下降的机械,分为液压系统及电控系统两大部分。支承顶杆一端埋置于墩、台结构的混凝土中;另一端穿过千斤顶心孔,承受滑模及施工过程中平台上的全部荷载。其提升过程为:

1. 螺旋千斤顶提升步骤(图4-14)

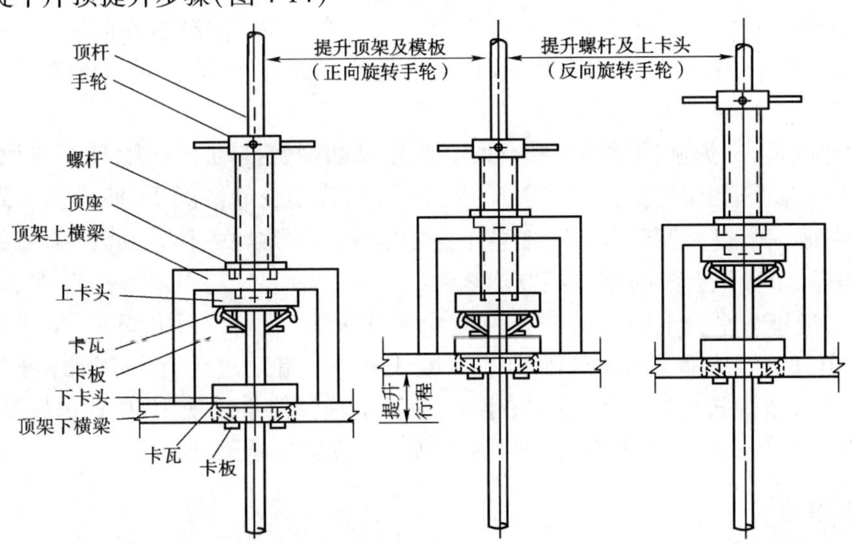

图4-14　螺旋千斤顶提升示意图

(1)转动手轮使螺杆旋转,使千斤顶顶座及顶架上横梁带动整个滑模徐徐上升。此时,上卡头、卡瓦、卡板卡住顶杆,而下卡头、卡瓦、卡板则沿顶杆向上滑行。当滑至与上下卡瓦接触或螺杆不能再旋转时，即完成一个行程的提升。

(2)向相反方向转动手轮，此时下卡头、卡瓦、卡板卡住顶杆，整个滑模处于静止状态，仅上卡头、卡瓦、卡板连同螺杆、手轮沿顶杆向上滑行，至上卡头与顶架上横梁接触或螺杆不能再旋转时为止，即完成一个循环。

2. 液压千斤顶提升步骤(图4-15)

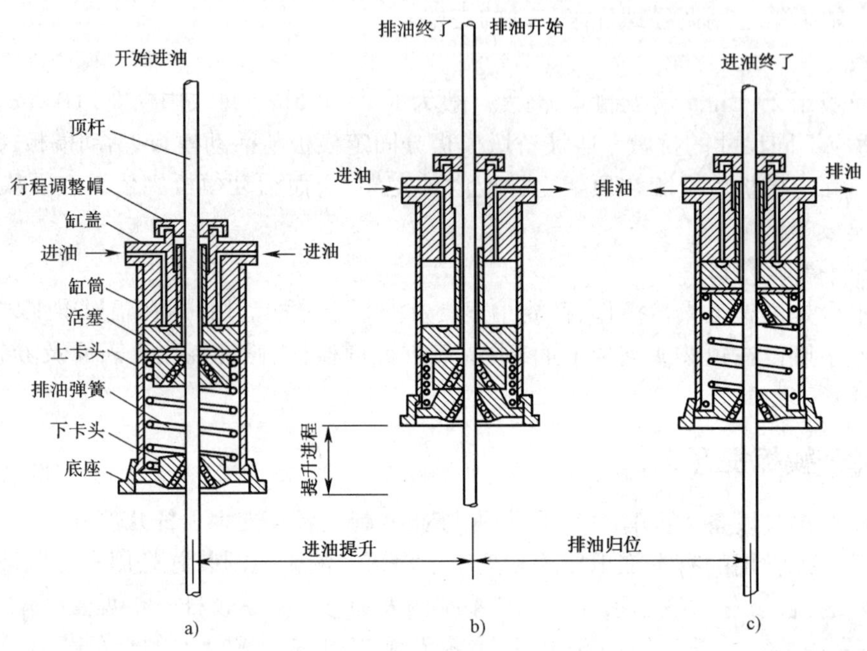

图4-15　液压千斤顶提升示意图

(1)进油提升:利用油泵将油压入缸盖与活塞之间，在油压作用时，上卡头立即卡紧顶杆，使活塞固定于顶杆上。随着缸盖与活塞间进油量的增加，使缸盖连同缸筒、底座及整个滑模结构一起上升，直至上、下卡头顶紧时，提升暂停。此时，缸筒内排油弹簧完全处于压缩状态。

(2)排油归位:开通回油管路，解除油压，利用排油弹簧推动下卡头，使其与顶杆卡紧，同时推动上卡头将油排出缸筒，在千斤顶及整个滑模位置不变的情况下，使活塞回到进油前位置。至此，完成一个提升循环。为了使各千斤顶能协同一致地工作，应将油泵与各千斤顶用高压油管连通，由操纵台统一集中控制。

提升时，滑模与平台上临时荷载全由支承顶杆承受。顶杆多用A3与A5圆钢制作，直径25mm。顶杆一端埋置于墩、台结构的混凝土中，一端穿过千斤顶芯孔，每节长2.0~4.0m，用工具式或焊接连接。为了节省钢材，使支承顶杆能重复使用，可在顶杆外安上套管，套管随同滑模整个结构一起上升，待施工完毕后，可拔出支承顶杆。

三、井架

混凝土的垂直运输多采用井架提升混凝土，或者以井架为杆，另外安装扒杆来吊运混凝土，如图4-16、图4-17所示。井架可用型钢或万能杆件组装，也可不用井架，而用滑模本身携带的扒杆提升混凝土。

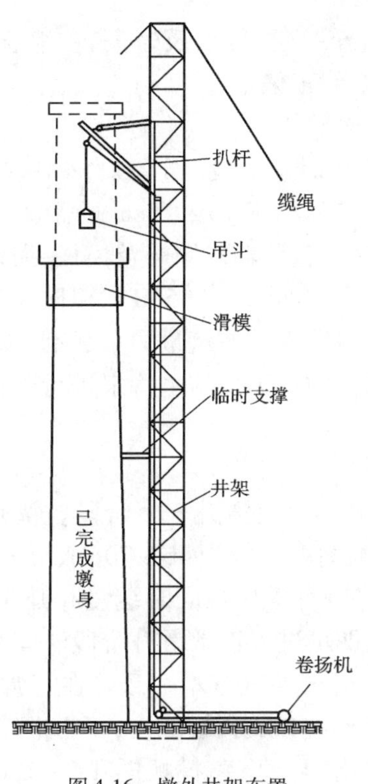

图 4-16　墩外井架布置

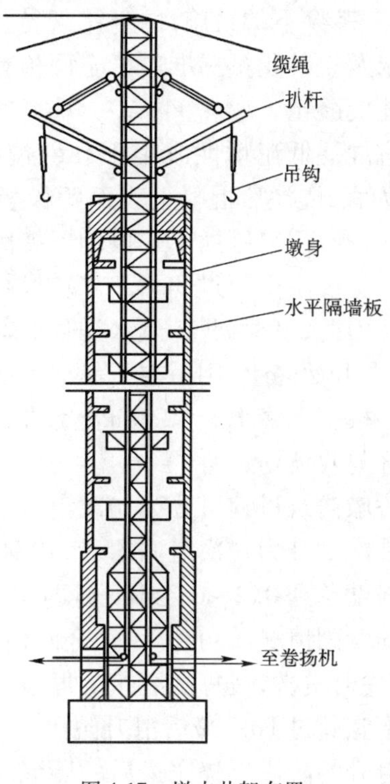

图 4-17　墩内井架布置

四、滑升模板的设计要点

滑升模板整体结构是混凝土成型的装置，也是施工操作的主要场地，必须具有足够的整体刚度、稳定性和安全性。为了保证施工质量与安全，滑升模板各组成部件，必须按强度和刚度要求进行设计与验算。

模板设计荷载及模板结构设计，与普通模板的设计思路相同。根据滑升模板提升时全部静荷载和垂直活荷载，通过计算确定支承顶杆和千斤顶的数量。提升过程中支承顶杆实际受力情况比较复杂，其容许承载能力应根据工程实践的经验选用。上述计算确定的支承杆数量还应根据结构物的平面和局部构造加以适当调整。

支承顶杆和千斤顶的布置方案一般有均匀布置、分组集中布置以及分组集中与均匀布置相结合等几种。在筒壁结构中多采用均匀布置方案，在平面较为复杂的结构中则宜采用分组集中与均匀布置相结合方案。千斤顶在布置时，应使各千斤顶所承受的荷载大致相同，以利同步提升。当平台上荷载分布不均匀时，荷载较大的区域和摩阻力较大的区段，千斤顶布置的数量要多些。考虑到平台荷载内重外轻，在数量上内侧应较外侧布置多些，以避免顶升架提升时向内倾斜。

五、滑模浇筑混凝土施工要点

滑模组装在墩位上就地进行组装时，安装步骤为：

1. 搭枕木垛、定桥墩中心线后进行有关安装工作

在基础顶面搭枕木垛，定出桥墩中心线；在枕木垛上先安装内钢环，并准确定位，再依次安装辐射梁、外钢环、立柱、顶杆、千斤顶、模板等；提升整个装置，撤去枕木垛，再将模板落下

就位，随后安装余下的设施；内外吊架待模板滑升至一定高度，及时安装；组装完毕后，必须按设计要求及组装质量标准进行全面检查，并及时纠正偏差。

2. 灌注混凝土

滑模宜灌注低流动性或半干硬性混凝土，灌注时应分层、分段对称地进行，分层厚度20～30cm为宜；灌注后混凝土表面距模板上缘宜有不小于10～15cm的距离。混凝土入模时，要均匀分布，应采用插入式振动器捣固，振捣时应避免触及钢筋及模板，振动器插入下一层混凝土的深度不得超过5cm；脱模时混凝土强度应为0.2～0.5MPa，以防在其自重压力下坍塌变形。因此，可根据气温、水泥强度等级经试验后掺入一定量的早强剂，以加速提升，脱模后8h左右开始养生，用吊在下吊架上的环绕墩身的带小孔的水管来进行养护。养生水管一般设在距模板下缘1.8～2.0m处效果较好。

3. 提升与收坡

整个桥墩浇筑过程可分为初次滑升、正常滑升和最后滑升3个阶段。从开始灌注混凝土到模板首次试升为初次滑升阶段；初灌混凝土的高度一般为60～70cm，分3次灌筑，在底层混凝土强度达到0.2～0.4MPa时即可试升。将所有千斤顶同时缓慢起升5cm，以观察底层混凝土的凝固情况。初升后，经全面检查设备，即可进入正常滑升阶段。即每浇筑一层混凝土，滑模提升一次，使每次灌筑的厚度与每次提升的高度基本一致。在正常气温条件下，提升时间不宜超过1h。最后滑升阶段是混凝土已经浇筑到需要高度，不再继续浇筑，但模板尚需继续滑升的阶段。浇完最后一层混凝土后，每隔1～2h将模板提升5～10cm，滑动2～3次后即可避免混凝土与模板黏结。随着模板的提升，应转动收坡丝杆，调整墩壁曲面的半径，使之符合设计要求的收坡坡度。

4. 接长顶杆、绑扎钢筋

模板每提升至一定高度后，就需要穿插进行接长顶杆、绑扎钢筋等工作。为不影响提升的时间，钢筋接头均应事先配好，并注意将接头错开。对预埋件及预埋的接头钢筋，滑模抽离后，要及时清理，不宜外露。

5. 混凝土停工后的处理

在整个施工过程中，由于工序的改变，或发生意外事故，使混凝土的灌注工作停止较长时间，即需要进行停工处理。例如，每隔半小时左右稍为提升模板一次，以免黏结；停工时在混凝土表面要插入短钢筋等，以加强新老混凝土的黏结；复工时还需将混凝土表面凿毛，并用水冲走残渣，湿润混凝土表面，灌注一层厚度为2～3cm的1∶1水泥砂浆，然后再灌注原配合比的混凝土，继续滑模施工。

六、高墩模板施工技术要求

爬升模板施工与滑升模板施工相似，不同的是支架通过千斤顶支承于预埋在墩壁中的预埋件上。待浇筑好的墩身混凝土达到一定强度后，将模板松开，千斤顶上顶，把支架连同模板升到新的位置；模板就位后，再继续浇筑墩身混凝土。如此循环往复，逐节爬升。每次升高约2m。爬升模板的应用还不太普遍。

翻转模板施工是采用一种特殊钢模板，一般由三层模板组成一个基本单元，并配置有随模板升高的混凝土接料工作平台。当浇筑完上层模板的混凝土后，将最下层模板拆除翻上来拼装成第四层模板，以此类推，循环施工。翻转模板也能够用于有坡度的桥墩施工。

1. 滑升模板的技术要求

采用滑升模板时,除应遵守现行《滑动模板工程技术规范》(GB 50113—2005)的规定外,还应符合下列规定:

(1)模板的高度宜根据结构物的实际情况确定;模板的结构应有足够的强度、刚度和稳定性;支撑杆及提升设备应能保证模板竖直均衡上升。组装时应使各部尺寸的精度符合设计要求,组装完毕应经全面检查试验合格后,方可正式投入使用。

(2)模板的滑升速度宜为100 ~ 300mm/h,滑升时应检测并控制模板位置。滑升模板的施工应连续进行,因故中断时,宜在中断前将混凝土浇筑齐平。中断期间模板仍应继续缓慢地滑升,直到混凝土与模板不至黏住时为止。

2. 翻转模板和爬升模板的技术要求

采用翻转模板和爬升模板施工时,其结构应满足强度、刚度及稳定性要求。液压爬模应由专业单位设计和制造,并应有检验合格证明及操作说明书。施工应符合下列规定:

(1)混凝土的强度应达到规定的数值后方可拆模并进行模板的翻转或爬架爬升。作用于爬模上的接料平台、脚手平台、拆模吊篮的荷载应均衡,不得超载,严禁混凝土吊斗碰撞爬模系统。

(2)模板沿墩身周边方向应始终保持顺向搭接。在施工过程中,应随时检查爬模中线、水平位置和高程等,发现问题及时纠正。

第五节　墩台顶部施工与支座安设

一、墩台顶部施工

墩台顶帽和盖梁是用以支承桥跨结构的最顶端部分,其位置、高程及垫石表面平整度等,均应符合设计要求,以避免桥跨结构安装困难,或使顶帽、盖梁、垫石等出现碎裂或裂缝,影响墩台的正常使用功能与耐久性。下面简单介绍墩台顶帽和盖梁施工的主要工序。

1. 施工放样

墩台混凝土(或砌石)浇筑至离墩、台帽底下约30 ~ 50cm高度时,即需测出墩台纵横中心轴线,并开始竖立墩台帽模板,安装锚栓孔或安装预埋支座垫板、绑扎钢筋等。台帽放样时,应注意不要以基础中心线作为台帽背墙线,浇筑前应反复核实,以确保墩、台帽中心、支座垫石等位置方向与水平高程等不出差错。

2. 墩台帽和盖梁施工

对墩台帽、盖梁施工所用的托架、支架或抱箍等临时结构,应进行受力分析计算与验算。支架宜直接支承在承台顶部,当必须支承在承台以外的软弱地基上时,应对地基进行妥善加固处理,并应对支架进行预压。

墩台帽和盖梁是支承上部结构的重要部分,其尺寸位置和水平高程要求准确。混凝土应从墩台帽下约30 ~ 50cm处至墩台帽顶面一次浇筑,以保证墩台帽底有足够厚度的紧密混凝土。

3. 钢筋和支座垫板的安设

墩台帽钢筋绑扎应遵照《公路桥涵施工技术规范》(JTG/T F50—2011)有关钢筋工程的规定。钢筋安装施工时,应避免在钢筋的接头处起弯,并应保证钢筋的混凝土保护层厚度。

墩台帽上的支座垫板的安设一般采用预埋支座垫板和预留锚栓孔的方法。前者须在绑扎墩台帽和支座垫石钢筋时,将焊有锚固钢筋的钢垫板安设在支座的准确位置上,即将锚固钢筋和墩、台帽骨架钢筋焊接固定,同时采取措施将钢垫板固定在墩、台帽模板上。此法在施工时垫板位置不易准确,应经常检查与校正。后者须在安装墩台帽模板时,安装好预留孔模板,在绑扎钢筋时注意将锚栓孔位置留出。此法安装支座施工方便,支座垫板位置准确。

墩台帽和盖梁施工质量,应符合表4-6的规定。

墩台帽和盖梁施工质量标准 表4-6

项　目	规定值或允许偏差	项　目	规定值或允许偏差
混凝土强度(MPa)	在合格范围内	断面尺寸(mm)	±20
轴线偏位(mm)	10	顶面高程(mm)	±10
预埋件位置(mm)	10	大面积平整度(mm)	5

二、支座安设

目前国内桥梁上使用较多的是橡胶支座。橡胶支座分板式橡胶支座、聚四氟乙烯板式橡胶支座和盆式橡胶支座3种。前两种用于反力较小的中小跨径桥梁,后一种用于反力较大的桥梁。

支座在使用前,应对其规格和技术性能进行核对检查。安装前,应对支座垫石的混凝土强度、平面位置、顶面高程、预留锚栓孔和预留钢垫板等进行复核检查,确认符合设计要求后方可进行安装。支座安装时,应分别在垫石和支座上标出纵横向的中心十字线。安装完成的支座应与梁在顺桥向的中心线相平行或重合,且支座应保持水平,不得有偏斜、不均匀受力和脱空等现象。

1. 板式橡胶支座的安设

板式橡胶支座在安装前的全面检查和力学性能检验,包括支座长、宽、厚、硬度、容许荷载、容许最大温差以及外观检查等,如不符合设计要求,不得使用。

支座安装时,支座中心尽可能对准梁的计算支点,必须使整个橡胶支座的承压面上受力均匀。为此,应注意下述几点:

(1)安装前应将墩、台支座支垫处和梁底面清洗干净,去除油垢,用水灰比不大于0.5的1:3水泥砂浆仔细抹平,使其顶面高程符合设计要求。

(2)支座安装尽可能安排在接近年平均气温的季节里进行,以减少由于温差变化过大而引起的剪切变形。

(3)梁、板安放时,必须细致稳妥,使梁、板就位准确且与支座密贴,勿使支座产生剪切变形;就位不准时,必须吊起重放,不得用撬杠移动梁、板。

(4)当墩台两端高程不同,顺桥向或横桥向有坡度时,支座安装必须严格按设计规定办理。

(5)支座周围应设排水坡,防止积水,并注意及时清除支座附近的尘土、油脂与污垢等。

2. 盆式橡胶支座的安设

盆式橡胶支座顶、底面积大,支座下埋设在桥墩顶的钢垫板面积亦较大,浇筑墩顶混凝土时,必须有特殊措施,使垫板下混凝土能浇筑密实。

盆式橡胶支座主要部分是聚四氟乙烯板与不锈钢板的滑动面和密封在钢盆内的橡胶垫块,两者都不能有污物和损伤,否则容易增大摩擦系数,降低使用寿命。

盆式橡胶支座各部件的组装应满足的要求是:支座底面和顶面的钢垫板必须埋置密实,垫板与支座间平整密贴,支座四周探测不得有0.3mm以上的缝隙;支座中线、水平位置偏差不得大于2mm;活动支座的聚四氟乙烯板和不锈钢板不得有刮伤、撞伤;氯丁橡胶板块密封在钢盆内,安装时应排除空气、保持密封;支座组拼要保持清洁。

施工时应注意下列事项:

(1)安装前应将支座的各相对滑移面和其他部分用丙酮或酒精擦拭干净。

(2)支座的顶板和底板可用焊接或锚固螺栓拴接在梁体底面和墩台顶面的预埋钢板上。采用焊接时,应防止烧坏混凝土;安装锚固螺栓时,其外露螺杆的高度不得大于螺母的厚度;上下支座安装顺序,宜先将上支座板固定在大梁上,然后根据其位置确定底盆在墩台上的位置,最后予以固定。

(3)安装好的支座高程应符合设计要求,平面纵、横两个方向应水平,支座承压≤5000kN时,其四角高差不得大于1mm;支座承压>5000kN时,不得大于2mm。

(4)安装固定支座时,其上下各个部件纵轴线必须对正;安装纵向活动支座时,上下各部件纵轴线必须对正,横轴线应根据安装时的温度与年平均的最高、最低温差,由计算确定其错位的距离;支座上下导向挡块必须平行,最大偏差的交叉角不得大于5°。

另外,桥梁施工期间,混凝土将由于预应力和温差引起弹性压缩、徐变和伸缩而产生位移量,因此,要在安装活动支座时,对上下板预留偏移量,使桥梁建成后的支座位置能符合设计要求。

3.其他支座的安设

对于跨径较小(10m左右)的钢筋混凝土梁、板桥,可采用油毛毡、石棉垫或铅板支座。安设这类支座时,应先检查墩台支承面的平整度和横向坡度是否符合设计要求,否则应修凿平整并以水泥砂浆抹平,再铺垫油毛毡、石棉垫或铅板支座。梁、板就位后与支承面之间不得有空隙和翘动现象,否则将发生局部应力集中,使梁、板受损,也不利于梁、板的伸缩与滑动。

第六节　桥梁墩台附属工程施工

桥梁墩台附属工程,包括桥台锥形护坡、台后泄水盲沟、导流建筑物等。桥梁墩台附属工程施工,包括桥台锥形护坡施工、台后泄水盲沟施工、桥台后背回填土施工和导流建筑物施工。

一、桥台锥形护坡施工要点

在准确施工放样以后,锥形护坡施工主要分为两步:一是锥坡填土;二是坡面砌筑。

1.锥坡填土

(1)锥坡填土必须分层夯实,达到最佳密度的90%以上。砂砾石土类,可以洒水夯填。采用不易风化的块石填料,应注意层次均匀,铺填密实,不可自由堆砌。有坡面的锥坡,在锥坡填土时,应留出坡面防护的砌筑位置。

(2)石砌锥坡、护坡和河床铺砌层等工程,必须在坡面或基面夯实、整平后,方可开始铺砌,以保证护坡稳定。

(3)锥坡填土应与台背填土同时进行,填土应按高程及坡度填足。

(4)桥涵台背、锥坡、护坡及拱上等各项填土,宜采用透水性土;不得采用含有泥草、腐殖物或冻土块的土。

(5)填土应在接近最佳含水率的情况下分层填筑和夯实,每层厚度不得超过30cm,密实度应达到路基规范要求。

(6)护坡基础与坡角的连接面应与护坡坡度垂直,以防坡角滑走。

(7)铺砌层的砂砾垫层材料,粒径一般不宜大于50mm,含泥量不宜超过5%,含砂量不宜超过40%。垫层应与铺砌层配合铺筑,随铺随砌。

2. 坡面砌筑

(1)一般采用干砌或浆砌片石,并以碎石或砂作垫层,随砌随垫,保证垫层厚度。砌筑时应注意石料轴线必须垂直于坡面,砌筑的石块应相互咬接,其空隙以小片石楔紧塞实。

(2)浆砌片石护坡和河床铺砌,石块应相互咬接,砌缝砂浆饱满,砌缝宽度40~70 mm。浆砌卵石护坡和河床铺砌层,应采用栽砌法,砌块应互相咬接。

(3)干砌片石护坡及河床铺砌时,铺砌应紧密、稳定、表面平顺,但不得用小石块塞垫或找平。干砌卵石河床铺砌时,应采用栽砌法。用于防护急流冲刷的护坡、河床铺砌层,其石块尺寸不得小于有关规定。

(4)片石护坡的外露面和坡顶、边口,应选用较大、较平整并略加修凿的块石铺砌。

(5)砌石时拉线要张紧,砌面要平顺;护坡片石背后应按规定做碎石倒滤层,防止锥体土方被水冲蚀变形。护坡与路肩或地面的连接必须平顺,以利排水,并避免背后冲刷或渗透坍塌。

(6)砌体勾缝除设计有规定外,一般可采用凸缝或平缝,且宜待坡体土方稳定后进行。浆砌砌体,应在砂浆初凝后,覆盖养生7~14d。养护期间应避免碰撞、振动或承重。

二、桥台后泄水盲沟施工要点

(1)泄水盲沟以片石、碎石或卵石等透水材料砌筑,并按要求坡度设置,沟底用黏土夯实。盲沟应建在下游方向,出口处应高出一般水位0.2m,平时无水的干河应高出地面0.2m。

(2)如桥台在挖方内横向无法排水时,泄水盲沟在平面上可在下游方向的锥坡填土内折向桥台前端排出,在平面上呈L形。

三、桥台后背回填土施工的有关规定

桥台后背回填土施工应符合下列规定:

桥台后背回填土宜采用天然砂砾、二灰土、水泥稳定土或粉煤灰等轻质材料,不得采用含有泥草、腐殖质或冻土块的土。

桥台后背回填土应顺路线方向,自台身起,其填土的长度在顶面应不小于桥台高度加2m;在底面应不小于2m,拱桥台背填土的长度不应小于台高的3~4倍。

台背回填应严格控制分层厚度和密实度,应设专人负责监督检查;检查频率应每50m^{2}检查1点,每点均应合格,且宜采用小型机械压实,压实度不小于96%。

台背回填土的顺序应符合设计规定。设计未规定时,拱桥台背填土宜在主拱圈安装或砌筑以前完成;梁式桥的轻型桥台台背填土,宜在梁体安装完成以后,在两端桥台平衡地进行;埋置式桥台台背填土,宜在柱侧对称、平衡地进行。

对位于软土地基处的桥台,可采取先填筑再进行基础和台身施工的方式。

四、导流建筑物施工要点

(1)导流建筑物应和路基、桥涵工程综合考虑施工,以避免在导流建筑物范围内取土、弃土破坏排水系统。

(2)砌筑用石料的抗压强度不得低于20MPa;砌筑用砂浆强度等级,在温和及寒冷地区不低于M5,在严寒地区不低于M7.5。

(3)导流建筑物的填土应达到最佳密度90%以上,坡面砌石按照锥形护坡要求砌筑。若使用漂石时,应采用栽砌法铺砌;若采用混凝土板护面,板间砌缝为10~20mm,并用沥青麻絮填塞。

(4)抛石防护宜在枯水季节施工。石块应按大小不同规格掺杂抛投,但底部及迎水面宜用较大石块。水下边坡不宜陡于1:1.5。顶面可预留10%~20%的沉落量。

(5)石笼防护基底应铺设垫层,使其大致平整。石笼外层应用较大石块填充,内层则可用较小石块码砌密实,装满石块后,用铁丝封口。石笼间应用铁丝连成整体。在水中安置石笼,可用脚手架或船只顺序投放,铺放整齐,笼与笼间的空隙应用石块填满。石笼的构造、形状及尺寸应根据水流及河床的实际情况确定。

思考题

1. 简述桥梁墩台的施工方法。
2. 桥梁墩台施工常用的模板类型有哪些?
3. 试述石砌墩台所用石料与砂浆的规格要求。
4. 墩台砌筑的施工要点和注意事项有哪些?
5. 大体积混凝土什么情况下要分块浇筑?分块施工时应注意哪些方面?
6. 高桥墩施工时模板有哪几种?
7. 试述墩台混凝土浇筑施工要点。
8. 简述预制柱式墩台常用的拼装接头方式。
9. 简述后张法预应力混凝土装配式桥墩施工工艺。
10. 简述滑升模板构造。
11. 简述滑模浇筑墩台混凝土施工要点。
12. 桥台附属工程包括哪些内容?其施工要点分别是什么?
13. 如何安装板式橡胶支座?
14. 如何安装盆式橡胶支座?
15. 锥形护坡的施工要点有哪些?

第五章　桥梁下部结构检测

桥梁下部结构的试验检测主要包括地基承载力的试验检测、扩大基础检测、钻孔灌注桩的试验检测、基桩承载力检测、沉井下沉检测及桥梁墩台身和盖梁的质量检测。

在地基强度适宜的情况下，一般扩大基础是桥梁与涵洞等结构物首先考虑的基础形式。扩大基础的检测可分为施工准备阶段检测、施工阶段检测及竣工验收检查。在扩大基础砌筑前，首先应进行地基检测，地基检测内容主要为承载力检测。桥梁地基的容许承载力可根据地质勘测、原位测试、野外荷载试验以及邻近旧桥调查对比，由经验和理论公式计算综合分析确定。当缺乏上述资料时可按规范推荐的方法确定地基容许承载力，对地质和结构复杂的桥梁地基应根据现场荷载试验确定容许承载力。

混凝土钻孔灌注桩是公路桥梁常用的基桩形式，由于灌注桩的成桩过程是在地面下或水下完成，施工工序多，质量控制难度大，稍有不慎极易产生断桩等严重缺陷。据统计，国内外钻孔灌注桩的事故率高达5%～10%。因此，灌注桩的质量检测就显得格外重要。灌注桩的质量检测内容主要为施工前的材料、机具检验，施工过程中的检验，以及施工完成后基桩的完整性检验与基桩承载力检验。对桩身的完整性进行检验时，宜选择有代表性的桩采用无破损法进行检测，重要工程或重要部位的桩宜逐根进行检测，重要工程的钻孔灌注桩应埋设声测管，采用超声脉冲法检验。基桩承载力的检验方法主要有静荷载试验和动测方法。静荷载试验是确定单桩承载力方法中最基本、最可靠的方法，其他各种测定方法的成果，都必须与静荷载试验相比较，才能判明其准确性。

在深基础中，沉井是桥梁墩台基础的主要形式之一。在沉井下沉施工中，常常存在一些问题，如涌沙冒泥、沉井偏斜、机械化程度低、自动化程度不高，以及下沉深度有时难满足设计要求等，其中下沉深度是影响沉井基础发展的关键问题之一。而解决下沉深度问题，主要还是从减小土的阻力着手。施工过程中需要检测其摩阻力，沉井基础侧摩阻力和正摩阻力的检测能为改进沉井结构设计和下沉工艺提供有效依据。

桥梁墩台身和盖梁的质量检测，主要包括混凝土强度、结构尺寸、高程、倾斜度、轴线偏位、预埋件位置等。

表5-1所示为桥梁基础常规试验检测项目及其对应检测方法。

桥梁基础常规试验检测项目及其对应检测方法　　表5-1

基础类型	检测项目	检测方法
地基	地基承载力	按《公路桥涵地基与基础设计规范》(JTG D63—2007)推荐的方法确定地基承载力
		荷载板试验
		静力触探试验
		标准贯入试验
桩基础	灌注桩泥浆性能	相对密度、黏度、静切力、含砂率、胶体率、失水率、酸碱度试验
	灌注桩成孔质量	桩位偏差检查、孔径检查、桩倾斜度检查、孔底沉淀土厚度检查

续上表

基础类型	检 测 项 目	检 测 方 法
桩基础	灌注桩完整性	反射波法、机械阻抗法、动力参数法、水电效应法、超声脉冲法、钻芯法
	基桩承载力	静载试验(静压、静拔、静推试验)
		高应变动测法(凯斯法、实测曲线拟合法)
沉井基础	侧摩阻力	沉井基础侧面摩阻力检测
	正摩阻力	沉井基础正面摩阻力检测

第一节　地基承载力检测

桥涵地基承载力容许值可根据地质勘测、原位测试、野外载荷试验以及邻近旧桥涵调查对比,由经验和理论公式计算综合分析确定。当缺乏上述资料时可按《公路桥涵地基与基础设计规范》(JTG D63—2007)推荐的方法确定地基承载力容许值;对地质和结构复杂的桥涵地基应根据现场载荷试验确定地基承载力容许值。

地基承载力容许值应按以下原则确定:

(1)地基承载力基本容许值应首先考虑由载荷试验或其他原位测试取得,其值不应大于地基极限承载力的1/2。

对中小桥、涵洞,当受现场条件限制,或载荷试验和原位测试确有困难时,也可按照《公路桥涵地基与基础设计规范》(JTG D63—2007)有关规定采用。

(2)地基承载力基本容许值尚应根据基底埋深、基础宽度及地基土的类别进行修正。

(3)软土地基承载力容许值,按《公路桥涵地基与基础设计规范》(JTG D63—2007)有关规定确定。

(4)其他特殊性岩土地基承载力基本容许值,可参照各地区经验或相应的标准确定。

一、确定地基的承载力

根据《公路桥涵地基与基础设计规范》(JTG D63—2007),地基承载力的验算应以修正后的地基承载力容许值$[f_a]$控制。该值系在地基原位测试或在《公路桥涵地基与基础设计规范》(JTG D63—2007)给出的各类岩土承载力基本容许值$[f_{a0}]$的基础上,经修正而得。地基承载力基本容许值$[f_{a0}]$,可根据岩土类别、状态及其物理力学特性指标参照《公路桥涵地基与基础设计规范》(JTG D63—2007)选用。

(一)计算公式

修正后的地基承载力容许值$[f_a]$,按式(5-1)确定。当基础位于水中不透水地层上时,$[f_a]$按平均常水位至一般冲刷线的水深每米再增大10kPa。

$$[f_a]=[f_{a0}]+k_1\gamma_1(b-2)+k_2\gamma_2(h-3) \tag{5-1}$$

式中:$[f_a]$——修正后的地基承载力容许值,kPa;

$[f_{a0}]$——地基承载力基本容许值,kPa;

b——基础底面的最小边宽,m;当$b<2$m时,取$b=2$m;当$b>10$m时,取$b=10$m;

h——基底埋置深度,m;自天然地面起算,有水流冲刷时自一般冲刷线起算;当$h<3$m时,取$h=3$m;当$h/b>4$时,取$h=4b$;

k_1、k_2——基底宽度、深度修正系数,根据基底持力层土的类别按表 5-2 确定;

γ_1——基底持力层土的天然重度(kN/m^3);若持力层在水面以下且为透水者,应取浮重度;

γ_2——基底以上土层的加权平均重度(kN/m^3);换算时若持力层在水面以下,且不透水时,不论基底以上土的透水性质如何,一律取饱和重度;当透水时,水中部分土层则应取浮重度。

地基土承载力宽度、深度修正系数 k_1、k_2　　表 5-2

土类 \ 系数	黏性土				粉土	砂土								碎石土			
	老黏性土	一般黏性土		新近沉积黏性土	—	粉砂		细砂		中砂		砾砂、粗砂		碎石、圆砾、角砾		卵石	
		$I_L \geq 0.5$	$I_L < 0.5$		—	中密	密实	中密	密实	中密	密实	中密	密实	中密	密实	中密	密实
k_1	0	0	0	0	0	1.0	1.2	1.5	2.0	2.0	3.0	3.0	4.0	3.0	4.0	3.0	4.0
k_1	2.5	1.5	2.5	1.0	1.5	2.0	2.5	3.0	4.0	4.0	5.5	5.0	6.0	5.0	6.0	6.0	10.0

注:①对于稍密和松散状态的砂、碎石土,k_1、k_2 值可采用表列中密值的 50%。

②强风化和全风化的岩石,可参照所风化成的相应土类取值;其他状态下的岩石不修正。

(二)地基承载力基本容许值[f_{a0}]取值

地基承载力基本容许值,可根据岩土类别、状态及其物理力学特性指标按表 5-3 ~ 表 5-9 选用。

(1)一般岩石地基可根据强度等级、节理,按表 5-3 确定承载力基本容许值[f_{a0}]。对于复杂的岩层(如溶洞、断层、软弱夹层、易溶岩石、软化岩石等)应按各项因素综合确定。

岩石地基承载力基本容许值 [f_{a0}] (kPa)　　表 5-3

节理发育程度 / [f_{a0}] / 坚硬程度	节理不发育	节理发育	节理很发育
坚硬岩、较硬岩	>3000	3000 ~ 2000	2000 ~ 1500
较软岩	3000 ~ 1500	1500 ~ 1000	1000 ~ 800
软岩	1200 ~ 1000	1000 ~ 800	800 ~ 500
极软岩	500 ~ 400	400 ~ 300	300 ~ 200

(2)碎石土地基可根据其类别和密实程度,按表 5-4 确定承载力基本容许值[f_{a0}]。

碎石土地基承载力基本容许值[f_{a0}](kPa)　　表 5-4

密实程度 / [f_{a0}] / 土名	密实	中密	稍密	松散
卵石	1200 ~ 1000	1000 ~ 650	650 ~ 500	500 ~ 300
碎石	1000 ~ 800	800 ~ 550	550 ~ 400	400 ~ 200
圆砾	800 ~ 600	600 ~ 400	400 ~ 300	300 ~ 200
角砾	700 ~ 500	500 ~ 400	400 ~ 300	300 ~ 200

注:①由硬质岩组成,填充砂土者取高值;由软质岩组成,填充黏性土者取低值。

②半胶结的碎石土,可按密实的同类土的[f_{a0}]值提高 10% ~ 30%。

③松散的碎石土在天然河床中很少遇见,需特别注意鉴定。

④漂石、块石的[f_{a0}]值,可参照卵石、碎石适当提高。

(3)砂土地基可根据土的密实度和水位情况,按表5-5确定承载力基本容许值$[f_{a0}]$。

砂土地基承载力基本容许值$[f_{a0}]$(kPa) 表5-5

土名及水位情况 \ $[f_{a0}]$ \ 密实度		密 实	中 密	稍 密	松 散
砾砂、粗砂	与湿度无关	550	430	370	200
中砂	与湿度无关	450	370	330	150
细砂	水上	350	270	230	100
	水下	300	210	190	—
粉砂	水上	300	210	190	—
	水下	200	110	90	—

(4)粉土地基可根据土的天然孔隙比e和天然含水率w(%),按表5-6确定承载力基本容许值$[f_{a0}]$。

粉土地基承载力基本容许值$[f_{a0}]$ 表5-6

e \ $[f_{a0}]$ (kPa) \ w(%)	10	15	20	25	30	35
0.5	400	380	355	—	—	—
0.6	300	290	280	270	—	—
0.7	250	235	225	215	205	—
0.8	200	190	180	170	165	—
0.9	160	150	145	140	130	125

(5)老黏性土地基可根据压缩模量E_S,按表5-7确定承载力基本容许值$[f_{a0}]$。

老黏性土地基承载力基本容许值$[f_{a0}]$ 表5-7

E_S(MPa)	10	15	20	25	30	35	40
$[f_{a0}]$(kPa)	380	430	470	510	550	580	620

注:当老黏性土$E_S<10$MPa时,承载力基本容许值$[f_{a0}]$按一般黏性土(表5-8)确定。

(6)一般黏性土可根据液性指数I_L和天然孔隙比e,按表5-8确定地基承载力基本容许值$[f_{a0}]$。

一般黏性土地基承载力基本容许值$[f_{a0}]$ 表5-8

e \ $[f_{a0}]$ (kPa) \ I_L	0	0.1	0.2	0.3	0.4	0.5	0.6	0.7	0.8	0.9	1.0	1.1	1.2
0.5	450	440	430	420	400	380	350	310	270	240	220	—	—
0.6	420	410	400	380	360	340	310	280	250	220	200	180	—
0.7	400	370	350	330	310	290	270	240	220	190	170	160	150
0.8	380	330	300	280	260	240	230	210	180	160	150	140	130
0.9	320	280	260	240	220	210	190	180	160	140	130	120	100
1.0	250	230	220	210	190	170	160	150	140	120	110	—	—
1.1	—	—	160	150	140	130	120	110	100	90	—	—	—

注:①土中含有粒径>2mm的颗粒质量超过总质量30%以上者,$[f_{a0}]$可适当提高。

②当$e<0.5$时,取$e=0.5$;当$I_L<0$时,取$I_L=0$。此外,超过表列范围的一般黏性土,$[f_{a0}]=57.22E_S^{0.57}$。

(7)新近沉积黏性土地基可根据液性指数 I_L 和天然孔隙比 e,按表 5-9 确定承载力基本容许值[f_{a0}]。

新近沉积黏性土地基承载力基本容许值 [f_{a0}]　　表 5-9

[f_{a0}] (kPa) I_L / e	≤0.25	0.75	1.25
≤0.8	140	120	100
0.9	130	110	90
1.0	120	100	80
1.1	110	90	—

二、荷载板试验

荷载板试验是原位测试方法之一。原位测试是指在岩土体原有的位置上,在保持土的天然结构、天然含水率以及天然应力状态条件下测定岩土性质。

1. 试验原理

荷载板试验就是在欲试验的土层表面放置一定规格的方形或圆形承压板,在其上逐级施加荷载,每级荷载增量持续时间相同或接近,测记每级荷载作用下荷载板沉降量的稳定值,加载至总沉降量为 25mm,或达到加载设备的最大容量为止,然后卸载,记录土的回弹值,持续时间应不小于一级荷载增量的持续时间。根据试验记录绘制荷载 P 和沉降量 S 的关系曲线(图 5-1)。分析研究地基土的强度与变形特性,求得地基土容许承载力与变形模量等力学数据。

地基在荷载作用下达到破坏状态的过程,可以分为 3 个阶段(图 5-2):

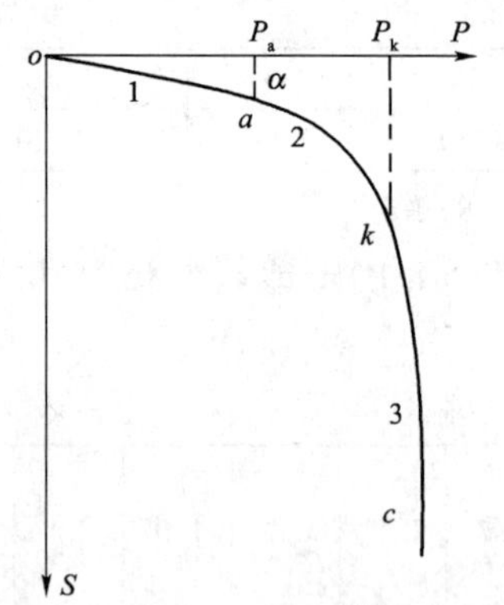

图 5-1　荷载和沉降量的关系曲线

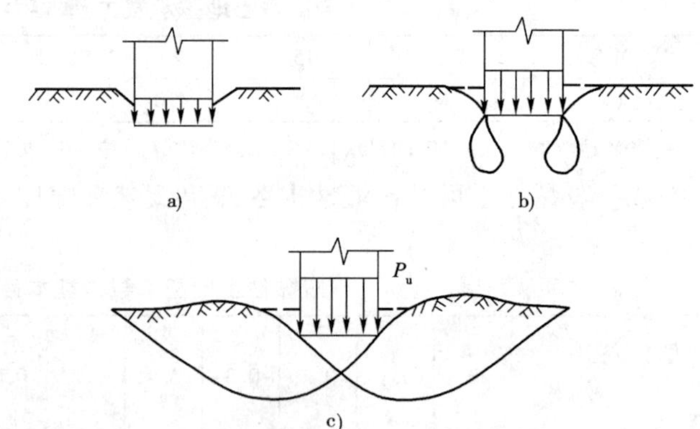

图 5-2　地基破坏过程的 3 个阶段

a)压密阶段;b)局部剪切阶段;c)破坏阶段

①压密阶段(直线变形阶段):相当于 $P-S$ 曲线(图 5-1)上的 oa 段,此阶段 $P-S$ 曲线接近于直线,土中各点的剪应力均小于土的抗剪强度,土体处于稳定的弹性平衡状态。这一阶段荷载板的沉降主要是由于土的压密变形引起的,曲线上相应于 a 点的荷载称为比例界限。

②局部剪切阶段:相当于 $P-S$ 曲线(图 5-1)上的 ak 段,这一阶段 $P-S$ 曲线已不再保持为直性,沉降的增长率随荷载的增加而增大。在这个阶段,地基土中局部范围内(首先在

基础边缘处）的剪应力达到土的抗剪强度，土体发生剪切破坏，这些区域也称塑性变形区。随着荷载的继续增加，土中塑性区的范围也逐步扩大，直到土中形成连续的滑动面，由荷载板两侧挤出而破坏。相应于 $P-S$ 曲线上 k 点的荷载称为极限荷载。

③破坏阶段：相当于 $P-S$ 曲线（图 5-1）上的 kc 段。当荷载超过极限荷载后，荷载板急剧下沉，即使不增加荷载，沉降也不能稳定，因此，$P-S$ 曲线陡直下降。这一阶段，由于土中塑性区范围的不断扩展，最后在土中形成连续滑动面，土从荷载板四周挤出隆起，地基土失稳而破坏。

2. 试验设备

图 5-3 所示是目前常用的荷载板试验时加载方式之一。根据现场具体情况，还可采用地锚代替荷重的方式，也可以二者兼用；但总的原则是：加荷、卸荷既简便又安全，同时对沉降量的观测无影响。

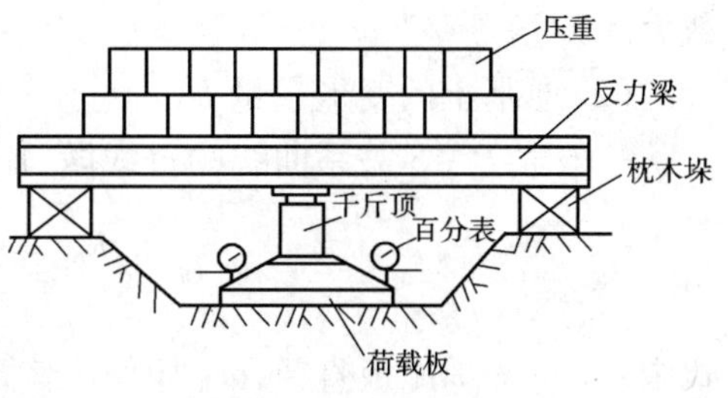

图 5-3　现场荷载试验

荷载板一般用刚性的方形板或圆形板，其面积应为 $2500cm^2$ 或 $5000cm^2$，目前工程上常用的是 50cm × 50cm 或 70.7cm × 70.7cm 的方形板。

用油压千斤顶加荷、卸荷虽然方便，但由于受力后地锚的上拔、设备本身的变形、千斤顶的漏油和荷载板的下沉，在试验过程中，千斤顶的压力不易稳定，会出现松压现象，因此必须随时调节压力以保持一定的恒压。其最简单的方法是在千斤顶加压把手上吊一重物人工调节，或直接由人控制千斤顶加压把手不时调节，但这样操作实际上使加荷过程出现不断跳动现象，既不方便，又影响试验质量。因此，目前已有一些勘察单位研制成几种类型的稳压器。有的增加一活塞油缸，通过齿轮齿条或杠杆等传动方式，加一定压力于活塞上，使油缸内的油压保持一定。当千斤顶油压松压时，油缸就自动补给千斤顶，使千斤顶保持恒压；有的是通过继电器控制电动油泵的启闭，来保持千斤顶恒压。稳压精度达 1.8%。同时，这些单位对沉降观测还研制了自动记录装置，可自行给出连续的沉降与时间关系曲线，进一步保证了操作安全和试验质量。

3. 试验方法

试验加荷方法应采用分级维持荷载沉降相对稳定法（慢速法）或沉降非稳定法（快速法）。试验的加荷标准如下：试验的第一级荷载（包括设备重量）应接近卸去土的自重。每级荷载增量（即加荷等级）一般取被试地基土层预估极限承载力的 1/10 ~ 1/8。施加的总荷载应尽量接近试验土层的极限荷载。荷载的测量精度应达到最大荷载的 1%，沉降值的测量精度应达到 0.01mm。

各级荷载下沉降相对稳定标准一般采用连续 2h 的每小时的沉降量不超过 0.1mm；或连续 1h 的每 30min 的沉降量不超过 0.05mm。

试验点附近应有取土孔提供土工试验指标，或其他原位测试资料，试验后，应在承压板中心向下开挖取土试验，并描述 2 倍承压板直径（或宽度）范围内土层的结构变化。

静力荷载试验过程中出现下列现象之一时，即可认为土体已达到极限状态，应终止试验：

（1）承压板周围的土体有明显的侧向挤出或发生裂纹。

（2）在 24h 内，沉降随时间趋于等速增加。

（3）荷载 P 增加很小，但沉降量却急剧增大，$P-S$ 曲线处于陡降阶段，或相对沉降已等于或大于0.06～0.08。

4.试验数据处理

根据试验数据绘制 $P-S$ 关系曲线，利用 $P-S$ 关系曲线我们可以得到：

(1)地基土的承载力

当 $P-S$ 关系曲线有较明显的直线段时，一般就用这直线段的拐点所对应的压力 P_k 值，作为地基土的承载力(图5-1)。

在饱和软土地基中，$P-S$ 关系曲线拐点往往不明显，此时可以绘制 $\lg P-\lg S$ 曲线，利用 $\lg P-\lg S$ 曲线的良好线性关系很容易确定拐点；也可以应用相对沉降法确定地基土的承载力。

(2)地基土的变形模量 E_0

一般取 $P-S$ 关系曲线的直线段，用下式计算：

$$E_0 = (1-\mu^2)\frac{\pi B}{4}\cdot\frac{\Delta P}{\Delta S} \tag{5-2}$$

式中：B ——承压板直径，m；当为方形板时，$B = 2\sqrt{\frac{A}{\pi}}$，$A$ 为方形板面积，m^2；

$\frac{\Delta P}{\Delta S}$ ——$P-S$ 关系曲线直线段斜率，kPa/m；

μ ——地基土的泊松比，对于砂土和粉土，$\mu=0.33$，可塑—硬塑黏性土，$\mu=0.38$，对于软塑—流塑黏性土和淤泥质黏性土，$\mu=0.41$。

当 $P-S$ 关系曲线的直线段不明显时，可用前面讲述的确定地基土承载力的方法所确定地基承载力的基本值与相应的沉降量代入式(5-2)计算 E_0；但此时，应与其他原位测试资料比较，综合考虑确定 E_0 值。

利用 $P-S$ 关系曲线我们还可以估算地基土的不排水抗剪强度和地基土基床反力系数等。

5.注意问题

(1)荷载板试验的受荷面积比较小，加荷后受影响的深度不会超过2倍承压板边长或直径，而且加荷时间也比较短，因此不能通过荷载板试验提供建筑物的长期沉降资料。

(2)在沿海软黏土分布地区，地表往往有一层“硬壳层”，当用小尺寸的承压板时，常常受压范围还在地表“硬壳层”内，其下软弱土层还未受到承压板的影响，而对于实际建筑物的大尺寸基础，下部软弱土层对建筑物沉降起着主要的影响。因此，静力荷载试验资料的应用是有条件的，在进行荷载试验时，要充分估计到试验影响范围的局限性，注意分析试验成果与实际建筑地基之间可能存在的差异。

(3)当地基压缩层范围内土层单一而且均匀时，可以直接在基础埋置高程处进行荷载板试验；如果地基压缩层范围内土层是成层变化的，或者是不均匀的，则要进行不同尺寸承压板或不同深度的荷载板试验。遇到这种情况时，可以采用其他原位测试和室内土工试验来确定荷载板试验影响不到的土层的工程力学性质。

(4)如果地基土层起伏变化很大时，还应在不同地点做荷载板试验。

三、标准贯入试验

原位测试确定地基承载力有静力触探、动力触探等方法。但必须有地区经验，即当地的对比资料。同时还应注意,结合室内试验成果综合分析,不宜单独使用。

标准贯入试验(SPT)是一种重型动力触探法,采用质量为63.5kg的穿心锤,以76cm的落距,将一定规格的标准贯入器先打入土中15cm,然后开始记录锤击数目,将标准贯入器再打入土中30cm,用此30cm的锤击数作为标准贯入试验的指标 N。标准贯入试验是国内外广泛应用的一种现场原位测试手段,该试验法方便经济,不仅用于砂土,亦可用于黏性土的测试。标准贯入锤击数 N,可用于判定砂土的密实度、黏性土的稠度、地基土的容许承载力、砂土的振动液化、桩基承载力等,也是检验地基处理效果的重要手段。

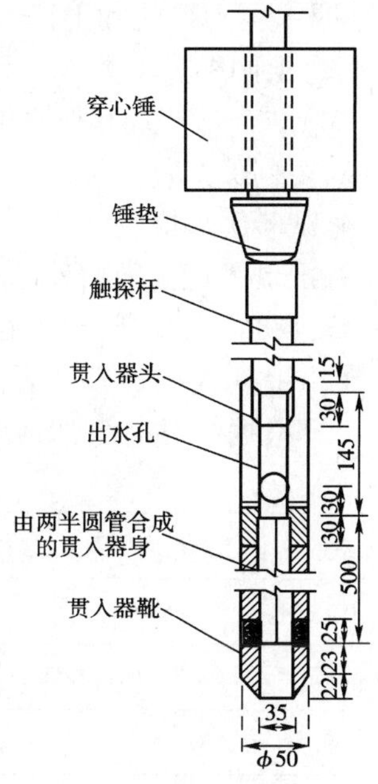

图5-4 标准贯入试验设备

1. 试验设备

标准贯入试验设备,主要由标准贯入器(有标准规格的圆筒形探头,是由两个半圆管合成的取土器)、触探杆(外径42mm的钻杆)和穿心锤质量为63.5kg、自由落距76cm等部件组成,如图5-4所示。

2. 试验方法

(1)用钻机先钻到需要进行标准贯入试验的土层,清孔后,换用标准贯入器,并量得深度尺寸。

(2)将贯入器垂直打入试验土层中,先打入15cm,不计击数,继续贯入土中30cm,记录其锤击数,此数即为标准贯入击数 N。

若遇比较密实的砂层,贯入不足30cm的锤击数已超过50击时,应终止试验;并记录实际贯入深度 ΔS 和累计锤击数 n,按下式换算成贯入30cm的锤击数 N。

$$N = \frac{30n}{\Delta S} \tag{5-3}$$

式中:n——所选取的任意贯入量的锤击数(击);

ΔS——对应锤击数 n 的贯入量(cm)。

(3)提出贯入器,将贯入器中土样取出,进行鉴别描述、记录,然后换以钻探工具继续钻进;至下一需进行试验的深度,再重复上述操作,一般可每隔1.0~2.0m进行一次试验。

(4)在不能保持孔壁稳定的钻孔中进行试验时,应下套管以保护孔壁,但试验深度必须在套管口75cm以下,或采用泥浆护壁。

(5)由于钻杆的弹性压缩会引起能量损耗,钻杆过长时传入贯入器的动能降低,因而减少每击的贯入深度,亦即提高了锤击数,所以需要根据杆长对锤击数进行修正:

$$N = \alpha N_0 \tag{5-4}$$

式中:N_0——实际记录的锤击数;

α——修正系数,按钻杆长度由表5-10选用。

标准贯入试验钻杆长度修正系数 表5-10

钻杆长度(m)	3	6	9	12	15	18	21
α	1.00	0.92	0.86	0.81	0.77	0.73	0.70

(6)对于同一土层应进行多次试验,然后取锤击数的平均值。

3. 试验数据整理

(1)标准贯入试验数据整理时,以下资料应当齐全,包括钻孔孔径、钻进方式、护孔方式、落锤方式、地下水位及孔内水位(或泥浆高程)、初始贯入度、预打击数、试验标贯击数、记录深度、贯入器所取扰动土样的鉴别描述等。

(2)绘制标贯击数 N 与深度的关系曲线;或在地质剖面图上,标出试验深度处的 N 值。

(3)结合钻探及其他原位试验,依据 N 值在深度上的变化,对各土层的 N 值进行统计;统计时要剔除个别异常值。

4. 试验结果应用

标准贯入试验国内外已积累了大量的实践资料,给出了砂性土和黏性土的一些物理性质和标准贯入试验锤击数的经验关系,可供工程中使用。

(1)根据 N 估计砂土的密实度,见表 5-11。

(2)根据 N 估计天然地基的承载力标准值 f_k,见表 5-12 和表 5-13。

砂土的密实度 表 5-11

分级	密实度 D_r	实测平均锤击数 N	分级		密实度 D_r	实测平均锤击数 N
密实	$D_r \geq 0.67$	30~50	松散	稍松	$0.33 > D_r \geq 0.20$	5~9
稍密	$0.67 > D_r \geq 0.33$	10~29		极松	$D_r < 0.20$	<5

砂土承载力标准值 f_k(kPa)与 N 值的关系 表 5-12

N	10	15	30	50
中、粗砂	180	250	340	500
粉、细砂	140	180	250	340

黏性土承载力标准值 f_k(kPa)与 N 值的关系 表 5-13

N	3	5	7	9	11	13	15	17	19	21	23
f_k	105	145	190	235	280	325	370	430	515	600	680

(3)根据 N 估计黏性土的状态,见表 5-14(冶金工业武汉勘察公司资料)。

N 与黏性土稠度状态的关系 表 5-14

N	<2	2~4	4~7	7~18	18~35	>35
液性指数 I_L	>1	1~0.75	0.75~0.5	0.5~0.25	0.25~0	<0
稠度状态	流塑	软塑	可塑	可塑~硬塑	硬塑	坚硬

(4)根据 N 估计土的内摩擦角 φ,见表 5-15。

N 与土的内摩擦角 φ 的关系 表 5-15

研究者 \ N	<4	4~10	10~30	30~50	>50
Peck	<28.5°	28.5°~30°	30°~36°	36°~41°	>41°
Meyerhof	<30°	30°~35°	35°~40°	40°~45°	>45°

5. 注意问题

(1)重视钻进工艺及清孔质量,对贯入器开始贯入 15cm 的击数也予记录,以判断孔底是否有残土或土的扰动程度。

(2)注意钻杆及导向杆垂直,防止在孔内摇晃。

(3)对试验段(即贯入15～45cm部分)要求测定每锤击一次后的累计贯入量。一次贯入量不足2cm时,记录每贯入10cm的锤击数。绘制锤击数与累计贯入量的关系曲线,以分析土层是否均匀,最后选取30cm试验段的锤击数作为N值记录下来。

第二节　扩大基础检测

在地基强度满足要求的情况下,一般扩大基础是桥梁与涵洞等结构物首先考虑的基础形式。扩大基础的检测可分为施工准备阶段检测、施工阶段检测及竣工验收检查。

一、施工准备阶段检测

(一)检测项目

施工准备阶段主要对原材料及各种配合比进行试验检测,避免不合格的材料用于工程,为开工做好前期准备工作。扩大基础施工准备阶段需检测的项目见表5-16。

扩大基础施工准备阶段需检测的项目　表5-16

基础类型	序号	检测项目	采用规程(标准)
钢筋混凝土扩大基础	1	水泥物理力学性能试验	《公路工程水泥及水泥混凝土试验规程》(JTG E30－2005)、《公路工程质量检验评定标准(土建工程)》(JTG F80/1－2004)
	2	外掺剂技术性能试验	
	3	混凝土拌和物性能试验	
	4	混凝土抗压强度试验	
	5	粗集料技术性能试验	《公路公程集料试验规程》(JTG E42－2005)
	6	细集料技术性能试验	
	7	混凝土配合比设计	《普通混凝土配合比设计规程》(JGJ 55－2000)、《公路工程水泥及水泥混凝土试验规程》(JTG E30－2005)
	8	钢筋拉伸试验	《金属材料室温拉伸试验方法》(GB 228－2002)、《金属材料弯曲实验方法》(GB/T 232－1999)
砌体扩大基础	1	岩石抗压强度、抗冻性试验	《公路工程岩石试验规程》(JTG E41－2005)
	2	水泥物理力学性能试验	《公路工程水泥及水泥混凝土试验规程》(JTG E30－2005)
	3	细集料技术性能试验	
	4	外掺剂技术性能试验	
	5	砂浆配合比设计	《砌筑砂浆配合比设计规程》(JGJ/98－2000)、《砖石工程施工及验收规范》(GBJ 203－83)
	6	水泥砂浆稠度、分层度试验	
	7	水泥砂浆抗压强度试验	

(二)检测方法

扩大基础施工准备阶段的检测项目依据表5-16中相应规程(标准),参照相关课程进行试验检测。

二、扩大基础施工阶段检测

(一)检测项目

扩大基础施工阶段的检测项目除了按试验检测频率对准备阶段的项目进行检测外,还需对表5-17中的项目进行检测。

扩大基础施工阶段的检测项目 表5-17

序号	检测项目	采用规程(标准)
1	地基检验	《公路桥涵地基与基础设计规范》(JTG D63—2007)
2	地基承载力检测	
3	钢筋加工及安装质量检测	《公路工程质量检验评定标准(土建工程)》(JTG F80/1—2004)、《金属材料室温拉伸试验方法》(GB 228—2002)、《金属材料弯曲试验方法》(GB/T 232—1999)、《钢筋焊接及验收规程》(JGJ 18—2012)、《公路桥涵施工技术规范》(JTG/T F50—2011)
4	模板、支架、拱架制作及安装质量检测	《公路桥涵施工技术规范》(JTG/T F50－2011)
5	混凝土浇筑质量检测	《公路桥涵施工技术规范》(JTG/T F50－2011)《公路工程水泥及水泥混凝土试验规程》(JTG E30－2005)

(二)检测方法

1. 地基检验

(1)检验内容如下:

①检查基底平面位置、尺寸大小、基底高程;

②检查基底地质情况和承载力是否与设计资料相符;

③检查基底处理和排水情况是否符合规范要求;

④检查施工记录及有关试验资料等。

(2)基底平面位置和高程允许偏差规定如下:

①平面周线位置:不小于设计要求;

②基底高程:土质基坑为±50mm;石质基坑为+50mm,－200mm。

(3)地基承载力检验:见上一节。

2. 钢筋加工及安装质量检测

(1)普通钢筋的力学性能标准

钢筋混凝土中的钢筋和预应力混凝土中的非预应力钢筋有光圆钢筋、热轧带肋钢筋、冷轧带肋钢筋、低碳钢热轧圆盘条,在工程中需要做拉伸试验和弯曲试验。普通常用圆钢筋截面积、质量见表5-18。普通钢筋强度标准值见表2-5。钢筋表面质量要求:钢筋外表有严重锈蚀、麻坑、裂纹夹砂和夹层等缺陷时应予剔除,不得使用。

单根钢筋截面积、质量表 表5-18

直径(mm)	钢筋截面面积(mm^2)	质量(kg/m)	直径(mm)	钢筋截面面积(mm^2)	质量(kg/m)
6	28.27	0.222	22	380.10	2.980
8	50.27	0.395	25	490.90	3.850
10	78.54	0.617	28	615.80	4.830
12	113.10	0.888	32	804.20	6.310
14	153.90	1.210	36	1018.00	7.990
16	201.10	1.580	40	1257.00	9.870
18	254.50	2.000	50	1964.00	15.420
20	314.20	2.470			

(2)普通钢筋力学性能试验检测

普通钢筋力学性能试验包括钢筋拉伸试验和冷弯试验,其试验方法见相关规范。这里仅介绍钢筋拉伸试验和冷弯试验的组批规则、取样数量、注意事项、复验与判定规则。

①组批规则:钢筋应按批进行检查和验收,每批应由同一牌号、同一外形、同一规格、同一生产工艺和同一交货状态的钢筋组成,每批数量不大于60t。

②取样数量:各类钢筋每组试件数量参见表5-19。

各类钢筋每组试件数量 表5-19

钢筋种类	每组钢筋数量		
	拉伸试验	弯曲试验	反向(复)弯曲
热轧带肋钢筋	2根	2根	每批1根(反向弯曲)
热轧光圆钢筋	2根	2根	
低碳热轧圆盘条	1根	2根	
余热处理钢筋	2根	2根	
冷轧带肋钢筋	逐盘1个	每批2个	每批2个(反向弯曲)

③复验与判定规则。

a.屈服强度、抗拉强度和伸长率评定。屈服强度、抗拉强度和伸长率均应符合相应标准中规定的指标。在做拉力检验的两根试件中,如一根试件的屈服强度、抗拉强度、伸长率三个指标中,有一个指标不符合标准时,即为拉力试验不合格,应取双倍试件重新测定;在第二次拉力试验中,如仍有一个指标不符合规定,不论这个指标在第一次试验中是否合格,判定拉力试验项目仍不合格,表示该批钢筋为不合格品。

b.冷弯试验评定。冷弯试验后,弯曲外侧表面无裂纹、断裂或起层,即判为合格。做冷弯的两根试件中,如有一根试件不合格,可取双倍数量试件重新做冷弯试验,第二次冷弯试验中,如仍有一根不合格,即判该批钢筋为不合格品。这里应注意,弯曲表面金属体上的开裂,其长度大于2mm而小于等于5mm、宽度大于0.2mm而小于0.5mm时称裂纹。

c.反复弯曲试验结果评定。弯曲次数达到或超过有关标准中所规定的弯曲次数判为合格。

(3)焊接钢筋的质量检验

钢筋接头一般应采用焊接,螺纹筋可采用挤压套管接头。钢筋的焊接应优先选用闪光对焊,当缺乏闪光对焊条件时,也可采用电弧焊、电渣压力焊、气压焊等。钢筋在焊接前必须根据施工条件进行试焊,按不同的焊接方法抽取试样进行力学性能试验,即拉伸和弯曲试验。

焊接钢筋的质量检测内容和标准。不同焊接方式的质量检测内容和标准见表5-20。钢筋电弧焊接头尺寸偏差及缺陷允许值见表5-21。

钢筋焊接接头的检验标准 表5-20

焊接方式 检验项目	钢筋闪光对焊接头	钢筋电弧焊接头
批量	同班组、同一焊工、同一焊接参数以300个接头作一批或连续焊接在一周内不足300个接头时亦按一批	300个同类型接头作一批或不足300个接头时亦按一批
外观验收	每批抽查10%个接头,并不少于10个;接头无横向裂纹,接头弯折不大于4°;接头处钢筋轴线偏移不大于0.1倍钢筋直径;其中一个接头达不到上述要求时,接头全查;不合格品切除重焊后再次验收	接头处逐个检测;接头处无裂纹,无较大凹陷、焊瘤,接头偏差及缺陷不超过规定值;外观不合格的接头,可修复或补强后再次验收

续上表

检验项目＼焊接方式	钢筋闪光对焊接头	钢筋电弧焊接头
强度检验	从成品中每批分别切取3个试件做拉伸试验，3个试件做弯曲试验。 ①3个试件抗拉强度均不得低于该级别钢筋的强度； ②至少有两个试件断于焊接之外并呈塑性断裂； ③弯曲试验时，1～4级钢筋弯心直径的分别为$2d$、$4d$、$5d$和$7d$。弯曲到90°时，接头两侧不得出现宽度大于0.15mm的横向裂纹	从成品中每批切取3个试件做拉伸试验： ①3个试件抗拉强度均不得低于该级别钢筋规定的强度； ②至少有两个试件呈塑性断裂
复验要求	拉伸试验结果有1个试件抗拉强度小于规定值或有2个试件脆断在焊缝或热影响区，应再取6个试件复验，其结果仍有一个试件抗拉强度低于规定值或有3个试件脆断于焊缝或热影响区，该批接头不合格。弯曲试验结果有2个试件发生破断，再取6个试件复验，其结果仍有3个试件破断，则该批接头不合格	检验结果有1个试件的抗拉强度低于规定值或有2个试件脆性断裂，应取双倍数量试件复验，其结果仍有1个试件断于焊缝，或有3个试件呈脆性断裂，则该批接头不合格

钢筋电弧焊接头质量检验（逐个接头检查） 表5-21

名称		单位	允许偏差及缺陷允许值		
			绑条焊	搭接焊	坡口焊及熔槽绑条焊
绑条沿接头纵向偏移		mm	$0.5d$		
接头处弯折		°	4	4	4
接头处钢筋轴线的偏移		mm	$0.1d$	$0.1d$	$0.1d$
			3	3	3
焊缝厚度		mm	$+0.05d$ 0	$+0.05d$ 0	—
焊缝宽度		mm	$+0.1d$ 0	$+0.1d$ 0	—
焊缝长度		mm	$-0.5d$	$-0.5d$	—
横向咬边深度		mm	0.5	0.5	0.5
在长$2d$的焊缝表面上的气孔及夹道	数量	个	2	2	—
	面积	mm^2	6	6	—
在全部焊缝表面上的气孔及夹道	数量	个	—	—	2
	面积	mm^2	—	—	6

(4)钢筋加工与安装质量检测

①一般规定。

a. 钢筋须按不同钢种、等级、牌号、规格及生产厂家分批验收，分别堆存，不得混杂，且应设立识别标志。钢筋宜堆置在仓库（棚）内，露天堆置时，应垫高并加遮盖。

b. 钢筋应具有出厂质量证明书和试验报告单。对桥涵所用的钢筋应抽取试样做力学性能试验。

c. 预制构件的吊环必须采用 R235 钢筋制作，严禁使用冷加工钢筋。每个吊环按两肢截面计算，在构件自重标准值作用下，吊环的拉应力不应大于 50MPa。吊环埋入混凝土的深度不应小于 35 倍吊环直径，端部应做成 180°弯钩，且应与构件内钢筋焊接或绑扎。吊环内直径不应小于三倍钢筋直径，且不应小于 60mm。

②钢筋的加工。钢筋调直和清除污锈应符合下列要求：

a. 钢筋的表面应洁净，使用前应将表面油渍、漆皮、鳞锈等清除干净。

b. 钢筋应平直，无局部弯折，成盘的钢筋和弯曲的钢筋均应调直。

c. 采用冷拉方法调直钢筋时，R235 钢筋的冷拉率不宜大于 2%；HRB335、HRB400 牌号钢筋的冷拉率不宜大于 1%。

钢筋的弯制和末端的弯钩应符合设计要求，如设计无规定时，应符合表 2-6 的要求。

箍筋的末端应做弯钩。弯钩的角度可取 135°。弯钩的弯曲直径应大于被箍受力主钢筋的直径，且 R235 钢筋不应小于箍筋直径的 2.5 倍，HRB335 钢筋不应小于箍筋直径的 4 倍。弯钩平直部分的长度，一般结构不宜小于箍筋直径的 5 倍，抗震结构不应小于箍筋直径的 10 倍。

③钢筋的连接。

a. 钢筋接头宜采用焊接接头和钢筋机械连接接头（套筒挤压接头、镦粗直螺纹接头）。钢筋机械连接接头适用于 HRB335 和 HRB400 带肋钢筋的连接，机械连接接头应符合《钢筋机械连接通用技术规程》（JGJ 107—2010）的有关规定。当施工或构造条件有困难时，也可采用绑扎接头。钢筋接头宜设在受力较小区段，并宜错开布置。绑扎接头的钢筋直径不宜大于 28mm，但轴心受压和偏心受压构件中的受压钢筋，可不大于 32mm。轴心受拉和小偏心受拉构件不应采用绑扎接头。弯起钢筋不得采用浮筋。

b. 钢筋焊接接头宜采用闪光接触对焊；当闪光接触对焊条件不具备时，也可采用电弧焊（帮条焊或搭接焊）、电渣压力焊和气压焊。电弧焊应采用双面焊缝，不得已时方可采用单面焊缝。帮条焊接的帮条应采用与被焊接钢筋同强度等级的钢筋，其总截面面积不应小于被焊接钢筋的截面面积。采用搭接焊时，两钢筋端部应预先折向一侧，两钢筋轴线应保持一致。电弧焊接接头的焊缝长度，双面焊缝不应小于钢筋直径的 5 倍，单面焊缝不应小于钢筋直径的 10 倍。

在任一焊接接头中心至长度为钢筋直径的 35 倍，且不小于 500mm 的区段 l 内（图 5-5），同一根钢筋不得有两个接头；在该区段内有接头的受力钢筋截面面积占受力钢筋总截面面积的百分数，普通钢筋在受拉区不宜超过 50%，在受压区和装配式构件间的连接钢筋不受限制。

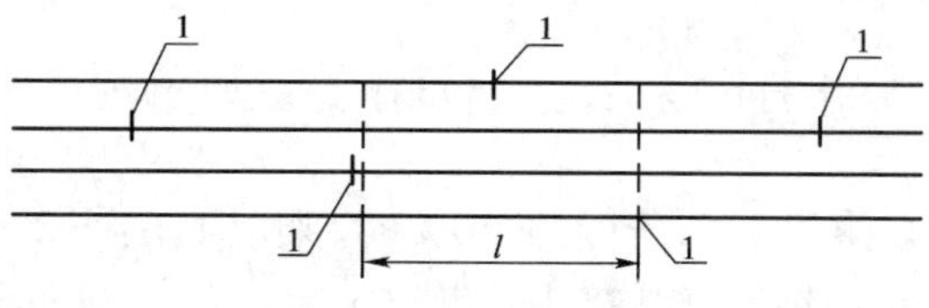

图 5-5　焊接接头设置

1-焊接接头中心

注：图中所示 l 区段内接头钢筋截面面积按两根计。

帮条焊、搭接焊接头和绑扎接头部分钢筋的横向净距不应小于钢筋直径，且不应小于 25mm，同时非焊接部分各主钢筋间横向净距和层与层之间的竖向净距，当钢筋为三层及以下时，不应小于 30mm，并不小于钢筋直径；当钢筋为三层以上时，不应小于 40mm，并不小于钢筋直径的 1.25 倍。对于束筋，此处直径采用等代直径。

c. 凡施焊的各种钢筋、钢板均应有材质证明书或试验报告单。电弧焊（搭接焊）采用的焊条性能应符合《碳钢焊条》(GB/T 5117—1995)和《低合金钢焊条》(GB/T 5118—1995)标准的有关规定,其牌号应符合设计要求。若设计未作规定时,可参考表5-22选用。

电弧焊焊条型号 表5-22

钢筋牌号	电弧焊接头形式			
	搭接焊、帮条焊	坡口焊、熔槽绑条焊、预制件穿孔塞焊	窄间隙焊	钢筋与钢板搭接焊、预埋件T形角焊
R235	E4303	E4303	E4316 E4315	E4303
HRB335	E4303	E5003	E5016 E5015	E4303
HRB400	E5003	E5503	E6016 E6015	E5003

d. 受拉钢筋绑扎接头的搭接长度,应符合表5-23的规定;受压钢筋绑扎接头的搭接长度,应取受拉钢筋绑扎接头搭接长度的0.7倍。

受拉钢筋绑扎接头的搭接长度 表5-23

钢 筋 类 型	混凝土强度等级		
	C20	C25	高于C25
R235	35d	30d	25d
HRB335	45d	40d	35d
HRB400,KL400	—	50d	45d

注:①当带肋钢筋直径不大于25 mm时,其受拉钢筋的搭接长度应按表中值减少$5d$;当带肋钢筋直径大于25 mm时,其受拉钢筋的搭接长度应按表中值增加$5d$采用;

②当混凝土在凝固过程中受力钢筋易受搅动时,其搭接长度应增加$5d$;

③在任何情况下,纵向受拉钢筋的搭接长度不应小于300mm,受压钢筋的搭接长度不应小于200mm;

④环氧树脂涂层钢筋的绑扎接头搭接长度,受拉钢筋按表值的1.5倍采用;

⑤受拉区段内,R235钢筋绑扎按头的末端应做成弯钩,HRB335、HRB400、KL400钢筋的末端可不做成弯钩。

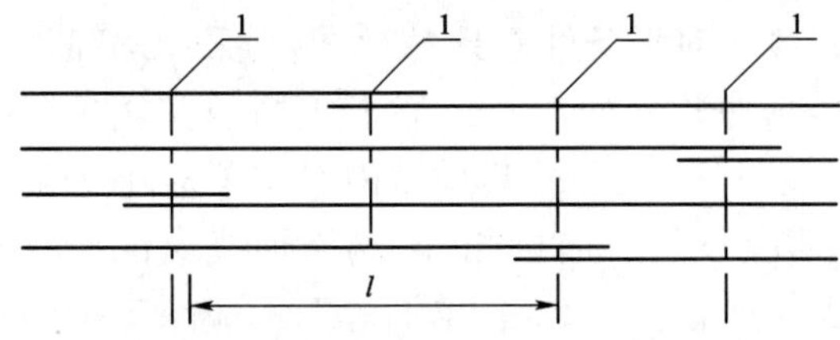

图5-6 受力钢筋绑扎接头

1-绑扎接头搭接中心

注:图中所示l区段内接头钢筋截面面积按两根计。

在任一绑扎接头中心至搭接长度l_s的1.3倍长度区段l(图5-6)内,同一根钢筋不得有两个接头;在该区段内有绑扎接头的受力钢筋截面面积占受力钢筋总截面面积的百分数,受拉区不宜超过25%,受压区不宜超过50%。当绑扎接头的受力钢筋截面面积占受力钢筋总截面面积超过上述规定时,应按表5-23的规定值,乘以下列系数:当受拉钢筋绑扎接头截面面积大于25%,但不大于50%时,乘以1.4,当大于50%时,乘以1.6;当受压钢筋绑扎接头截面面积大于50%时,乘以1.4(受压钢筋绑扎接头长度仍为表中受拉钢筋绑扎接头长度的0.7倍)。

④钢筋加工及安装的质量评定:钢筋加工质量检验见表5-24。

钢筋加工质量检验表 表5-24

工程合同段: 工程部位: 工程名称:

施工单位: 监理单位: 检验日期:

检 查 项 目	规定值或允许偏差	检查方法和频率	检 验 结 果
受力钢筋顺长度方向加工后的全长(mm)	±10	尺量:检查30%	
弯起钢筋各部分尺寸(mm)	±20	尺量:检查30%	
箍筋、螺旋筋各部分尺寸(mm)	±5	尺量:检查30%	

3. 模板、支架、拱架制作及安装质量检测

模板、支架和拱架制作应根据设计要求确定模板的形式及精度要求，在设计无规定时，可按表5-25执行。模板、支架和拱架安装的允许偏差，在设计无要求时，每块模板、支架和拱架应符合表5-26的规定。

模板、支架及拱架制作时的允许偏差　　表5-25

项　　目			允许偏差(mm)
木模板制作	模板的长度和宽度		±5
	不刨光模板相邻两板表面高低差		3
	刨光模板相邻两板表面高低差		1
	平板模板表面最大的局部不平	刨光模板	3
		不刨光模板	5
	拼合板中木板间的缝隙宽度		2
	支架、拱架尺寸		±5
	榫槽嵌接紧密度		2
钢模板制作	外形尺寸	长和高	0，-1
		肋高	±5
	面板端偏斜		≤0.5
	连接配件(螺栓、卡子等)的孔眼位置	孔中心与板面的间距	±0.3
		板端中心与板端的间距	0，-0.5
		沿板长、宽方向的孔	±0.6
	板面局部不平		1.0
	板面和板侧挠度		±1.0

注：①木模板中第5项已考虑木板干燥后在拼合板中发生缝隙的可能。2mm以下的缝隙，可在浇筑前浇湿模板，使其密合。

②板面局部不平用2m靠尺、塞尺检测。

模板、支架及拱架安装时的允许偏差　　表5-26

项　　目		允许偏差(mm)
模板高程	基础	±15
	柱、墙和梁	±10
	墩台	±10
模板内部尺寸	上部构造的所有构件	+5,0
	基础	±30
	墩台	±20
轴线偏位	基础	15
	柱或墙	8
	梁	10
	墩台	10
装配式构件支承面的高程		+2，-5
模板相邻两板表面高低差		2

续上表

项　目		允许偏差(mm)
模板表面平整		5
预埋件中心线位置		3
预留孔洞中心线位置		10
预留孔洞截面内部尺寸		+10,0
支架和拱架	纵轴的平面位置	跨度的 1/1000 或 30
	曲线形拱架的高程	+20，-10

4. 混凝土浇筑质量检测

混凝土所用的水泥、砂、石、水、外掺剂及混合材料的质量和规格必须符合有关规范的要求，按规定的配合比施工；按试验检测频率对混凝土组成材料、拌和物性能、强度进行试验检测，振捣密实。

(1)质量检验

各种材料、各工程项目和各个工序，应经常进行检验，保证符合设计和施工技术规范的要求。检验项目和次数应符合下列规定。

①浇注混凝土前的检验：

a. 施工设备和场地；

b. 混凝土组成材料及配合比(包括外加剂)；

c. 混凝土凝结速度等性能；

d. 基础、钢筋、预埋件等隐蔽工程及支架、模板；

e. 养护方法及设施，安全设施。

②拌制和浇筑混凝土时的检验：

a. 混凝土组成材料的外观及配料、拌制，每一工作班至少 2 次，必要时随时抽样试验；

b. 混凝土的和易性(坍落度等)每工作班至少 2 次；

c. 砂石材料的含水率，每日开工前 1 次，气候有较大变化时随时检测；当含水率变化较大、将使配料偏差超过规定时，应及时调整；

d. 钢筋、模板、支架等的稳固性和安装位置；

e. 混凝土的运输、浇筑方法和质量；

f. 外加剂使用效果；

g. 制取混凝土试件。

③浇筑混凝土后的检验：

a. 养护情况；

b. 混凝土强度，拆模时间；

c. 混凝土外露面或装饰质量；

d. 结构外形尺寸、位置、变形和沉降。

④对混凝土的强度，应制取试件以检验其在标准养护条件下 28d 龄期的抗压极限强度。试件制取组数应符合下列规定：

a. 不同强度及不同配合比的混凝土应分别制取试件，试件应在浇筑地点或拌和地点随机制取；

b. 浇筑一般体积的结构物(如基础、墩台等)时，每一单元结构物应制取 2 组；

c. 连续浇筑大体积结构物混凝土时，每 80 ~ 200m^3 或每一工作班应制取 2 组；

d. 每片梁长 16m 以下应制取 1 组，16 ~ 30m 制取 2 组，31 ~ 50m 制取 3 组，50m 以上者不少于 5 组；

e. 就地浇筑混凝土小桥涵，每一座或每一工作班制取不少于 2 组；当原材料和配合比相同，并由同一拌和站拌制时，可几座合并制取 2 组。

⑤应根据施工需要，制取与结构物同条件养护的试件作为考核结构混凝土在拆模、出池、吊装、预施应力、承受荷载等阶段强度的依据。

(2)质量标准

混凝土抗压强度应以标准条件下养护 28d 龄期试件的抗压强度进行评定，其合格条件如下：

①应以强度等级相同、龄期相同以及生产工艺条件和配合比相同的混凝土组成同一验收批，同一验收批的混凝土强度应以同批内所有各组标准尺寸试件的强度测定值(当为非标准尺寸试件时应进行强度换算)为代表值。

②大桥等重要工程及中小桥、涵洞工程的试件大于或等于 10 组时，应以数理统计方法按下述条件评定：

$$R_n - K_1 S_n \geqslant 0.9R \tag{5-5}$$

$$R_{min} \geqslant K_2 R \tag{5-6}$$

$$S_n = \sqrt{\frac{\sum R_i^2 - nR_n^2}{n-1}} \tag{5-7}$$

式中：n——同批混凝土试件组数；

R_n——同批 n 组试件强度的平均值，MPa；

S_n——同批 n 组试件强度的标准差，MPa，当 $S_n < 0.06R$ 时，取 $S_n = 0.06R$；

R——混凝土设计强度等级，MPa；

R_i——第 i 组混凝土的抗压强度，MPa；

R_{min}——n 组试件中强度最低一组的值，MPa；

K_1、K_2——合格判定系数，见表 5-27。

K_1、K_2 值 表 5-27

n	10 ~ 14	15 ~ 24	≥25
K_1	1.70	1.65	1.6
K_2	0.9	0.85	

③试件小于 10 组时，可用非统计方法按下述条件进行评定：

$$R_n \geqslant 1.15R \tag{5-8}$$

$$R_{min} \geqslant 0.95R \tag{5-9}$$

实测项目中，水泥混凝土抗压强度评为不合格时，相应分项工程为不合格。

④当混凝土强度按试件强度进行评定达不到合格条件时，可采用钻取试样或以无损检测法查明结构实际混凝土的抗压强度和浇筑质量，如仍有不合格，应由有关单位共同研究处理。

(3)结构混凝土的规定

①表面应密实、平整。

②如有蜂窝、麻面,其面积不超过结构同侧面积0.5%。

③如有裂缝,其宽度不得大于设计规范的有关规定。

④预制桩桩顶、桩尖等重要部位无掉边或蜂窝、麻面。

⑤小型构件无翘曲现象。

⑥对蜂窝、麻面、掉角等缺陷,应凿除松弱层,用钢丝刷清理干净,用压力水冲洗、湿润,再用较高强度的水泥砂浆或混凝土填塞捣实,覆盖养护;用环氧树脂等胶凝材料修补时,应先经试验验证。

⑦如有严重缺陷,影响结构性能时,应分析情况,研究处理。

(4)抹灰工程的规定

①一般抹灰成分、颜色必须一致,黏结牢固,不得有脱层、空鼓掉角等现象。

②水刷石必须石粒清晰、分布均匀、平整密实,不得有掉粒和接茬痕迹。

③水磨石必须表面平整、光滑,石子显露均匀,格条位置正确,不得有砂眼、磨纹和漏磨。

④剁斧石必须剁纹均匀,深浅一致,棱角完整。

⑤干黏石必须石粒分布均匀,黏结牢固,不露浆,不露黏,阳角处不得有明显的黑边。

⑥拉毛灰必须花纹、斑点分布均匀,同一平面上不显接茬。

⑦抹灰允许偏差见表5-28和表5-29。

一般抹灰允许偏差 表5-28

项　　目	允许偏差(mm)	项　　目	允许偏差(mm)
平整度	5	墙面平整度	5
阴阳角方正	5		

装饰抹灰允许偏差 表5-29

项　　目	允许偏差(mm)			
	水磨石	水刷石	剁斧石	干黏石
平整度	2	4	4	5
阴阳角方正	2	4	4	4
墙面平整度	3	5	5	5
分格条子直	2	5	5	5

(5)冬期施工质量检查

冬期施工时,混凝土、钢筋混凝土、预应力混凝土工程的质量除上述规定进行检查外,尚应检查混凝土在浇筑及养护期间的环境温度。冬期施工还应进行下列检查:

①混凝土用水和集料的加热温度。

②混凝土的加热养护方法和时间等。检查结果应分别记入混凝土工程施工记录和温度检查记录。

③集料和拌和水装入搅拌机时的温度、混凝土自搅拌机倾出时的温度及浇筑时的温度,每一工作班应至少检查3次。

④混凝土在养护期间温度的检查,不应少于下列次数:

a.用蓄热法养护时,每昼夜定时4次。

b.用蒸汽加热法及电加热法养护时,升温及降温期间每小时1次,恒温期间每两小时1次。

c.室内外环境温度,每昼夜定时定点4次。

⑤检查混凝土温度时，应符合下列规定：

a. 测温孔应绘制布置图并编号。

b. 温度计应与外界气温隔绝，并应在测温孔内留置不少于 3min 。

c. 测温孔的位置，当采用蓄热法养护时，应设置在易冷却部位；当采用加热法养护时，应在离热源不同位置分别设置。厚大结构应在表层及内部分别设置。

⑥混凝土冬期施工时，除留标准养护试件外，并应制取相同数量与结构同条件养护的试件。对于用蒸汽加热法养护的混凝土结构，除制取标准养护试件外，应同时制取与混凝土结构同条件蒸养后再在标准条件下养护到 28d 的试件，以检查经过蒸养后混凝土 28d 的强度。冬期施工混凝土质量的评定方法与常温施工混凝土相同。

为保证混凝土浇筑顺利施工，施工单位在浇注前应提交混凝土浇筑报批单、混凝土施工原始记录表、养生记录表。

第三节　钻（挖）孔灌注桩检测

钻（挖）孔灌注桩是桥梁及建筑结构物常用的基桩形式之一。目前已有比较成熟的施工方法，一般来讲这种基础安全可靠，但由于灌注桩的成桩过程是在桩位处的地下水或水下完成，施工工序多，地质情况复杂，质量控制难度大，稍有不慎极易产生严重缺陷，因此钻（挖）孔灌注桩的检测就显得格外重要。钻（挖）孔灌注桩的检验，主要包括以下 3 个方面：

（1）施工前的检验（原材料检验、配合比检验、施工机具检验；原材料与配合比检验在《道路建筑材料》书中讲述）。

（2）施工过程检验；这里重点介绍施工过程的一些检测项目与方法。

（3）基桩完整性检验。

一、施工要求和实测项目

（一）基本要求

《公路工程质量检验评定标准》（JTG F80/1—2004 ）对钻（挖）孔灌注桩施工要求如下：

（1） 桩身混凝土所用的水泥、砂、石、水、外加剂及混合料的质量和规格必须符合有关规范的要求，按规定的配合比施工。

（2）成孔后必须清孔，测量孔径、孔深、孔位和沉淀层厚度。确认满足设计和施工技术规范要求后，方可灌注水下混凝土。挖孔达到设计深度后，应及时进行孔底处理，必须做到无松渣、淤泥等扰动软土层现象，使孔底情况满足设计要求。

（3）水下混凝土应连续灌注，严禁有夹层和断桩。

（4）嵌入承台的锚固钢筋长度不得低于设计规范规定的最小锚固长度要求。

（5）应选择有代表性的桩用无破损法进行检验；重要工程或重要部位的桩宜逐根进行检测。设计有规定或对桩的质量有怀疑时，应采取钻取芯样法对桩进行检测。

（6）凿除桩头预留混凝土后，桩顶应无残余的松散混凝土。

（二）实测项目

实测项目有混凝土强度、桩位、孔深、孔径、钻孔倾斜度、沉淀厚度等，见表 5-30 和表 5-31。

钻孔灌注桩实测项目 表 5-30

<table>
<tr><th>项次</th><th colspan="3">检 查 项 目</th><th>规定值或允许偏差</th><th>检查方法和频率</th><th>权值</th></tr>
<tr><td>1△</td><td colspan="3">混凝土强度(MPa)</td><td>在合格标准内</td><td>按规范检查</td><td>3</td></tr>
<tr><td rowspan="3">2△</td><td rowspan="3">桩位
(mm)</td><td colspan="2">群桩</td><td>100</td><td rowspan="3">全站仪或经纬仪:每桩检查</td><td rowspan="3">2</td></tr>
<tr><td rowspan="2">排架桩</td><td>允许</td><td>50</td></tr>
<tr><td>极值</td><td>100</td></tr>
<tr><td>3△</td><td colspan="3">孔深(m)</td><td>不小于设计值</td><td>测绳量:每桩测量</td><td>3</td></tr>
<tr><td>4△</td><td colspan="3">孔径(mm)</td><td>不小于设计值</td><td>探孔器:每桩测量</td><td>3</td></tr>
<tr><td>5</td><td colspan="3">钻孔倾斜度(mm)</td><td>1% 桩长,且不大于 500</td><td>用测壁(斜)仪或钻杆垂线法:每桩检查</td><td>1</td></tr>
<tr><td rowspan="2">6△</td><td colspan="2" rowspan="2">沉淀厚度(mm)</td><td>摩擦桩</td><td>符合设计规定,设计未规定时按施工规范要求</td><td rowspan="2">沉淀盒或标准测锤:每桩检查</td><td rowspan="2">2</td></tr>
<tr><td>支承桩</td><td>不大于设计规定</td></tr>
<tr><td>7</td><td colspan="3">钢筋骨架底面高程(mm)</td><td>±50</td><td>水准仪:测每桩骨架顶面高程后反算</td><td>1</td></tr>
</table>

挖孔灌注桩实测项目 表 5-31

<table>
<tr><th>项次</th><th colspan="3">检 查 项 目</th><th>规定值或允许偏差</th><th>检查方法和频率</th><th>权值</th></tr>
<tr><td>1△</td><td colspan="3">混凝土强度(MPa)</td><td>在合格标准内</td><td>按规范检查</td><td>3</td></tr>
<tr><td rowspan="3">2△</td><td rowspan="3">桩位
(mm)</td><td colspan="2">群桩</td><td>100</td><td rowspan="3">全站仪或经纬仪:每桩检查</td><td rowspan="3">2</td></tr>
<tr><td rowspan="2">排架桩</td><td>允许</td><td>50</td></tr>
<tr><td>极值</td><td>100</td></tr>
<tr><td>3△</td><td colspan="3">孔深(m)</td><td>不小于设计值</td><td>测绳量:每桩测量</td><td>3</td></tr>
<tr><td>4△</td><td colspan="3">孔径(mm)</td><td>不小于设计值</td><td>探孔器:每桩测量</td><td>3</td></tr>
<tr><td>5</td><td colspan="3">钻孔倾斜度(mm)</td><td>0.5% 桩长,且不大于 200</td><td>垂线法:每桩检查</td><td>1</td></tr>
<tr><td>6</td><td colspan="3">钢筋骨架底面高程(mm)</td><td>±50</td><td>水准仪测骨架顶面高程后反算:每桩检查</td><td>1</td></tr>
</table>

二、泥浆性能指标检测

1. 泥浆性能要求

钻孔灌注桩调制的护壁与浮渣泥浆一般由水、黏土(或膨润土)和添加剂按适当配合比配制而成,应根据钻孔方法和地层情况采用不同的性能指标。其具体指标可参照表 5-32 选用。

泥浆性能指标 表 5-32

<table>
<tr><th rowspan="2">钻孔方法</th><th rowspan="2">地层情况</th><th colspan="8">泥浆性能指标</th></tr>
<tr><th>相对密度</th><th>黏度
(Pa·S)</th><th>含砂率
(%)</th><th>胶体率
(%)</th><th>失水率
(mL/30min)</th><th>泥皮厚
(mm/30min)</th><th>静切力
(Pa)</th><th>酸碱度
(pH)</th></tr>
<tr><td rowspan="2">正循环</td><td>一般地层</td><td>1.05~1.20</td><td>16~22</td><td>8~4</td><td>≥96</td><td>≤25</td><td>≤2</td><td>1.0~2.5</td><td>8~10</td></tr>
<tr><td>易坍地层</td><td>1.20~1.45</td><td>19~28</td><td>8~4</td><td>≥96</td><td>≤15</td><td>≤2</td><td>3~5</td><td>8~10</td></tr>
</table>

续上表

钻孔方法	地层情况	泥浆性能指标							
		相对密度	黏度（Pa·S）	含砂率（%）	胶体率（%）	失水率（mL/30min）	泥皮厚（mm/30min）	静切力（Pa）	酸碱度（pH）
反循环	一般地层	1.02~1.06	16~20	≤4	≥95	≤20	≤3	1~2.5	8~10
	易坍地层	1.06~1.10	18~28	≤4	≥95	≤20	≤3	1~2.5	8~10
	卵石土	1.10~1.15	20~35	≤4	≥95	≤20	≤3	1~2.5	8~10
旋挖	一般地层	1.02~1.10	18~22	≤4	≥95	≤20	≤3	1~2.5	8~11
冲击	易坍地层	1.20~1.40	22~30	≤4	≥95	≤20	≤3	3~5	8~11

注：①地下水位高或其流速大时，指标取高限，反之取低限。

②地质状态较好，孔径或孔深较小的取低限，反之取高限。

在不易坍塌的黏质土层中，使用推钻、冲抓、反循环回转钻进时，可用清水提高水头（≥2m）维护孔壁。

若当地缺乏优良黏质土，远运膨润土亦很困难，调制不出合格泥浆时可掺用添加剂改善泥浆性能。

直径大于2.5m的大直径钻孔灌注桩对泥浆的要求较高，泥浆的选择应根据钻孔的工程地质情况、孔位、钻机性能、泥浆材料条件等确定。在地质复杂、覆盖层较厚、护筒下沉不到岩层的情况下，宜使用丙烯酰胺即PHP泥浆，此泥浆的特点是不分散、低固相、高黏度。

2. 泥浆性能指标检测

泥浆各种性能指标的测定方法，可参考《公路桥涵施工技术规范》（JTG/T F50—2011）附录部分。

（1）相对密度ρ_x

相对密度ρ_x，可采用泥浆相对密度计测定。将需要测量的泥浆装满泥浆杯，加盖并洗净从小孔溢出的泥浆，然后置于支架上，游动游码，使杠杆呈水平状态（即气泡处于中央），读出游码左侧所示刻度，即为泥浆的相对密度。当工地无以上仪器时，可用一口杯，先称其质量设为m_1，再装清水称其质量为m_2。倒去清水，装满泥浆并擦去杯周溢出的泥浆，称其质量为m_3，则：

$$\rho_x = \frac{m_3 - m_1}{m_2 - m_1}$$

（2）黏度η(s)

黏度η(s)，工地采用标准漏斗黏度计（图5-7）测定。测量时，用两端开口量杯分别量取200mL和500mL泥浆，通过滤网滤去大砂粒后，将泥浆700mL均注入漏斗；然后使泥浆流出，流满500mL量杯所需时间（s），即为所测泥浆的黏度。

校正方法：漏斗中注入700mL清水，流出500mL，所需时间应是15s，如偏差超过±1s，则测量泥浆黏度时应校正。

（3）含砂率（%）

含砂率（%），工地用含砂率计（图5-8）测定。测量时，将调制好的泥浆50mL倒进含砂率计，然后再倒450mL清水，将仪器口塞紧，摇动1min，使泥浆与水混合均匀；再将仪器竖直静放3min，仪器下端沉淀物的体积（由仪器上刻度读出）乘2即为含砂率（%）（另有一种大型的含砂率计，容积1000mL，从刻度读出的数不乘2即为含砂率）。

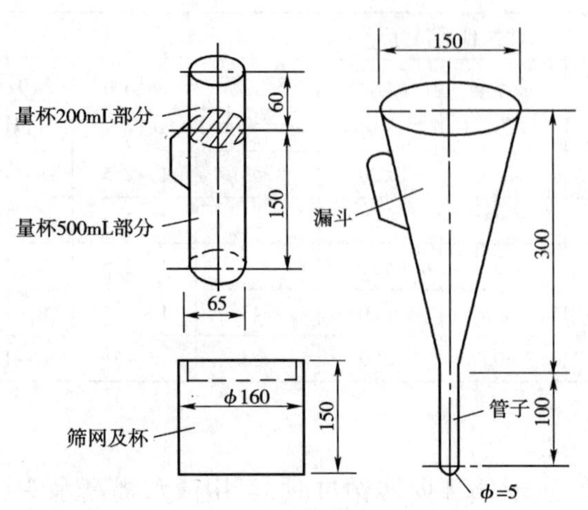

图 5-7　黏度计(尺寸单位:mm)

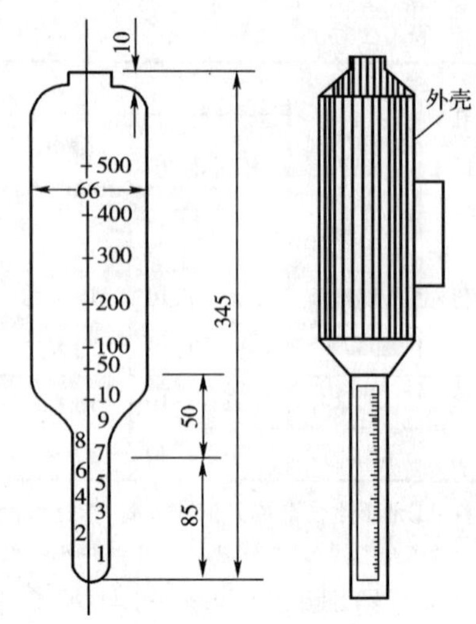

图 5-8　含砂率计(尺寸单位:mm)

(4)胶体率(%)

胶体率(%),亦称稳定率,用于评价泥浆中土粒保持悬浮状态的性能。测定方法:可将100mL 的泥浆放入干净量杯中,用玻璃板盖上,静置 24h 后,量杯上部的泥浆可能澄清为透明的水,量杯底部可能有沉淀物。以 100 -(水 + 沉淀物)体积即等于胶体率。

(5)失水量(mL/30min)和泥皮厚(mm)

用一张 120mm × 120mm 的滤纸,置于水平玻璃板上,中央画一直径 30mm 的圆圈,将 2mL 的泥浆滴于圆圈中心;30min 后,测算湿润圆圈的平均半径减去泥浆坍平成为泥饼的平均半径(mm),算出的结果(mm)值代表失水量,单位:mL/min。在滤纸上量出泥饼厚度(mm)即为泥皮厚(mm)。泥皮愈平坦、愈薄,则泥浆质量愈高,一般不宜厚于 2 ~ 3mm。

三、成孔质量检测

(一)质量检验与质量标准

钻孔灌注桩在终孔后,应对桩孔的孔位、孔径、孔形、孔深和倾斜度进行检验;清孔后,应对孔底的沉淀厚度进行检验。挖孔桩终孔并对孔底处理后,应对桩孔孔位、孔径、孔深和倾斜度及孔底处理情况进行检验。

孔径、孔形、倾斜度和孔底沉淀厚度宜采用专用仪器检测;孔深可采用专用测绳检测。钢筋检孔器仪可用于对中小桥梁工程桩孔的检测;检孔器的外径应不小于桩孔直径、长度宜为外径的 4 ~ 6 倍。采用钻杆测斜法测量桩的倾斜度时,量测应从钻孔平台顶面起算至孔底。

钻(挖)孔灌注桩成孔质量标准,应符合表 5-33 的规定。

钻(挖)孔灌注桩成孔质量标准　　表 5-33

项　目		规定值或允许偏差
钻(挖)孔桩	孔的中心位置(mm)	群桩:100;单排桩:50
	孔径(mm)	不小于设计桩径
	倾斜度(%)	钻孔:<1;挖孔:<0.5
	孔深(m)	摩擦桩:不小于设计规定; 支承桩:比设计深度超深不小于 0.05

续上表

项　　目		规定值或允许偏差
钻孔桩	沉淀厚度(mm)	摩擦桩:符合设计要求。当设计未规定时,对于直径≤1.5m 的桩,≤200; 对桩径>1.5m 或桩长>40m 或土质较差的桩,≤300; 支承桩:不大于设计规定;设计未规定时,≤50
	清孔后泥浆指标	相对密度:1.03~1.10;黏度:17~20Pa·s;含砂率:<2%;胶体率:>98%

注:①清孔后的泥浆指标,是从桩孔的顶、中、底部分别取样检验的平均值。本项指标的测定,限指大直径桩或有特定要求的钻孔桩。

②对冲击成孔的桩,清孔后泥浆的相对密度可适当提高,但不宜超过1.15。

(二)成孔质量试验检测

1. 桩位偏差检查

基桩施工前应按设计桩位平面图落放桩的中心位置,施工结束后应检查中心位置的偏差,并应将其偏差绘制在桩位竣工平面图中,检测时可采用经纬仪对纵、横方向进行测量。桩孔中心位置的偏差要求,对于群桩不得大于100mm,单排桩不得大于50mm。当桩群中设置有斜桩时,应以水平面的偏差值计算。

2. 孔径检查

能否保证基桩的承载能力,桩径是极为关键的因素。要保证桩径满足设计要求,必须检验桩的孔径不小于设计桩径。桩孔径可用专用球形孔径仪、伞形孔径仪和声波孔壁测定仪等测定。图5-9所示为伞形孔径仪,其由测头、放大器和记录仪3部分组成。测头为机械式的,测头放入测孔之前,四条测腿合拢并用弹簧锁定;测头放入孔内到达孔底时,四条测腿立即自动张开。当测头往上提升时,由于弹簧力作用,腿端部紧贴孔壁,随着孔壁凹凸不平状态相应张开或收拢,带动密封筒内的活塞杆上下移动,使四组串联滑动电阻来回滑动,将电阻变化转化为电压变化,经信号放大并记录,即可自动绘出孔壁形状而测出孔径尺寸。

3. 桩倾斜度检查

在灌注桩的施工过程中,能否确保基桩的垂直度,是衡量基桩能否有效发挥作用的一个关键因素。因此,必须认真地测定桩孔的倾斜度,一般要求对于竖直桩,其允许偏差不应超过1%,斜桩不应超过设计斜度的±2.5%。

桩倾斜度的检查,可采用图5-10所示简易方法。在孔口沿钻孔直径方向设一标尺,标尺上O点与钻孔中心重合,使滑轮、标尺O点和钻孔中心在同一铅垂线上,其高度为H_0。穿过滑轮的测绳一端连接于用钢筋弯制的圆球(圆球直径比钻孔直径略小些);另一端通过转向滑轮用手拉住,将圆球慢慢放入钻孔中,测读测绳在标尺上的偏距e,则倾斜角$\alpha=\arctan(e/H)$。该方法所采用的工具简单,操作方便,但测读范围以e值小于钻孔的半径为最大限度,且读数较为粗糙。

4. 孔底沉淀土厚度检查

桩底沉淀土厚度的大小极大地影响桩端承载力的发挥,因此在施工中必须严格控制桩底沉淀土厚度,沉淀土厚度应符合表5-33规定。测定沉淀土厚度常用方法有以下几种。

(1)垂球法

垂球法是一种惯用的简易测定沉淀土厚度的方法。其将重约1kg的铜制锥体垂球,顶端系上测绳，把垂球慢慢沉入孔内，凭手感判断沉淀土顶面位置，其施工孔深和测量孔深之差值即为沉淀土厚度。

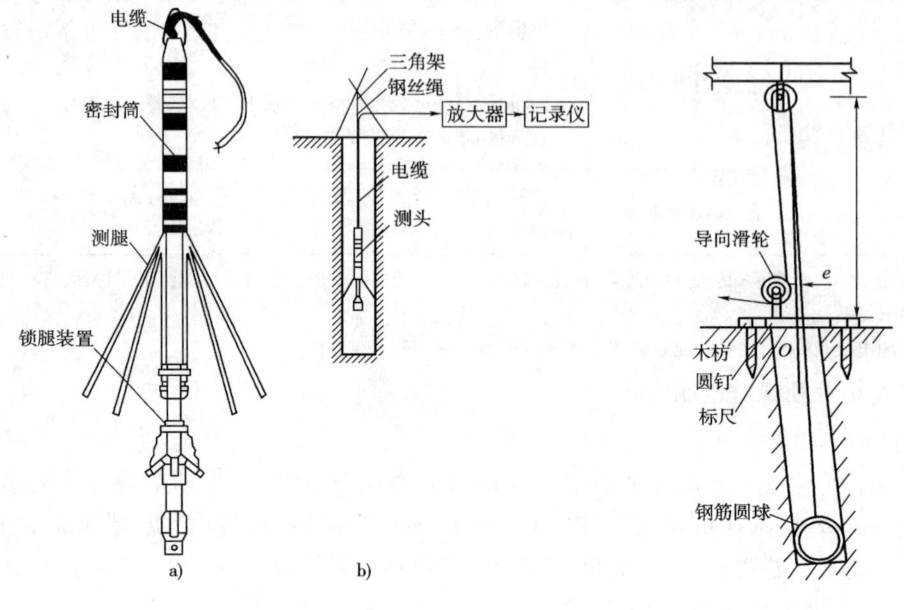

图 5-9 伞形孔径仪

a）测头；b）孔径仪检测装置

图 5-10 桩的倾斜度检查

(2)电阻率法

电阻率法沉淀土测定仪由测头、放大器和指示器组成。它是根据介质不同，如水、泥浆和沉淀颗粒具有不同的导电性能，由电阻阻值变化来判断沉淀土厚度。测试时将测头慢慢沉入孔中，观察表头指针的变化，当出现突变时记录深度 h_1，继续下沉测头，指针再次突变记录深度 h_2，直到测头不能下沉为止，记录深度 h_3。设施工深度为 H，各沉淀土厚度为 (h_2-h_1)、(h_3-h_2)、$(H-h_3)$……。

(3)电容法

电容法沉淀土厚度测定原理是当金属两极板间距和尺寸不变时，其电容量和介质的电解率成正比关系，水、泥浆和沉淀土等介质的电解率有较明显差异，从而由电解率的变化量测定沉淀土的厚度。

四、灌注桩完整性检测

灌注桩成桩质量通常存在两方面问题：一是属于桩身完整性，常见的缺陷有夹泥、断裂、缩径、扩径、混凝土离析及桩顶混凝土密实性较差等；二是嵌岩桩，影响桩底支承条件的质量问题，主要是灌注混凝土前清孔不彻底，孔底沉淀厚度超过规定极限，影响承载力。

(一)检测要求

1. 桩的检测数量

桩的检测数量应符合下列规定：对桩身的完整性进行检验时，检测的数量和方法应符合设计要求。宜选择有代表性的桩采用无破损法进行检测，重要工程或重要部位的桩宜逐根进行检测；设计有规定时或对桩的质量有疑问时，应采用钻取芯样法对桩进行检测；当需检验柱桩的柱底沉淀与地层结合情况时，其芯样应钻至桩底 0.5m 以下。各种方法的选定应具有代表性和满足工程检测的特定要求;重要工程的钻孔灌注桩应埋设声测管。高应变动测法的抽检率可由工程设计或监理单位酌情决定,但不宜少于相近条件下总桩数的5%且不少于5根。

2. 检测仪器与设备

基桩检测所用仪器设备的主要技术性能和工作环境条件,应符合相关规定;并具有良好的波形现场显示、记录和储存功能。

检测仪器设备必须由法定计量单位定期进行标定和年检,合格后方能使用。

所有仪器设备在检测前后必须进行自检,确认仪器正常工作。

3. 检测前的准备

被检工程应进行现场调查,搜索其工程地质资料、基桩设计图纸和施工记录、监理日志,了解施工工艺及施工过程中出现的异常情况。

检测方法和制订检测方案应根据调查结果和检测目的合理选用。

检测时间应满足拟用检测方法对混凝土强度(或龄期)和地基土休止期的规定。

4. 检测报告及桩身完整性类别评定

检测报告应用词规范、结论明确。其内容应包括工程概况、岩土工程勘察、检测技术及方法、桩位平面布置图、测试曲线、检测结果汇总表、结论及评价等。

(二)检测方法

桩基础施工质量的检验,随着长、大桩径及高承载力桩基础迅速增加,传统的静压桩试验已很难实施,目前,常用的钻孔灌注桩质量的检测方法有以下几种:

1. 钻芯检验法

由于大直径钻孔灌注桩的设计荷载一般较大,用静力试桩法有许多困难,所以常用地质钻机在桩身上沿长度方向钻取芯样,通过对芯样的观察和测试确定桩的质量。这种方法只能反映钻孔范围内的小部分混凝土质量,而且设备庞大、费工费时、价格昂贵,不宜作为大面积检测方法,只用于抽样检查,一般抽检总桩量的3%~5%,或作为对无损检测结果的校核手段。

2. 振动检验法

所谓振动检验法又称动测法。它是在桩顶用各种方法(例如锤击、敲击、电磁激振器等)施加一个激振力,使桩体乃至桩土体系产生振动,或在桩内产生应力波,通过对波动及振动参数的种种分析,以推定桩体混凝土质量及总承载力的一类方法。这类方法主要有以下4种:

(1)敲击法和锤击法。用力棒或锤子打击桩顶,在桩内激励振动,用加速度传感器接收桩头的响应信号,信号经处理后被显示或记录,通过对信号的时域及频域分析,可确定桩尖或缺陷的反射信号,据此可判断桩内是否存在缺陷。当锤击力足以引起桩土体系的振动时,根据所测得的振动参数,可计算桩的动刚度和承载力。

(2)稳态激振机械阻抗法。在桩顶用电磁激振,该激振力是一幅值恒定,频率从20~100Hz变化的简谐力,测量桩顶的速度响应信号。由于作用在简谐振动体系上的作用力 F,与该体系上某点的速度 v 之比,称为机械阻抗,机械阻抗的倒数称为导纳(Mobility),因此,可用所谓记录的力和速度经仪器合成,描绘出导纳曲线,还可求得应力波在桩身混凝土中的波速、特征导纳、实测导纳及动刚度等动参数。据此,可判断是否有断桩、缩径、鼓肚、桩底沉渣太厚等缺陷,并可由动刚度估算单桩容许承载力。

(3)瞬态激振机械阻抗法。用力棒等对桩顶施加一个冲击脉冲力,这个脉冲力包含了丰富的频率成分。通过力传感器和加速度传感器,记录力信号和加速度信号;然后把两种信号输入信号处理系统,进行快速傅立叶变换,把时域变成频域,信号合成后同样可得到桩的导纳曲线,从而判断桩的质量。

(4)水电效应法。在桩顶安装一高约1m的水泥圆筒,筒内充水,在水中安放电极和水听器。电极高压放电,瞬时释放大电流产生声学效应,给桩顶一冲击能量,由水听器接收桩土体系的响应信号,对信号进行频谱分析,根据频谱曲线所含有的桩基质量信息,判断桩的质量和承载力。

3. 超声脉冲检验法

超声脉冲检验法是在检测混凝土缺陷技术的基础上发展起来的。其方法是在桩的混凝土灌注前沿桩的长度方向平行预埋若干根检测用管道,作为超声发射和接收换能器的通道。检测时探头分别在两个管子中同步移动,沿不同深度逐点测出横截面上超声脉冲穿过混凝土时的各项参数,并按超声测缺原理分析每个断面上混凝土的质量。

4. 射线法

射线法是以放射性同位素辐射线在混凝土中的衰减、吸收、散射等现象为基础的一种方法。当射线穿过混凝土时,因混凝土质量不同或因存在缺陷,接收仪所记录的射线强弱发生变化,据此来判断桩的质量。由于射线的穿透能力有限,一般用于单孔测量,采用散射法,以便了解孔壁附近混凝土的质量,扩大钻芯法检测的有效半径。

从以上所列的常用检测方法可见,桩基检测方法的研究和应用是一个十分活跃的领域。公路桥梁基桩检验多数地区实行普查,基桩低应变检测和超声检测法应用较为广泛,下面主要介绍低应变反射波法和超声脉冲检测法。

5. 低应变反射波法

本方法适用于检测混凝土桩的桩身完整性,判定桩身缺陷的程度及位置,也可以对桩长进行校核,对桩身混凝土强度等级作出估计。

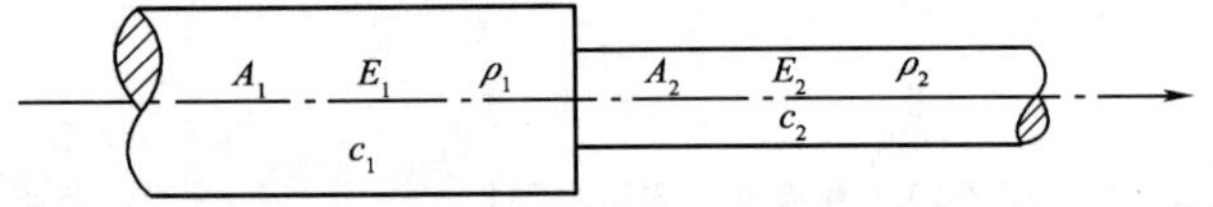

图5-11　弹性波在两个共轴半无限长直杆中传播的交界

注:图中A、E、ρ、c分别为构件截面积、回弹模量、密度和应力波传播速度

(1)基本原理

低应变法源于应力波理论,基本原理是在桩顶进行竖向激振,弹性波沿着桩身向下传播,在桩身存在明显波阻抗界面(如桩底、断桩或严重离析等部位)或桩身截面积变化(如缩径或扩径)部位,将产生反射波。经接收、放大滤波和数据处理,可识别来自桩身不同部位的反射信号,据此计算桩身波速、判断桩身完整性(图5-11)。

当纵波在无限长直杆内传播时,它将沿某一方向前进,把能量输送到无限远处;若杆长有限,当波和杆端面相遇时,根据边界条件,能量将在端部边界产生反射或透射。

单桩动测的应力波法中典型的端面边界是固定端边界和自由端边界。在固定端边界,入射波和反射波的位移大小相等、方面相反、叠加的结果互相抵消,总波场在固定端处的位移恒为零。由此可知,固定端使入射波的正向位移改转为负向位移。而对于应力波,情况恰恰相反,入射应力波和反射应力波传播方向相反,在固定端处反射应力与入射应力的大小和方向均相同,总应力为入射应力的两倍。

自由端边界和固定端边界相反。位移波在边界处大小和方向相同,总位移为入射位移的两倍；应力波在边界处大小和方向相反，即在自由端的反射形成拉压互变。

基桩检测中常会遇到桩几何尺寸为扩径或缩径现象。我们可以假设为两个物理性质不同的半无限直杆在交界处共轴密接。

桩身各种性状以及桩底不同的支承条件均可归纳成以下三种波阻抗变化类型：

①波阻抗近似不变。桩底支承介质与桩身阻抗近似，桩身完整、均匀、无缺陷都属于这种类型。应力波为全透射，无反射信号产生。因此，若桩底岩石与桩身混凝土阻抗接近时，将无法得到桩底反射信号。

②波阻抗减小。桩底支承介质较桩身材料软以及桩身断裂、缩径、离析、疏松、裂缝、裂纹等缺陷都属于这种类型。用传感器在桩顶检测出的反射波速度和初始入射波速度符号相同，即反射波速度、应力均与入射波信号极性一致。当桩底支承介质的阻抗远小于桩身阻抗或桩身完全断裂时，由于透射波为0，桩身完全断裂处发生全反射，应力波仅在断裂位置以上多次反射，无法检测断裂部位以下的桩身质量。

③波阻抗增大。桩底支承介质较桩身材料硬，桩身扩径、鼓肚都属于这种类型。在桩顶检测出的反射波速度、应力均与入射波信号极性相反。当桩底支承介质的阻抗远大于桩阻抗，桩底近似为固定时，桩底处的速度为零，而应力加倍。

图5-12给出了三组塑料模型桩的速度波形曲线，分别代表完整桩、局部缩颈桩和局部扩颈桩，与上述三种波阻抗变化类型相对应。由于材料特性均匀，且无土阻抗，因此，这些曲线非常容易从理论上加以解释。

图5-12a）为完整桩。在 $t=0$ 时刻，锤击桩头产生压缩波，在曲线0.0m处出现下凹。该波不间断地沿桩长向下传播直到桩底，桩底反射一个上行拉力波，与入射波同相，在5.0m处出现下凹。

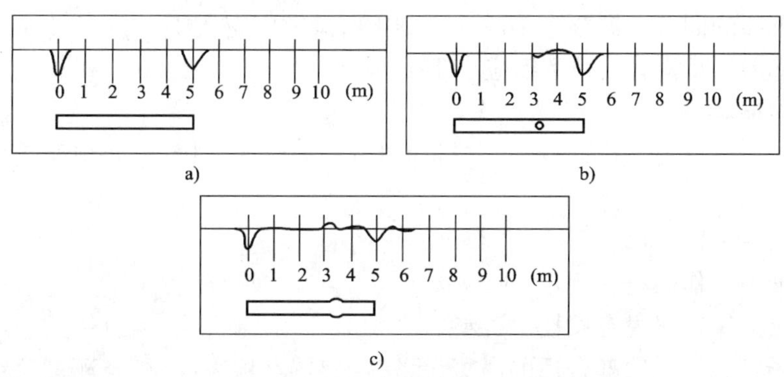

图5-12 塑料模型桩的速度波形曲线

a）完整桩；b）缩径桩；c）扩径桩

图5-12b）为局部缩径桩。在 $t=0$ 时刻为起始压缩波，在曲线0.0m处出现下凹。应力波通过3.0m处的缩径位置时，桩阻抗减小，产生上行拉力反射波，与入射波极性一致，曲线出现下凹，下凹程度取决于阻抗下降幅度。接着由于应力波通过缩径后回到原截面，阻抗又相对增加，曲线又上凸至零线水平，最后在5.0m处测得桩底的响应。

图5-12c）为局部扩径桩。在 $t=0$ 时刻为起始压缩波，在曲线0.0m处出现下凹。应力波通过3.0m处的扩径位置时，桩阻抗增加，产生上行压缩反射波，与入射波极性相反，曲线出现上凸，上凸程度取决于阻抗增加的幅度。接着由于应力波通过扩径后回到原截面，阻抗又相对减小，曲线下凹至零线水平，最后在5.0m处测得桩底的响应。

(2)适用范围

本方法是通过分析实测桩顶速度响应信号的特征来检测桩身的完整性,判定桩身缺陷位置及影响程度,判断桩端嵌固情况。

本方法适用于混凝土灌注桩和预制桩等刚性材料桩的桩身完整性检测。

使用本方法时,被检桩的桩端反射信号应能有效识别。

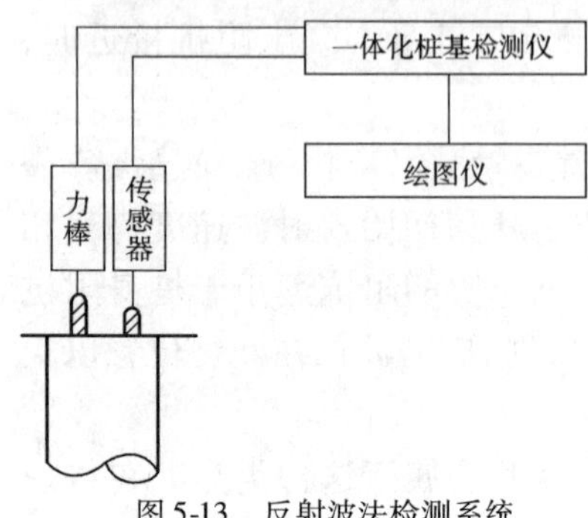

图 5-13　反射波法检测系统

(3)检测仪器与设备

检测系统包括信号采集及处理仪、传感器、激振设备和专用附件。反射波法检测系统基本组成见图 5-13。

①信号采集及处理仪。

信号采集及处理仪应符合下列规定:

a. 数据采集装置的模—数转换器不得低于 12bit。

b. 采样间隔宜为 10 ~ 500μs,可调。

c. 单通道采样点不少于 1024 点。

d. 放大器增益宜大于 60dB,可调,线性度良好,其频响范围应满足 5Hz ~ 5kHz。

②传感器的性能。

传感器的性能应符合下列规定:

a. 传感器宜选用压电式加速度传感器或磁电式速度传感器,频响曲线的有效范围应覆盖整个测试信号的频带范围。

b. 加速度传感器的电压灵敏度应大于 100mV/g,电荷灵敏度应大于 20PC/g,上限频率不应小于 5kHz,安装谐振频率不应小于 6kHz,量程应大于 100g。

c. 速度传感器的固有谐振频率不应大于 30Hz,灵敏度应大于 200mV/(cm. s^{-1}),上限频率不应小于 1.5kHz,安装谐振频率不应小于 1.5kHz。

③力锤或力棒。

根据桩型和检测目的,宜选择不同材料和质量的力锤或力棒,以获得所需的激振频率和能量。

(4)现场检测技术

①检测前准备工作的有关规定。

a. 检测前应按规定搜集有关技术资料。

b. 根据现场实际情况选择合适的激振设备、传感器及检测仪,检查测试系统各部分之间是否连接良好,确认整个测试系统处于正常工作状态。

c. 桩顶应凿至新鲜混凝土面,并用打磨机将测点和激振点磨平。

d. 应测量并记录桩顶截面尺寸。

e. 混凝土灌注桩的检测宜在成桩 14d 以后进行。

f. 打入或静压式预制桩的检测应在相邻桩打完后进行。

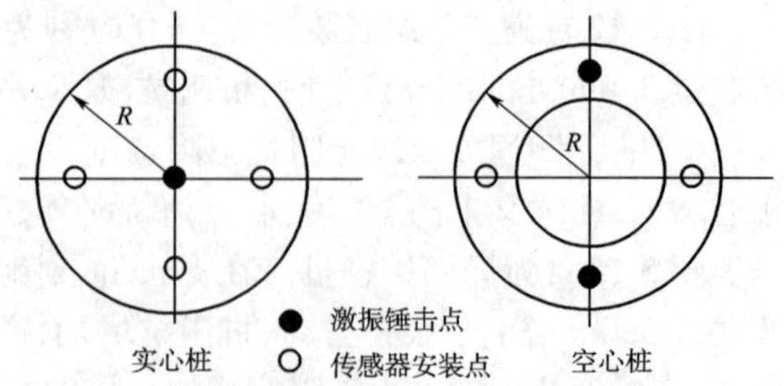

图 5-14　传感器安装点、锤击点布置示意图

②传感器安装要求。安装传感器(图 5-14)。传感器的耦合点及锤的敲击点都必须干净、平整、坚硬、无积水,所以在测试

前应对桩头进行必要的处理—清除桩头表面的浮浆及其他杂物，在桩头打磨出两小块平整表面分别用以安放传感器、敲击手锤。妨碍正常测试的外露主筋应割掉。

安装完毕后的传感器必须与桩顶面保持垂直，且紧贴桩顶面，在信号采集过程中不得产生滑移或松动。

传感器安装点及其附近不得有缺损或裂缝；当锤击点在桩顶中心时，传感器安装点与桩中心的距离宜为桩半径的2/3；当锤击点不在桩顶中心时，传感器安装点与锤击点的距离不宜小于桩半径的1/2。对于预应力管桩，传感器安装点、锤击点与桩顶面圆心构成的平面夹角宜为90 °。对于大直径桩，宜在不同位置选取2～4个测点。尽量避开钢筋、混凝土质量有问题的位置。

③耦合剂的选择。

一般可用黄油、凡士林、橡皮泥等作耦合剂。传感器的安装黏结应牢固，并与桩顶面垂直。

原则：使传感器与桩紧密结合在一起，传感器能准确记录桩顶质点的振动。

作用：类似一个滤波器，可滤除一部分桩顶质点振动的高频成分。

选择：耦合时耦合剂要尽量薄，黏性要大，黏结性最好不要受水等的影响。

④激振规定。

激振时应符合下列规定：

a. 激振锤和激振参数宜通过现场对比试验选定。短桩或浅部缺陷桩的检测宜采用轻锤短脉冲激振；长桩、大直径桩或深部缺陷桩的检测宜采用重锤宽脉冲激振，也可采用不同的锤垫来调整激振脉冲宽度。

b. 采用力棒激振时，应自由下落；采用力锤敲击时，应使其作用力方向与桩顶面垂直。

⑤检测工作要求。

检测工作应遵守下列规定：

a. 采样频率和最小的采样长度应根据桩长和波形分析确定。

b. 各测点的重复检测次数不应少于3次，且检测波形具有良好的一致性。

c. 当干扰较大时，可采用信号增大技术进行重复激振，提高信噪比；当信号一致性差时，应分析原因，排除人为和检测仪器等干扰因素，重新检测。

d. 对存在缺陷的桩应改变检测条件重复检测，相互验证。

(5)检测数据分析与判定

桩身完整性分析宜以时域曲线为主，辅以频域分析，并结合施工情况、岩土工程勘察资料和波形特征等因素进行综合分析判定。

①桩身波速平均值的确定。

a. 当桩长已知、桩端反射信号明显时，选取相同条件下不少于5根I类桩的桩身波速按下式计算其平均值：

$$c_m = \frac{1}{n}\sum_{i=1}^{n} c_i \tag{5-10}$$

$$c_i = \frac{2L \times 1000}{\Delta t} = 2L \cdot \Delta f \tag{5-11}$$

式中：c_m——桩身波速平均值，m/s；

c_i——第i根桩的桩身波速计算值，m/s；

L——完整桩桩长，m；

Δt——时域信号第一峰与桩端反射波峰间的时间差，ms；

Δf——幅频曲线桩端相邻谐振峰间的频差，Hz，计算时不宜取第一与第二峰；

n——基桩数量（$n \geqslant 5$）。

b. 当桩身波速平均值无法按上述要求确定时，可根据本地区相同桩型及施工工艺的其他桩基工程的测试结果，并结合桩身混凝土强度等级与实践经验综合确定。

c. 桩身缺陷位置应按下列公式计算：

$$x = \frac{1}{2000} \cdot \Delta t \cdot c = \frac{1}{2} \cdot \frac{c}{\Delta f_x} \tag{5-12}$$

式中：x——测点至桩身缺陷之间的距离，m；

Δt——时域信号第一峰与缺陷反射波峰间的时间差，ms；

Δf_x——幅频曲线所对应缺陷的相邻谐振峰间的频差，Hz；

c——桩身波速，m/s，无法确定时用 c_m 值替代。

d. 混凝土灌注桩采用时域信号分析时，应结合有关施工和岩土工程勘察资料，正确区分由扩径处产生的二次同相反射与因桩身截面渐扩后急速恢复至原桩径处的一次同相反射，以避免对桩身完整性的误判。

e. 对于嵌岩桩，当桩端反射信号为单一反射且与锤击脉冲信号同相时，应结合岩土工程勘察和设计等有关资料以及桩端同相反射波幅的相对高低来推断嵌岩质量，必要时采取其他合适方法进行核验。

f. 桩身完整性的分析当出现下列情况之一时，结合其他检测方法：

超过有效检测长度范围的超长桩，其测试信号不能明确反映桩身下部和桩身端情况。

桩身截面渐变或多变，且变化幅度较大的混凝土灌注桩。

当桩长的推算值与实际桩长明显不符，且有缺乏相关资料加以解释或验证。

实测信号复杂、无规律，无法对其进行准确的桩身完整性分析和评价。

对于预制桩，时域曲线在接头处有明显反射，但又难以判定是断裂错位还是接桩不良。

g. 桩身完整性类别应按下列原则判定：

I 类桩：桩端反射较明显，无缺陷反射波，振幅谱线分布正常，混凝土波速处于正常范围。

II 类桩：桩端反射较明显，但有局部缺陷所产生的反射信号，混凝土波速处于正常范围。

III 类桩：桩端反射不明显，可见缺陷二次反射波信号，或有桩端反射但波速明显偏低。

IV 类桩：无桩端反射信号，可见因缺陷引起的多次强反射信号，或按平均波速计算的桩长明显短于设计桩长。

h. 检测报告格式应符合《公路工程基桩动测技术规程》（JTG/T F81-01—2004）附录的规定，并应包括下列内容：

桩身混凝土波速值。

桩身完整性描述，包括缺陷位置、性质及类别。

时域曲线图，并注明桩底反射位置。

桩位编号及平面布置示意图，地质柱状图。

②实测曲线判读解释的基本方法（表 5-34）。

对于缩径类缺陷（缩径、空洞、离析、裂缝等），反射波与入射波同相；对于扩径类缺陷，反射波与入射波反相；当桩长和桩径一定时，桩身强度越大，桩侧土强度越小，桩底反射信号越强;反之,桩身强度越低,桩侧土强度越大,桩底反射信号越弱。

不同缺陷反射波典型记录曲线表 表 5-34

缺陷类别	典型记录曲线	说明
完整	D R	1. 短桩桩底反射波 R 与直达波 D 频率相近,振幅略小; 2. 长桩 R 振幅小、频率低; 3. R 与 D 初动相位相同
扩颈	D R′ R	1. 情况与完整桩相近; 2. 扩颈反射波 R' 初动相位与直透 D 相反; 3. R' 的振幅与扩颈尺寸相关
缩颈	D R′ R	1. 缩颈反射波 R' 其振幅大小与缩颈尺寸有关; 2. 缩颈尺寸越大,R' 振幅大而桩底反射 R 振幅变小
夹泥微裂空洞	D R′ R	1. 夹泥、微裂空洞三者情况相近,缺陷反射波 R' 初动相位与 D 相同; 2. 桩底反射 R 的频率随缺陷严重程度有所降低
离析	D R′ R	1. 离析反射 R' 一般不明显; 2. 桩底反射 R 的频率有所下降
局部断段	D R′ R″ R‴ R	1. 局部断裂也会出现缺陷的多次反射 R'、R''、R'''; 2. 桩底反射振幅小,频率往往降低
断柱	D R′ R″ R‴	断桩无桩底反射,只有断桩部位的多次反射 R'、R''、R'''

(6)影响基桩质量检测波形的因素分析

①露出于桩头的钢筋对波形的影响。

由于灌注桩考虑到以后的承台问题,桩头均有钢筋露出,这对实测波形有一定影响,严重时可影响反射信息的识别。这是因为在桩头激振时,钢筋所产生的回声极易被检波器接收,之后又与反射信息叠加在一起。克服这一影响因素的方法是,将检波器用细砂或粒土屏蔽起来,使检波器收不到声波信息。经多次实验证明这一方法是有效的。图 5 15a)是某工程桩屏蔽前实测的波形,图 5-15b)是屏蔽后的实测波形,可以看出,屏蔽后实测波形反射信息清晰易辨,图中 i 是桩间反射旅行时间,t_b 是桩底反射旅行时间。

②桩头破损对波形的影响。

预制桩在贯入过程中,桩头可能产生破损,灌注桩头表面松散,这将使弹性波能量很快衰减,从而削弱桩间及桩底反射信息,影响了波形的识别。有效途径是:将破损处或松散处铲去。

总之,影响基桩质量检测波形的因素较多,工作中应逐一排除,以便桩间、桩底反射信息的辨识,避免产生误判。

6. 超声脉冲检测法

钻孔灌注桩超声脉冲检测法的基本原理与超声脉冲法检测缺陷与强度技术基本相同。但由于桩深埋土内，而检测只能在地面进行，因此又有其特殊性。钻孔灌注桩超声脉冲检测法要在桩内预埋几根声测管作为检测通道（图5-16），将超声脉冲发射换能器（又称发射探头）和超声脉冲接收换能器（又称接收探头）置于声测管中，管中需充满清水，作为耦合剂。由仪器中的脉冲信号发生器发生一系列周期性电脉冲，加在发射换能器的压电体上，转换成超声脉冲。该脉冲穿过待测的桩体混凝土，为接收换能器所接收，再转换成电信号。由仪器中的测量系统测出超声脉冲穿过混凝土所需的时间、接收波幅值（或衰减值）、接收脉冲主频率、接收波波形和频谱等参数。然后由数据处理系统，按判断软件对接收信号的各种参数进行综合判断和分析，即可对混凝土各种内部缺陷的性质、大小、位置作出判断，并给出混凝土总体均匀性和强度等级的评价指标。

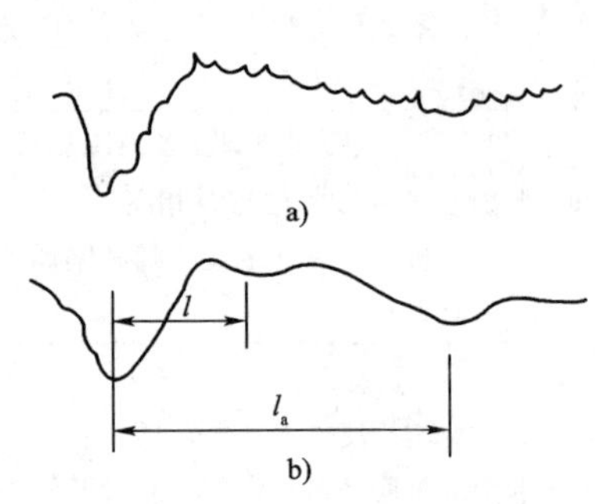

图5-15　实测波形

a）屏蔽前；b）屏蔽后

图5-16　钢筋笼中超声波检测管示意图

（1）适用范围

本方法适用于直径不小于800mm的混凝土灌注桩的完整性检测，它包括跨孔透射法和单孔折射法。

（2）检测仪器和设备

①检测系统包括信号放大器、数据采集及处存储器、径向振动换能器等：

②检测仪应具有一发双收功能。

③声波发射应采用高压阶跃脉冲或矩形脉冲，其电压最大值不应小于1000V，且分档可调。

④接收放大和数据采集器

接收放大和数据采集器应符合下列规定：

a. 接收放大器的频带宽度为5～200kHz，增益不应小于100dB，放大器的噪声有效值不大于2μV，波幅测量范围不小于80dB，测量误差小于1dB。

b. 计时显示范围应大于2000μs，精度优于0.5μs，计时误差不应大于2%。

c. 采集器模数转换精度不应低于8bit，采样频率不应小于10MHz，最大采样长度不应小于32kB。

⑤径向振动换能器。

径向振动换能器应符合下列规定：

径向水平面无指向性；谐振频率宜大于25kHz；在1MPa水压下能正常工作；收、发换能器的导线均应有长度标注，其标注允许偏差不应小于10mm；接收换能器宜带有前置放大器，频带宽度宜为5 ~ 60kHz；单孔检测采用一发双收一体型换能器，其发射换能器至接收换能器的最近距离不应小于30cm，两接收换能器的间距宜为20cm。

⑥目前常用的检测装置有两种：

a. 用一般超声检测仪和发射及接收探头所组成。探头在声测管内的移动由人工操作，数据读出后再输入计算机处理。这套装置一般超声检测装置通用，但检测速度慢、效率较低。

b. 全自动智能化测桩专用的检测装置，如图5-17。它由超声发射及接收装置、探头自动升降装置、测量控制装置、数据处理计算机系统等四大部分所组成。

数据处理计算机系统是测控装置的主控部件，具有人机对话、发布各类指令、进行数据处理等功能。它通过总线接口与测量控制装置连接，发出测量的控制命令，以及进行信息交换；升降机构根据指令通过步进电机进行上升、下降及定位等动作，移动探头至各测量点；超声发射和接收装置发射并接收超声波，取得测量数据，传送到数据处理计算机，进行数据处理、存储、显示和打印。由于测试系统由计算机控制，测量过程无需人工干预，因此可自动、迅速地完成全桩测量工作。

(3)现场检测

①预埋检测管应符合下列规定：

桩径小于1.0m时应埋设双管；桩径在1.0 ~2.5m应埋设三根管；桩径2.5m以上应埋设四根管，如图5-18。

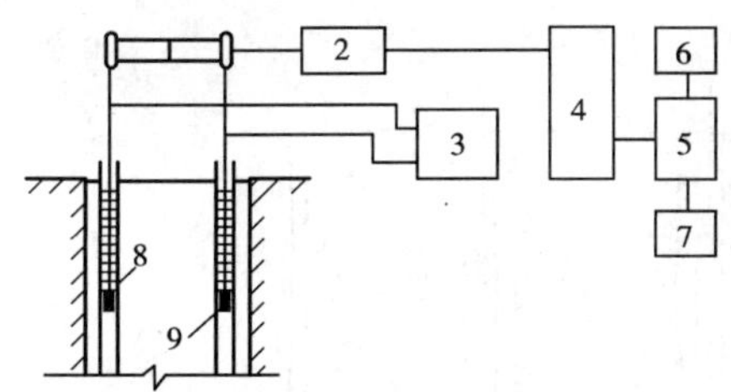

图5-17　全自动智能化测桩专用检测装置原理框图

1-探头升降机构；2-步进电动机驱动电源；3-超声发射与接收装置；4-测控接口；5-计算机；6-磁带机；7-打印机；8、9-发射、接收探头

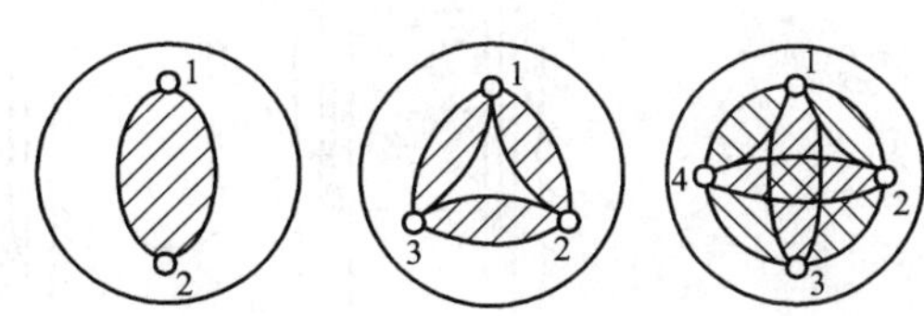

图5-18　声波透射埋管编组

注：图中数字为检测管埋设位置。

声波检测管宜采用钢管、塑料管或钢质波纹管，其内径宜为50 ~60mm。钢管宜用螺纹连接，管的下端应封闭，上端应加盖。根据计算和试验，采用钢管时，双孔测量的声能透过率只有0.5%，塑料管则为42%，可见采用塑料管时接收信号比采用钢管时强，但由于在地下水泥水化热不易发散，而塑料温度变形系数较大，当混凝土硬化后塑料管因温度下降而产生纵向和径向收缩，致使混凝土与塑料管局部脱开，容易造成误判。试验证明，钢管的界面损失虽然较大，但仍有足够大的接收信号，而且安装方便，可代替部分钢筋截面，还可作为以后桩底压浆的通道，所以采用钢管作测管是合适的。塑料管的声能透过率较高，在保证它与混凝土良好黏结的前提下，也可使用。

检测管可焊接或绑扎在钢筋笼的内侧，检测管之间应相互平行。但在实际施工中，由于钢筋骨架刚度不足，对平行度提出过高的要求是不现实的。在检测内部缺陷时，不平行的影响，可在数据处理中予以鉴别和消除，所以对平行度不必苛求，但必须严格控制。

②检测前的准备。

a. 被检桩的混凝土龄期应大于14d。

b. 声测管内应灌满清水，且保证畅通。

c. 标定超声检测仪发射至接收的系统延迟时间 t_0。

d. 准确量测声测管的内、外径和两相邻声测管外壁间的距离，量测精度为±1mm。

e. 取芯孔的垂直度误差不应大于0.5%，检测前应进行孔内清洗。

f. 采用一段直径略大于换能器的圆钢作疏通吊锤，逐根检查声测管的畅通情况及实际深度。

③检测方法。

根据声测管埋置的不同情况，可以有如下三种检测方法。

a. 双孔检测：在桩内预埋两根以上的管道，把发射探头和接收探头分别置于两根管道中（图5-19）。检测时超声脉冲穿过两管道之间的混凝土。这种检测方法的实际有效范围为超声脉冲从发射换能器到接收换能器所穿过的范围。随着两换能器沿桩的纵轴方向同步升降，使超声脉冲扫过桩的整个纵剖面，从而得到各项声参数沿桩的纵剖面的变化数据。为了扩大在桩横截面上的有效检测控制面积，必须使声测管的布置合理。双孔测量时，根据两探头相对高程的变化，可分为平测、斜测、扇形扫测等方式，如图5-19所示，在检测时视实际需要灵活掌握。

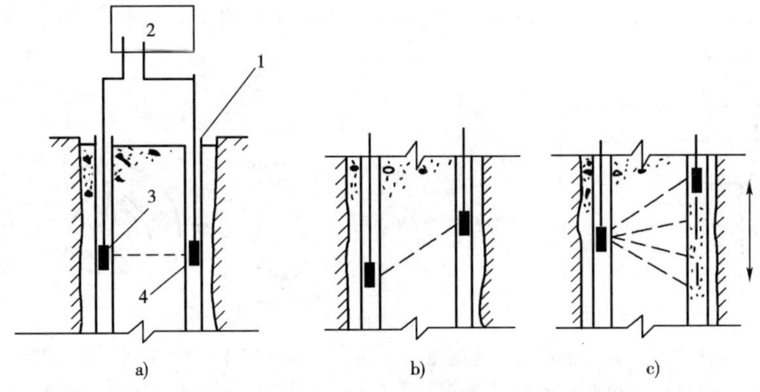

图5-19 双孔检测方法

a）双孔平测；b）双孔斜测；c）扇形扫测

1-声测管；2-超声仪；3、4-发射和接收换能器

b. 单孔检测：在某种特殊情况下，只有一个孔道可供检测使用，例如在钻孔取芯后需进一步了解芯样周围混凝土的质量，以扩大取芯检测后的观察范围，这时可利用此法（图5-20）。换能器放置在一个孔中，中间以隔声材料隔离。这时声波从水中及混凝土中分别绕射到接收换能器，接收信号为从水及混凝土等不同声通路传播而来的信号的叠加，分析这一叠加信号，测出不同声通路的声参数，即可分析孔道周围混凝土的质量。运用这一检测方法时，必须运用信号分析技术，排除管中的混响干扰。当孔道中有钢质套管时，不能用此法检测。

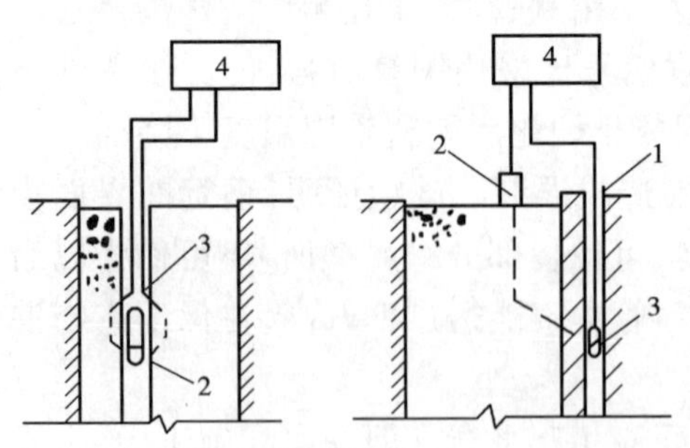

图5-20 单孔检测与桩外孔检测

1-声测管；2-发射探头；3-接收探头；4-超声波检测仪

c. 桩外孔检测：当桩的上部结构已施工，或桩内未预埋管道时，可在桩外的土基中钻孔作为检测通道。检测时在桩顶放置一较强功率的低频平探头，向下沿桩身发射超声脉冲，接收探头从桩外孔中慢慢放下，超声脉冲沿桩身混凝土向下传播，并穿过桩与测孔之间的土层，进入接收探头，逐点测出声时、波高等系数作为判断依据（图 5-20）。这种方式的可测深度受仪器发射功率的限制，一般只能测到 10m 左右。

以上三种方式中，双孔检测是桩基超声脉冲检测的基本形式，其他两种方法在检测和结果分析上都比较困难，只能作为特殊情况下的补救措施。

④检测要求。

检测方法应符合下列要求：

a. 测点间距宜为 200～500mm。发射与接收换能器应以相同高程同步升降，其累计相对高差不应大于 20mm，并随时校正，逐点测读声学参数并记录换能器所处深度，检测过程中应经常校核换能器所处高度。

b. 根据桩径大小选择合适频率的换能器和仪器参数，一经选定，在同批桩的检测过程中不得随意改变；在对同一根桩的检测过程中，声波发射电压应保持不变。

c. 在普测的基础上，对于声时值和波幅值出现异常的部位，或数据可疑的部位应进行复测或加密检测。采用如图 5-19 所示的平测、斜测、交叉斜测及扇形扫测等方法进行细测，结合波形分析确定桩身混凝土缺陷的位置、范围及其严重程度。

d. 当同一桩中埋有三根或三根以上声测管时，应以每两管为一个测试剖面，分别对所有剖面进行检测。

⑤检测参数计算。

声时即超声脉冲穿过混凝土所需的时间。如果两声测管基本平行，则当混凝土质量均匀，没有内部缺陷时，各横截面所测得的声时值基本相同。当存在缺陷时，由于缺陷区的泥、水、空气等内含物的声速远小于完好混凝土的声速，所以使穿越时间明显增大，而且当缺陷中的物质与混凝土的声阻抗不同时，界面透过率很小，声波将绕过缺陷继续传播，波线呈折线状。由于绕行声程比直达声程长，因此，声时值也相应增大，所以声时值是缺陷的重要判断参数。

a. 计算声时修正值。

由于埋置声测管影响声时值，应按下式计算声时修正：

$$t' = \frac{D-d}{v_t} + \frac{d-d'}{v_w} \tag{5-13}$$

式中：t'——声时修正值；

D——声测管外径，mm；

d——声测管内径，mm；

d'——换能器外径，mm；

v_t——声测管壁厚度方向声速值，km/s；

v_w——水的声速值，km/s。

b. 计算声时、声速和声速平均值。

声时、声速和声速平均值应按下列公式计算，并绘制声速—深度曲线、波幅—深度曲线。

$$t = t_i - t_0 - t' \tag{5-14}$$

$$v_i = \frac{l}{t} \tag{5-15}$$

$$v_m = \sum_{i=1}^{n} \frac{v_i}{n} \tag{5-16}$$

式中：t——声时值，μs；

t_i——超声波第 i 测点声时值，μs；

t_0——声波检测系统延迟时间，μs；

t'——声时修正值，μs；

v_i——第 i 个测点声速值，km/s；

l——两根检测管外壁间的距离，mm；

v_m——混凝土声速平均值，km/s；

n——测点数。

c. 单孔折射法的声时、声速计算。

单孔折射法的声时、声速应按下列公式计算：

$$\Delta t = t_2 - t_1 \tag{5-17}$$

$$v_i = \frac{h}{\Delta t} \tag{5-18}$$

式中：Δt——两个接收换能器的声时差，μs；

t_1——近道接受换能器声时，μs；

t_2——远道接受换能器声时，μs；

v_i——第 i 测点的声速值，km/s

h——两个接收换能器间的距离，mm。

⑥检测结果分析和判定。

桩身混凝土缺陷应根据下列方法综合判定：

a. 声速判据。当实测混凝土声速值低于声速临界值时，应将其作为可疑缺陷区。

$$v_i < v_D \tag{5-19}$$

式中：v_i——第 i 个测点声速值，km/s；

v_D——声速临界值，km/s。

声速临界值采用正常混凝土声速平均值与 2 倍声速标准差之差，即：

$$v_D = \bar{v} - 2\sigma_V \tag{5-20}$$

$$\bar{v} = \sum_{i=1}^{n} \frac{v_i}{n} \tag{5-21}$$

$$\sigma = \sqrt{\sum_{i=1}^{n} \frac{(v_i - \bar{v})^2}{n-1}} \tag{5-22}$$

式中：$\bar{v}$——正常混凝土声速平均值，km/s

σ_V——正常混凝土声速标准差；

v_i——第 i 个测点声速值，km/s；

n——测点数。

当检测剖面 n 个测点的声速值普遍偏低且离散性很小时，宜采用声速低限值判据。即实测混凝土声速值低于声速低限制时，可直接判定为异常。

$$v_i < v_L \tag{5-23}$$

式中：v_i——第 i 个测点声速值，km/s；

v_L——声速低限值，km/s。

声速低限值应由预留同条件混凝土试件的抗压强度与声速对比试验结果，结合本地区实际经验确定。

b. 波幅判据。用波幅平均值减 6dB 作为波幅临界值。当实测波幅低于波幅临界值时，应将其作为可疑缺陷区：

$$A_D = A_m - 6 \tag{5-24}$$

$$A_m = \sum_{i=1}^{n} \frac{A_i}{n} \tag{5-25}$$

式中：A_D——波幅临界值，dB；

A_m——波幅平均值，dB；

A_i——第 i 个测点相对波幅值，dB；

n——测点数。

c. PSD 判据。PSD 判据是声参数—深度曲线相邻两点之间的斜率与声时差值之积作为判据。显然，当 i 点处相邻两点的声时值没有变化或变化极小时，PSD 等于或接近于零。当声时值有明显变化时，由于 PSD 和 $(t_i - t_{i-1})^2$ 成正比，因而 PSD 将大幅度变化。

实践证明，PSD 判据对缺陷十分敏感，而对因声测管不平行，或因混凝土不均匀等非缺陷原因所引起的声时变化基本上反映不出来。这是因为非缺陷因素所引起的声时变化都是渐变过程，虽然总的声时变化量可能很大，但相邻两测点间的声时差值却很小，因而 PSD 很小。所以，运用 PSD 判据基本上消除了声测管不平行或混凝土不均匀等因素所造成的声时变化对缺陷判断的影响。

采用斜率法作为辅助异常判据，当 PSD 值在某测点附近变化明显时，应将其作为可疑缺陷区。

$$\text{PSD} = \frac{(t_i - t_{i-1})^2}{z_i - z_{i-1}} \tag{5-26}$$

式中：t_i——第 i 个测点声时值，μs；

t_{i-1}——第 $i-1$ 个测点声时值，μs；

z_i——第 i 个测点深度，m；

z_{i-1}——第 $i-1$ 个测点深度，m。

对于混凝土声速和波幅值出现异常并判为可疑缺陷区的部位，应采用水平加密、等差同步或扇形扫测等方法进行细测，结合波形分析确定桩身混凝土缺陷的位置及其重程度。

对支承桩或嵌岩桩，宜同时采用低应变反射波法检测桩段的支承情况。

⑦桩身完整性类别判定。

I 类桩：各声测剖面每个测点的声速、波幅均大于临界值，波形正常。

II 类桩：某一声测剖面个别测点的声速、波幅均小于临界值，但波形基本正常。

III 类桩：某一声测剖面连续多个测点或某一深度桩截面处的声速、波幅值小于临界值，PSD 值变大，波形畸变。

IV 类桩：某一声测剖面连续多个测点或某一深度桩截面处的声速、波幅值明显小于临界值，PSD 值突变，波形严重畸变。

检测报告应符合《公路工程基桩动测技术规程》(JTG/T F81－01—2004)附录规定，并应包括每根被检桩各剖面的声速—深度、波幅—深度曲线及各自的临界值，声速、波幅的平均值，桩身缺陷位置及程度的分析说明。

第四节 基桩承载力检测

目前确定基桩承载力的检测方法有两类：一类是静荷载试验；另一类是各种桩的动测方法。静荷载试验是确定基桩承载力最可靠的方法，而其他检测方法则要在与桩静荷载试验结果大量对比的基础上，找出对比系数，才能推广应用。下面介绍静荷载试验方法和基桩高应变动力检测法。

一、静荷载试验

（一）试验前的准备工作

（1）试桩的桩顶如有破损或强度不足时，应将破损和强度不足段凿除后，修补平整。

（2）做静压、静拔的试桩，为便于在原地面处施加荷载，在承台底面以上部分或局部冲刷线以上部分设计不能考虑的摩擦力应予扣除。

（3）做静压、静拔的试桩，桩身需通过尚未固结新近沉积的土层或湿陷性黄土、软土等土层对桩侧产生向上的负摩擦力部分，应在桩表面涂设涂层，或设置套管等方法予以消除。

（4）在冰冻季节试桩时，应将桩周围的冻土全部融化。其融化范围：静压、静拔试验时，离试桩周围不小于1m。融化状态应保持到试验结束。

（5）在结冰的水域做试验时，桩与冰层间应保持不小于100mm的间隙。

（二）静压试验

（1）试验目的：通常用来确定单桩承载力和荷载与位移的关系，以及校核动力公式的准确程度。

（2）试验方法：采用慢速维持荷载法，若设计无特殊要求时，用单循环加载试验。

（3）试验时间：静压试验应在冲击试验后立即进行。对于钻（挖）孔灌注桩，须待混凝土达到能承受设计要求荷载后，才可进行试验。

（4）试验加载装置：一般采用油压千斤顶加载。千斤顶的反力装置可根据现场的实际条件选用下列3种形式之一：

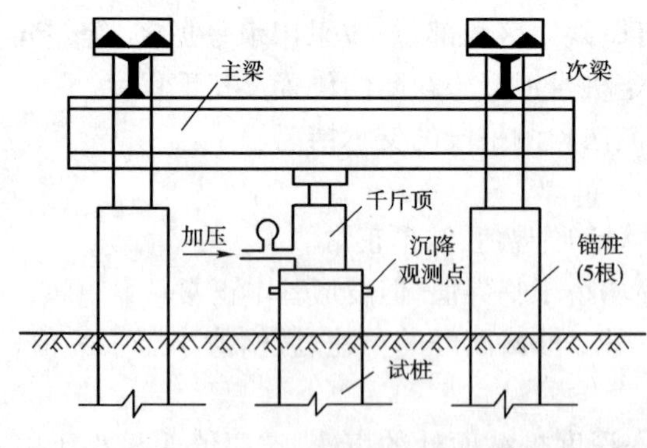

图5-21 锚桩横梁反力加载装置

①锚桩承载梁反力装置（图5-21）：锚桩承载梁反力装置能提供的反力，应不小于预估最大试验荷载的1.3～1.5倍。

锚桩一般采用4根，如入土较浅或土质松软时可增至6根。锚桩与试桩的中心间距，当试桩直径（或边长）小于或等于800mm时，可为试桩直径（或边长）的5倍；当试桩直径大于800mm时，上述距离不得小于4m。

②压重平台反力装置（图5-22）：利用平台上压重作为对桩静压试验的反力装置。压重不得小于预估最大试验荷载的1.2倍，压重应在试验开始前一次加上。

试桩中心至压重平台支承边缘的距离与上述试桩中心至锚桩中心距离相同。

③锚桩压重联合反力装置:当试桩最大加载量超过锚桩的抗拔能力时,可在承载梁上放置或悬挂一定重物,由锚桩和重物共同承受千斤顶反力。

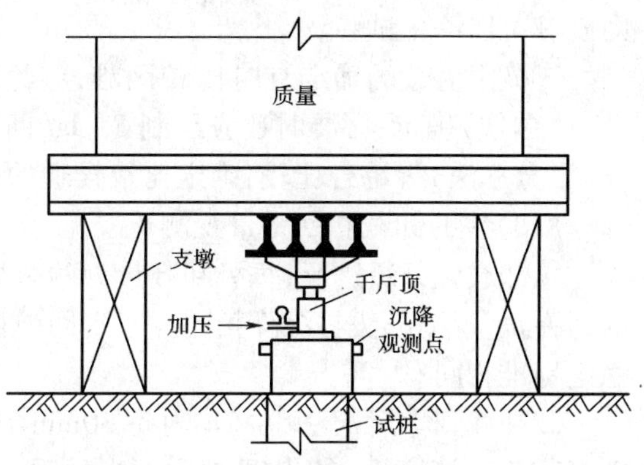

图 5-22 堆载平台反力加载装置

(5)测量位移装置:测量仪表必须精确,一般使用 1/20mm 光学仪器或力学仪表,如水平仪、挠度仪、位移计等。支承仪表的基准架应有足够的刚度和稳定性。基准架的一端在其支承上可以自由移动,不受温度影响引起上拱或下挠。基准桩应埋入地基表面以下一定深度,不受气候条件等影响。基准桩中心与试桩、锚桩中心(或压重平台支承边缘)之间的距离应符合表 5-35 的规定。

基准桩中心至试桩、锚桩中心(或压重平台支承边)的距离 表 5-35

反力系统	基准桩与试桩	基准桩与锚桩(或压重平台支承边)
锚桩承载梁反力装置	$\geqslant 4d$	$\geqslant 4d$
压重平台反力装置	≥2.0m	≥2.0m

注:此表适用于试桩直径或边长 $d \leqslant 800$mm 的情况;若试桩直径 $d > 800$mm 时,基准桩中心至试桩中心(或压重平台支承边)的距离不宜小于 4.0m。

(6)加载方法:

①加载重心应与试桩轴线相一致。加载时应分级进行,使荷载传递均匀,无冲击。加载过程中,荷载不能超过每级的规定值。

②加载分级:每级加载量为预估最大荷载的 1/15 ~ 1/10。当桩的下端埋入巨粒土、粗粒土以及坚硬的黏质土时,第一级可按 2 倍的分级荷载加载。

③预估最大荷载:对施工检验性试验,一般可采用设计荷载的 2.0 倍。

(7)沉降观测:

①下沉未达到稳定状态不得进行下一级加载。

②每级加载的观测时间规定为:每级加载完毕后,每隔 15min 观测一次;累计 1h 后,每隔 30min 观测一次。

(8)稳定标准:每级加载下沉量,在下列时间内如不大于 0.1mm 即可认为稳定。

①桩端下为巨粒土、砂类土、坚硬黏质土,最后 30min。

②桩端下为半坚硬和细粒土,最后 1h。

(9)加载终止及极限荷载取值:

①总位移量大于或等于 40mm,本级荷载的下沉量大于或等于前一级荷载下沉量的 5 倍时,加载即可终止。取此终止时荷载小一级的荷载为极限荷载。

②总位移量大于或等于 40mm,本级荷载加上后 24h 未达稳定,加载即可终止。取此终止时荷载小一级的荷载为极限荷载。

③巨粒土、密实砂类土以及坚硬的黏质土中,总下沉量小于 40mm,但荷载已大于或等于设计荷载设计规定的安全系数,加载即可终止。取此时的荷载为极限荷载。

④施工过程中的检验性试验,一般加载应继续到桩的 2 倍的设计荷载为止。如果桩的总沉降量不超过 40mm,及最后一级加载引起的沉降不超过前一级加载引起的沉降的 5 倍,

则该桩可以停止试验。

⑤极限荷载的确定有时比较困难，应绘制荷载-沉降曲线（$P-S$ 曲线）、沉降-时间曲线（$S-t$ 曲线）确定；必要时还应绘制 $S-\lg t$ 曲线、$S-\lg P$ 曲线（单对数法）、$S-[1-P/P_{max}]$ 曲线（百分率法）等综合比较，确定比较合理的极限荷载值。

（10）桩的卸载和回弹量观测：

①卸载应分级进行，每级卸载量为两个加载级的荷载值。每级荷载卸载后，应观测桩顶的回弹量，观测办法与沉降相同。直到回弹稳定后，再卸下一级荷载。回弹稳定标准与下沉稳定标准相同。

②卸载到零后，至少在 2h 内每 30min 观测一次。如果桩尖下为砂类土，则开始 30min 内，每 15min 观测一次；如果桩尖下为黏质土，第一小时内，每 15min 观测一次。

（11）试验记录：所有试验数据应按表 5-36 及时填写记录；绘制静压试验曲线，如图 5-23 所示，并编写试验报告。

静压试验记录表 表 5-36

________线________桥________号试桩

地质情况________

沉桩方法及设备型号________

桥的类型、截面尺寸及长度________

桩的入土深度________（m）设计荷载________（kN）

最终贯入深度________（mm/击）

加载方法________

加载顺序________

荷载编号	起止时间			间歇时间（min）	每级荷载（kN）	各表读数			平均读数（min）	位移			温度（℃）	备注
	日	时	分			1号	2号			下沉	上拔	水平		

其他记录：

（三）静拔试验

（1）试验目的：在个别桩基中设计承受拉力时，用以确定单桩抗拔容许承载力。

（2）试验时间：一般可按复打规定的“休止”时间以后进行。对于钻（挖）孔灌注桩，须待灌注的混凝土强度达到设计要求的强度后才可进行；静拔试验也可在静压试验后进行。

（3）加载装置：可采用油压千斤顶加载。千斤顶的反力装置一般采用 2 根锚桩和承载梁组成，试桩和承载梁用拉杆连接，将千斤顶置于 2 根锚桩之上，顶推承载梁，引起试桩上拔。试桩与锚桩间中心距离可按静压试验中的有关规定确定。

（4）加载方法：一般采用慢速维持荷载法进行。施加的静拔力必须作用于桩的中轴线。

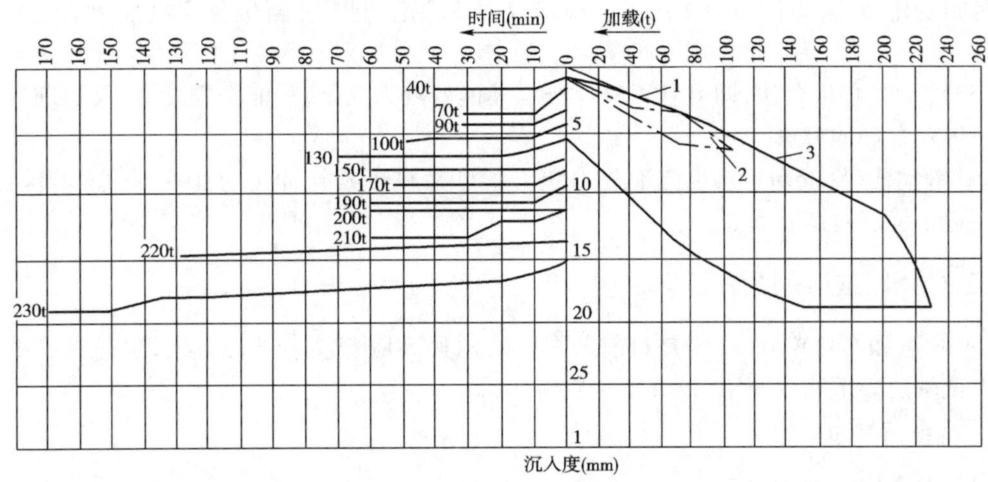

图 5-23 基桩垂直静载曲线

加载应均匀、无冲击。每级加载量不大于预计最大荷载的 1/15 ~ 1/10。

(5)位移观测:每级加载完毕后,每隔 15min 观测一次;累计 1h 后,每隔 30 min 观测一次。下沉未达稳定不得进行下一级加载。

(6)稳定标准:位移值小于或等于 0.1mm/h,即可认为稳定。

(7)加载终止:勘测设计阶段,总位移大于或等于 25 mm,加载即可终止;施工阶段,加载不应大于设计容许抗拔荷载。

(8)试验记录:所有试验观测数据应按表 5-36 及时填写记录,并绘制如图 5-23 所示曲线(代表拔出位移的纵坐标改为向上)。

二、高应变动力检测法

随着我国基本建设事业的飞速发展,桩基工程日益增多,桩的检测工作量加大。传统的静荷试验方法,由于其费用高、时间长,通常检测数量只能达到总桩数的 1% 左右;而且随着桩径桩长的增大,静载试验从其实施规模、消耗资金和需要时间来看,均已到了难以接受的程度。而各种动力检测方法以其技术相对先进、操作较为简便、占用时间较短、所需费用较低等优点,近年来得到了广泛的推广和应用。

所谓高应变动力检测法,广义地讲,是指所有能使桩土间产生永久变形(或较大动位移)的动力检测基桩承载力的方法。这类方法要求给桩土系统施加较大能量的瞬时荷载,以保证桩土间产生一定的相对位移。这种方法包括如下内容。

(1)打桩公式法。此法用于预制桩施工时的同步测试,采用刚体碰撞过程中的动量与能量守恒原理。打桩公式法以工程新闻修正公式和海利打桩公式最为流行。

(2)锤击贯入法,简称锤贯法。此法曾在我国许多地方得到应用,仿照静载荷试验法获得动态打击力与相应沉降之间的 Q_d-$\sum e$ 曲线,通过动静对比系数计算静承载力;也有采用波动方程法和经验公式法计算承载力。

(3)Smith 波动方程法。设桩为一维弹性杆,桩土间符合牛顿黏性体和理想弹塑性体模型,将锤、冲击块、锤垫、桩垫、桩等离散化为一系列单元,编程求解离散系统的差分方程组,得到打桩反应曲线;根据实测贯入度,考虑土的吸着系数,求得桩的极限承载力。

(4)波动方程半经验解析解法,也称 CASE 法。将桩假定为一维弹性杆件,土体静阻力不随时间变化，动阻力仅集中在桩尖。根据应力波理论，同时分析桩身完整性和桩土系统承载力。

(5)波动方程拟合法，即 CAPWAPC 法。其模型较为复杂，只能编程计算，是目前广泛应用的一种较合理的方法。

(6)静动法(Statnamic)，也称准静力法。其意义在于延长冲击力作用时间(100ms)，使之更接近于静载荷试验状态。

三、CASE 法(凯斯法)

CASE 法和 CAPWAPCC 法是目前最常用的两种高应变动力试桩方法，也是狭义的高应变动力试桩法。下面仅介绍 CASE 法(凯斯法)。

(一)适用范围

(1)只限于中、小直径桩。

(2)在无静载试验情况下，应采用实测曲线拟合法确定 J_c；拟合计算的桩数不应少于检测总桩数的30%，并不少于3根。

(3)用于混凝土灌注桩时，桩身材质应均匀，截面应基本均匀，且有可靠经验。

(4)在同一场地，桩型、尺寸相同的情况下，阻尼系数极值与平均值之差应小于0.1。

(二)检测原理

CASE 法(凯斯法)一般指完全使用波动方程解的计算机程序，在给定的锤、垫、桩、土的参数变化范围内通过程序的参数分析功能迅速绘制出多组理论承载，即以纵坐标为不同的设定桩周土总静阻力值，横坐标为假定参数计算所得的打入阻力(每击贯入度的倒数)，每组曲线的某些参数(视要求而定)为设定值，其余变量相应便形成一组曲线。确定承载力时桩的最终贯入度及锤的落高为实测，其余参数参照取用。因此从各组曲线中选出相应的承载曲线便可由打入阻力反查总静阻力。如还有动静载对比试验数据，则更可作相应修正。

(三)检测仪器与设备

试验仪器应具有现场显示、记录、保存实测力与加速度信号的功能，并能进行数据处理、打印和绘图，如图5-24所示。其性能应符合下列规定：

(1)数据采集装置的模-数转换精度不应小于10位；通道之间的相位差应小于50μs。

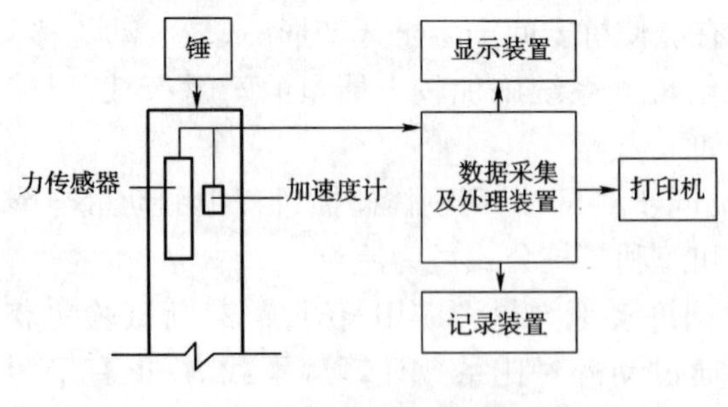

图5-24　仪器设备装置框图

(2)力传感器宜采用工具式应变传感器。应变传感器安装谐振频率应大于2kHz，在1000μs 测量范围内的非线性误差不应大于±1%；由于导线电阻引起的灵敏度降低不应大于1%。

(3)安装后的加速度计在2～3000Hz 范围内，灵敏度变化不应大于±5%，冲击加速度不大于10000m/s^2，其幅值非线性误差不应大于±5%。

(4)传感器应每年标定一次。

(5)打桩机械或类似的装置都可作为锤击设备。重锤应质量均匀、形状对称、锤底平整，宜用铸钢或铸铁制作。当采用自由落锤时，锤的重量应大于预估的单桩极限承载力的1%。

(6)桩的贯入度可用精密水准仪、激光变形仪等光学仪器测定。

(四)现场检测参数设定

1. 桩的参数设定

(1)现场检测时桩头测点处的桩截面积、桩身波速、桩材质量密度和弹性模量,应按测点处桩的实际情况确定。

(2)测点下桩长和截面积的设定值应符合下列规定:

①测点下桩长应取传感器安装点至桩底的距离。

②对于预制桩,可采用建设或施工单位提供的实际桩长和桩截面积作为设定值。

③对于混凝土灌注桩,测点下桩长和截面积设定值宜按建设或施工单位提供的施工记录确定。

(3)桩身波速设定

①对于普通钢桩,波速值可设定为5120m/s。

②对于混凝土预制桩,宜在打入前实测无缺陷桩的桩身平均波速作为设定值。

③对于混凝土灌注桩,在桩长已知的情况下,可用反射波法按桩底反射信号计算桩的平均波速作为设定值;如桩底反射信号不清晰,可根据桩身混凝土强度等级等参数综合设定。

(4)桩身质量密度设定

①对于普通钢桩,质量密度应设定为7.85t/m^3。

②对于普通混凝土预制桩,质量密度可设定为2.45~2.55t/m^3。

③对于普通混凝土灌注桩,质量密度可设定为2.4t/m^3。

(5)桩材的弹性模量设定值应按下式计算:

$$E = \rho \cdot c^2 \tag{5-27}$$

式中:E——桩材弹性模量 MPa;

c——桩身内应力波传播速度,m/s;

ρ——桩材质量密度,t/m^3。

2. 采样频率和采样数据长度的设定

(1)采样频率宜为5~10kHz。

(2)每个信号的采样点数不宜少于1024点。

3. 力传感器和加速度传感器标定系数的设定

力传感器和加速度传感器标定系数,应由国家法定计量单位开具的标定系数或传感器出厂标定系数作为设定值。

(五)检测方法

(1)混凝土桩桩头的处理

为了确保检测时锤击力的正常传递,桩头顶面应水平、平整,桩头中轴线与桩身中轴线应重合,桩头截面积应与原桩身截面积相同。

桩头主筋应全部直通至桩顶混凝土保护层之下,各主筋应在同一高度上。

距桩顶1倍桩径范围内,宜用厚度为3~5mm的钢板围裹或距桩顶1.5倍桩径范围内设置箍筋,间距不宜大于150mm。桩顶应设置钢筋网片2~3层,间距60~100mm。

桩头混凝土强度等级宜比桩身混凝土提高1~2级,且不得低于C30;桩顶应设置桩垫,并根据使用情况及时更换;桩垫宜采用胶合板、木板和纤维板等材质均匀的材料。

(2)传感器的安装

为监视和减少可能出现的偏心锤击的影响，检测时应安装应变传感器和加速度传感器各2只。传感器的安装应符合下列规定：

①传感器应分别对称安装在桩顶以下桩身两侧，如图5-25所示。传感器与桩顶之间的垂直距离，对于一般桩型，不宜小于2倍桩的直径或边长；对于大直径桩，不得小于1倍桩的直径或边长。

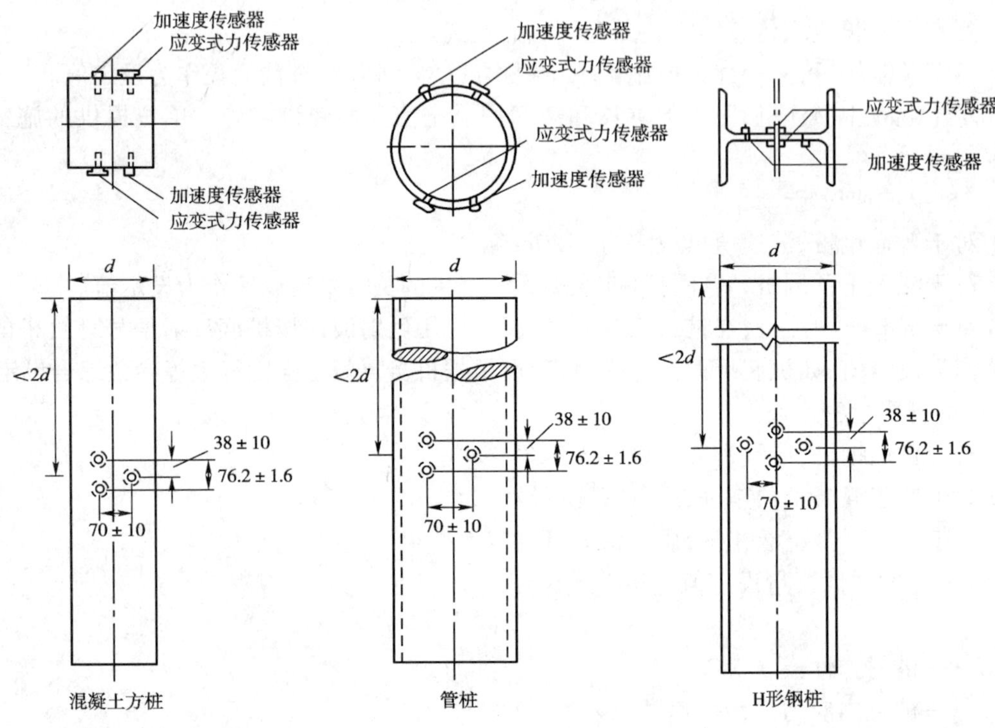

图5-25 测点处传感器安装(尺寸单位:mm)

②安装传感器的桩身表面应平整，且其周围不得有缺损或断面突变，安装面范围内的材质和截面尺寸应与原桩身等同。

③应变传感器的中心，与加速度传感器中心应位于同一水平线上，两者之间的水平距离不宜大于10cm。

④当采用膨胀螺栓固定传感器时，安装时应满足螺栓孔应与桩身中轴线垂直，其直径应与采用的膨胀螺栓尺寸相匹配。

⑤安装完毕后的应变传感器固定面应紧贴桩身表面，初始变形值不得超过规定值，检测过程中不得产生相对滑动。

⑥当进行连续锤击检测时，应先将传感器引线与桩身固定可靠，防止引线振动受损。

(3)测试技术要求

检测前应认真检查确认整个测试系统处于正常状态，并逐一核对各类参数设定值，直到确认无误时，方可开始检测。

检测时要记录每根桩的有效锤击次数，应根据贯入度及信号质量确定。因此，检测时宜实测每一锤击力上桩的贯入度。为使桩周土产生塑性变形，单击贯入度不宜小于2.5mm，但也不宜大于10mm。由于检测工作现场情况复杂，种种影响很难避免，为确保采集可靠的数据，即使对于灌注桩，每根桩检测时应记录的有效锤击数也不得只有一击。否则，一旦在室内分析时，发现采集数据有误就无法补救。每根桩检测时应记录的有效锤击次数，可参照表5-37取定。

有效锤击次数 表5-37

检测目的	桩型	有效锤击次数	检测目的	桩型	有效锤击次数
基桩检测	灌注桩	2~3击	施工控制	预制桩（初打）	收锤前3阵
	预制桩（复打）	2~3击		预制桩（复打）	1阵

注：每阵为10击。

采用自由落锤为锤击设备时，宜重锤低击，最大锤击落距不宜大于2.5m。当检测仅为检验桩身结构完整性时，可减轻锤重，降低落距，减少桩垫厚度，但应能测到明显的桩底反射信号。

检测时应及时检查采集数据的质量。如发现测试系统出现问题、桩身有明显缺陷或缺陷程度加剧，应停止检测，进行检查。

当检测承载力时，从设桩至检测的休止时间；预制桩不应少于表5-38中规定的时间，混凝土灌注桩应达到混凝土的设计强度等级，并不应少于表5-23中规定的时间。

休止时间(d) 表5-38

土的类别		休止时间
砂土		7
粉土		10
黏性土	非饱和	15
	饱和	25

（六）基桩承载力判定

1. 现场测量信号的判读

现场测量信号的判读。凯斯法在现场测量的直接结果是取得一条力波曲线和一条速度波曲线。用这两条曲线可做现场实时分析计算或带回室内做更详细的分析计算。因为主要计算都是由计算机自动完成的，计算程序不会判断现场采集的信号是否可靠，错误的记录也会有一个相应的计算值，所以判断现场采集信号的可靠性是相当重要的。

（1）锤击后出现下列情况之一的，其信号不得作为分析计算依据：

①力的时程曲线最终未归零。

②严重偏心锤击，一侧力信号呈现受拉。

③传感器出现故障。

④传感器安装处混凝土开裂或出现塑性变形。

（2）检测承载力时选取锤击信号，宜符合下列规定：

①预制桩初打，宜取最后一阵中锤击能量较大的击次。

②预制桩复打和灌注桩检测，宜取其中锤击能量较大的击次。

（3）分析计算前，应根据实测信号按下列方法确定桩身波速平均值：

①桩底反射信号明显时，可根据下行波波形升起沿的起点到上行波下降沿的起点之间的时差与已知桩长值确定（图5-26）。

②桩底反射信号不明显时，可根据桩长、混凝土波速的合理取值范围以及邻近桩的桩身

波速值综合判定。

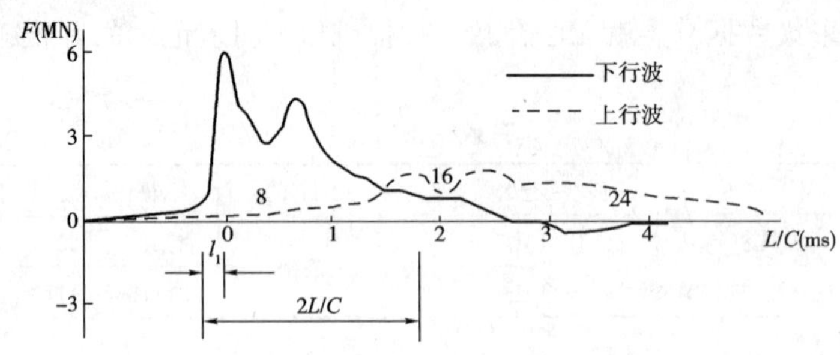

图 5-26　桩身波速的确定

F-锤击力；L-测点下桩长；C-桩身波速

2. 凯斯法判定桩承载力

凯斯法判定单桩极限承载力，可按有关公式计算。利用公式判定单桩承载力的关键是选取合理的阻尼系数 J_c。我国目前采用的阻尼系数值基本上是参照美国 PID 公司给出的取值范围，其取值的规律为：随着土中细粒含量的增加，阻尼系数值也随之增加。而且只给出了砂、粉砂、粉土、粉质黏土和黏土 5 种土质条件下的取值范围，常见的以风化岩作为桩端持力层的情况未能包括在内。此外，考虑到 PID 公司所建议的取值范围是基于打入式桩提出的，而我国灌注桩高应变动力检测的数量又很大，应用时难以满足公式推导中关于等截面的假定。加上灌注桩施工工艺不同所造成的桩端持力层的差异对阻尼系数取值的影响，使采用凯斯法判定承载力带有较大的经验性和不确定性。为防止凯斯法的不合理应用，应采用动静对比试验或实测曲线拟合法确定阻尼系数值。

还应指出，尽管 PID 公司给出的阻尼系数值的范围（表 5-39）是通过静载荷试验校核后得到的，但其静载荷试验确定极限承载力的准则与我国现行规范的规定有差异。此外，某些以端承为主的大直径桩、嵌岩桩、高应变动力检测所产生的动位移通常比静载荷试验时所产生的沉降要小，因此对于由动静对比试验得到的阻尼系数值，也应通过认真分析后取定。

美国 PID 公司的凯斯阻尼系数建议值　　表 5-39

土 的 类 型	取 值 范 围	土 的 类 型	取 值 范 围
砂	0 ~0.15	砂质粉土	0.15 ~0.25
粉质黏土	0.45 ~0.70	黏土	0.9 ~1.20

第五节　沉井施工检测

沉井在下沉施工过程中存在不少问题，如涌砂、冒泥、沉井偏斜、机械化程度低、自动化程度不高，以及下沉深度有时难满足设计要求等。这些问题都需要经过大量的工程实践和科学试验积累经验，逐步进行研究予以解决，其中下沉深度是影响沉井基础发展的关键问题之一。而解决下沉深度问题，主要还是从减小土的阻力着手。如采用泥浆润滑套下沉沉井、空气幕下沉沉井都是为了减小土的阻力，使沉井下沉深度增加。但是，迄今为止，国内外对沉井下沉时的土阻力检测和理论探讨工作都进行得不多，还有待不断积累经验。侧面摩阻力现场检测，主要是通过检测沉井下沉过程中沉井侧面摩阻力的动态变化过程，进而求得沉井的沉降系数。正面摩阻力的检测利用刃脚上埋设的土压力盒测量土对沉井刃脚的单位正面阻力，然后根据同时测量到的刃脚处支承面积，其与土压力盒测得的单位正面阻力之积即为总正面阻力。沉井基础侧摩阻力和正摩阻力的检测能为改进沉井结构设计和下沉工艺提供有效依据。

一、沉井侧面摩阻力检测

1. 试验目的

沉井侧面摩阻力检测的目的，就是求算实际沉降系数，从而进一步改善沉井结构及施工工艺。

2. 检测原理

沉井下沉过程中沉井侧面摩阻力现场检测，主要是通过检测沉井下沉过程中沉井侧面摩阻力的动态变化过程，进而求得沉井的沉降系数。

对于钢筋混凝土沉井，其内力或轴力，通常可通过测定井壁受力钢筋的应力，然后根据钢筋与混凝土共同作用、变形协调条件反算得到。钢筋应力一般是通过在受力钢筋中串联连接的钢弦式钢筋计测定。这里只将其有关原理和在沉井侧面摩阻力检测中的应用做一简单说明。根据弦的振动微分方程，可推导出钢弦式传感器中钢弦应力与振动频率的关系：

$$f = \frac{1}{2L}\sqrt{\frac{\sigma}{\rho}} \tag{5-28}$$

式中：f——钢弦振动频率，Hz；

L——钢弦长度，m；

ρ——钢弦的密度，kg/m^3；

σ——钢弦所受的张拉应力，Pa。

钢弦式钢筋计的工作原理是，当其外壳钢管受轴力作用后，引起钢弦张力变化，从而改变其自振频率，由频率仪测得钢弦频率变化，通过标定曲线即可计算得到钢筋所受应力大小。另外，就钢筋混凝土沉井井壁而言，其轴力大小可根据钢筋与混凝土的变形协调假定求算，其算式如下：

$$P_{\mathrm{C}} = \frac{E_{\mathrm{C}}}{E_{\mathrm{t}}}\sigma_{\mathrm{t}}(A - A_{\mathrm{t}}) \tag{5-29}$$

式中：P_{C}——轴力，kN；

E_{C}、E_{t}——混凝土和钢筋的弹性模量，MPa；

σ_{t}——检测所得钢筋应力，MPa；

A、A_{t}——沉井井壁截面面积和钢筋截面面积，0.1cm^2。

按上式进行轴力换算时，沉井井壁混凝土浇筑初期应计入混凝土龄期对弹性模量的影响，在现场温度变化幅度较大季节，也需注意较剧烈温差变化对检测数据的影响。钢弦式压力盒与钢弦式钢筋计一样，构造简单、测试结果比较稳定、受温度影响小、易于防潮，可作长期观测；其缺点是灵敏度受压力盒尺寸的限制。

对于式(5-28)，当压力盒型号选择后，L、ρ 为定值，所以，钢弦频率只取决于钢弦上的张拉应力，而钢弦上产生的张拉应力又取决于外来压力 P，从而使钢弦频率与薄膜所受压力 P 的关系如下：

$$f^2 - f_0^2 = kP \tag{5-30}$$

式中：f——压力盒受压后钢弦的频率，Hz；

f_0 ——压力盒未受压时钢弦的频率,Hz;

P ——压力盒底部薄膜所受的压力,kN;

k ——标定系数,与压力盒构造等有关,各压力盒各不相同。

3. 仪器设备

(1)钢弦式钢筋计。

(2)压力盒。

(3)配套的频率仪:主要由放大器、示波管、振荡器和激发电路等部件组成。

4. 试验步骤

(1)标定仪具

对于钢筋计和压力盒这类现场检测工作所用的传感器,在使用前都应在室内进行标定。其标定目的是通过试验建立传感器输入量与输出量之间的关系,即求出传感器的输出特性曲线(又称标定曲线)。为此,应做到以下几点:传感器标定应尽量在与其使用条件相似的状态下进行;为减小标定中的偶然误差,应增加重复标定的次数和提高测试精度;在被测定的变化频率较小时,静标定造成的误差可以忽略,所以只做静标定。

实际检测中,钢筋计的标定是在材料试验机上进行的,方法是使钢筋计处于不同数值之拉(或压)状态,同时记录其钢弦频率值,标定数次直到读数稳定为止。绘出应力(拉、压)-频率标定曲线。压力盒的标定,一般是将压力盒放入能密封的压力罐中进行。罐内置油或水为介质,分不同压力值作阶段加压;同时读出钢弦频率的变化值,重复数次直至数值稳定为止,然后绘出应力-频率曲线。标定工作关系到检测数据的正确性,工作一定要认真、细致,条件许可时还可做些不同环境温度和使用条件下的修正试验,以提高检测精度。另外,测定频率的频率仪也应规定在使用前或每半年标定一次。

(2)安装测具

钢筋计的安装布置及安装数量,应根据检测的需要决定,但应考虑有备用量。钢筋计应考虑安设在受力情况比较单一(如轴向拉、压或纯弯曲)的部位,以减少分析中的困难。当然,钢筋计布置的数量愈多、测点愈密、数据愈准确,但成本也愈大。压力盒的安装将在下文作介绍,因为在沉井正面阻力现场检测中,所用的测具主要是压力盒。

(3)由埋设在沉井井壁中不同高度上的钢筋计和土压力盒,当沉井下沉至不同深度时,现场实测钢筋计和压力盒的测值变化,求算侧面摩阻力值。

(4)由沉井刃脚踏面安设的土压力盒,测出正面阻力,亦可求得沉井下沉时的综合侧面摩阻力值。因这两项检测都能分别实测得到侧面摩阻力值,故能起到两者相互校核的作用。

二、沉井正面阻力检测

1. 试验目的

沉井下沉时,根据沉井刃脚正面阻力检测可了解沉井下沉过程中沉井刃脚支承情况和正面阻力的变化,从而进一步改善沉井结构设计及下沉工艺。

2. 检测原理

在沉井下沉各阶段除进行上节所述沉井侧面摩阻力检测外,还应利用刃脚上埋设的土压力盒测量土对沉井刃脚的单位正面阻力;再根据同时测量出的刃脚处支承面积,其与土压力盒测得的单位正面阻力之积即为总正面阻力;最后,用沉井重力(扣除浮力)减去总正面阻力,可得到相应的总侧摩擦力。

3. 仪器设备

(1)土压力盒:常用的土压力盒有钢弦式、差动式和电阻式几类。

(2)频率仪。

4. 试验步骤

(1)选择测具:由于钢弦式土压力盒耐久性好,能适应沉井下沉时各种复杂条件,虽其精度相对较差,但在目前沉井下沉正面阻力检测中,仍多用此种土压力盒。因正面阻力检测中的土压力盒是典型的埋入式传感器,根据检测经验,可按以下几点选择压力盒结构参数。

①压力盒的外形尺寸应满足厚度与直径之比为0.1~0.2;一般情况下,压力盒直径应大于土颗粒直径的50倍,当土介质很密实且具有较好的连续性时,敏感膜直径可以小于上述值。目前,国内外土压盒直径在20~900mm之间,可根据沉井下沉处土质情况选择采用。

②敏感膜直径与外径之比,一般选择大于0.32,以减小压力盒的埋置误差。

③压力盒的等效变形模量与土介质变形模量之比应大于5~10,以减小压力盒与土介质之间的不匹配误差。

④应使土压力盒的质量与它所取代的土体质量相等而达到质量匹配。

最后,在土压盒选择时,应尽量选取刚度大、外形扁、尺寸适中、性能可靠、量程合适,并能满足高、低频特性的压力盒,不必盲目追求高精度,要注意其稳定性和经济性。

(2)测具埋设

土压力盒埋设时,最好加装有沥青囊,以扩大其受力面积,提高检测精度。在沉井正面阻力检测中,压力盒的安装埋设方法是:把刃脚角钢割开一个与压力盒外径相同的圆孔,然后将压力盒镶嵌其上,并使测量敏感膜与刃脚角钢底面在同一平面上,见图5-27。一般情况只需在其侧后面用短钢筋将其沥青囊固定即可。

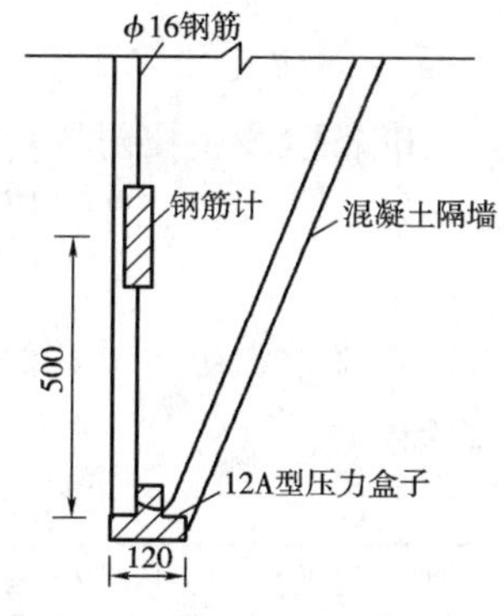

图5-27 土压力盒埋置(尺寸单位:mm)

(3)测量读数:目前,钢弦式土压力盒的实测测读,多是采用配套的频率仪单点手动测量。测读时,只要将土压力盒的2根引出线与频率仪的2根引出线分别相连,读出土压力盒钢弦的振动频率;再根据预先标定好的频率-应力曲线,即可推算土压力。

当然,沉井下沉过程正面阻力的检测工作应与沉井下沉同步进行。在土压力盒埋设后,首先测取初读数;沉井下沉过程中,需对每天和每个施工过程进行数据检测。当测试数据变化较大时,检测次数适当增加;而测试数据较稳定时,检测次数可适当减少。

注意:

①应当特别注意各检测内容初读数的准确性。一般经验表明:连续3次测得的数值基本一致后才能将其定为初读数,否则应继续测读。

②检测的数据应尽可能在现场整理分析,这样既可以及早发现数据真伪性,又可尽快提交供沉井下沉施工的工艺决策。

当然,沉井下沉中不论是侧面摩阻力检测还是正面阻力检测,检测频度都是根据沉井下沉深度和不同施工阶段而定的。一般情况下,采用下沉期内每下沉0.5m测读一次(每次,每个压力盒分别测读2个读数,其误差应小于规定值)的方法测定。另外,对特殊施工阶段,如焊接钢筋和各节混凝土灌注前后都要分别测读。而检测数据测读的时间,应控制在沉井即将下沉的一瞬间，因为只有此时才能检测到沉井井壁最大侧面摩阻力值。在检测的同时，还要记录下当时沉井刃脚与地层接触面积、沉井偏斜值、沉井下沉深度、土质情况、井内水位，以及气温等边界条件。因为这些资料在分析沉井下沉时土阻力值是十分必要的。

5. 资料分析

由于各种原因，现场沉井下沉正面阻力检测所得的原始数据，都有一定的离散性，必须进行误差分析、回归分析和归纳整理等去粗存精的分析处理后，才能很好地释解检测结果的含义，进而可充分地利用检测分析的成果。总之，检测数据分析中数学处理的目的就是验证、反馈和预报，即：将各种检测数据相互印证，以确认正面阻力检测结果的可靠性，探求沉井刃脚土阻力应力状态、分布规律，以便提供反馈，使沉井的设计和下沉工艺更合理；检测和监视沉井下沉过程中土阻力随时间的变化情况，也可对沉井下沉的最终值和变化速率进行预测和预报。

第六节　墩台身、锥坡和盖梁施工检测

当基础施工完成后，接下来应进行墩台身、锥坡和盖梁施工。墩台身、锥坡和盖梁施工检测可按照施工准备阶段、施工阶段和竣工验收阶段进行试验检测评定，以确保整个下部结构的工程质量。

一、施工准备阶段检测

(一)检测项目

施工准备阶段主要对原材料及各种配合比进行试验检测，避免不合格的材料用于工程，为开工做好前期准备工作。墩台身、锥坡和盖梁施工准备阶段需检测的项目见表5-40。

(二)检测方法

墩台身和盖梁施工准备阶段的检测项目依据表5-40中相应规程(标准)，参照相关课程进行试验检测。

墩台身、锥坡和盖梁施工准备阶段需检测的项目　　表5-40

类　型	序号	检测项目	采用规程(标准)
墩台身、锥坡和盖梁	1	水泥物理力学性能试验	《公路工程水泥及水泥混凝土试验规程》(JTG E30—2005)、《公路工程质量检验评定标准(土建工程)》(JTG F80/1—2004)
	2	外掺剂技术性能试验	
	3	混凝土拌和物性能试验	
	4	混凝土抗压强度试验	
	5	粗集料技术性能试验	《公路工程集料试验规程》(JTG E42—2005)
	6	细集料技术性能试验	
	7	混凝土配合比设计	《普通混凝土配合比设计规程》(JGJ 55—2000)、《公路工程水泥及水泥混凝土试验规程》(JTG E30－2005)
	8	砂浆配合比设计	《砌筑砂浆配合比设计规程》(JGJ/T 98—2010)、《砖石工程施工及验收规范》(GBJ 203—83)
	9	砂浆稠度、分层度试验	
	10	砂浆抗压强度试验	
	11	钢筋拉伸试验	《金属材料室温拉伸试验方法》(GB 228—2002)
	12	钢筋冷弯试验	《金属材料弯曲试验方法》(GB/T 232—2010)
	13	岩石抗压强度、抗冻性试验	《公路工程岩石试验规程》(JTG E41—2005)

(三)桥涵结构物对石料的要求

桥涵工程使用的石料主要用于砌体工程,如桥涵拱圈、墩台、基础、锥坡等。路基工程主要用于排水、挡墙等。桥涵结构物所用石料一般有如下两方面的要求。

1. 石料制品的物理、力学性质

(1)石料应符合设计规定的类别和强度,石质应均匀、不易风化、无裂纹。石料强度、试件规格及换算应符合设计要求。桥梁结构物用石料强度技术标准见表5-41。

桥梁结构物用石料强度技术标准 表5-41

序 号	结构物类型	石料最低强度(MPa)
1	拱圈	30
2	大、中桥墩台及基础、梁式桥轻型桥台	25
3	小桥墩台及基础、挡土墙	25

(2)一月份平均气温低于-10℃的地区,除干旱地区的不受冰冻部位或根据以往实践经验证明材料确有足够抗冻性者外,所用石料及混凝土材料须通过冻融试验证明符合表5-42的抗冻性指标时,方可使用。

石料及混凝土材料抗冻性指标 表5-42

结构物类型	大、中桥	小桥及涵洞
镶面或表层	50	25

注:抗冻性指标系指材料在含水饱和状态下经-15℃的冻结与融化的循环次数。试验后的材料应无明显损伤(裂缝、脱层),其强度不低于试验前的0.85倍。

2. 石料的规格和几何尺寸

(1)片石

片石一般指用爆破或楔劈法开采的石块,厚度不应小于150mm(卵形和薄片者不得采用)。用做镶面的片石,应选择表面较平整、尺寸较大者,并应稍加修整。

(2)块石

块石形状应大致方正,上、下面大致平整,厚度200~300mm,宽度约为厚度的1.0~1.5倍,长度约为厚度的1.5~3.0倍。块石用做镶面时,应由外露面四周向内稍加修凿,后部可不修凿,但应略小于修凿部分。其加工形状如图5-28所示。

(3)粗料石

粗料石是由岩层或大块石料开劈并经粗略修凿而成,外形应方正,成六面体,厚度200~300mm,宽度为厚度的1.0~1.5倍,长度为厚度的2.5~4.0倍,表面凹陷深度不大于20mm。加工精度如图5-29所示。镶面粗料石的外露面如带细凿边缘时,细凿边缘的宽度应为30~50mm。

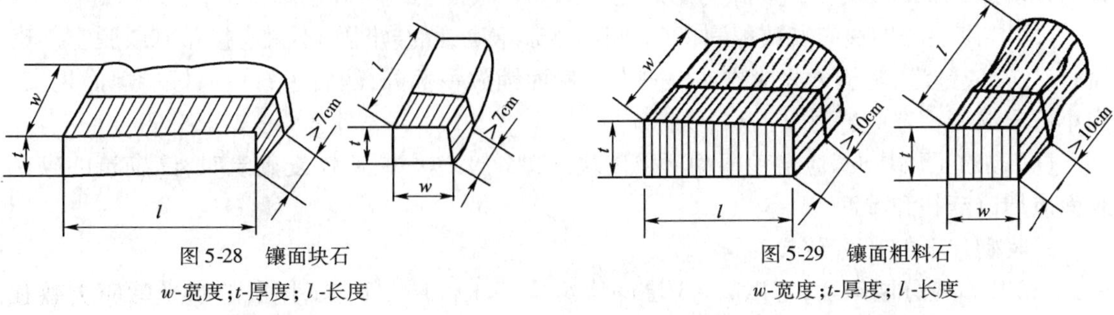

图5-28 镶面块石

w-宽度;t-厚度;l-长度

图5-29 镶面粗料石

w-宽度;t-厚度;l-长度

（四）砂浆的技术要求

（1）砌筑用砂浆的类别和强度等级应符合设计规定。

（2）砂浆中所用水泥、砂、水等材料的质量标准宜符合混凝土工程相应材料的质量标准，砂浆中所用砂，宜采用中砂或粗砂，当缺乏中砂及粗砂时，在适当增加水泥用量的基础上，也可采用细砂。砂的最大粒径，当用于砌筑片石时，不宜超过5mm；当用于砌筑块石、粗料石时，不宜超过2.5mm。如砂的含泥量达不到混凝土用砂的标准，当砂浆强度等级大于或等于M5时，可不超过5%，小于M5时可不超过7%。

（3）石灰水泥砂浆所用生石灰，应成分纯正，煅烧均匀、透彻。一般宜熟化成消石灰粉或石灰膏使用，也可磨细成生石灰粉使用。消石灰粉和石灰膏应通过网筛过滤，并且石灰膏应在沉淀池内储存14d以上。磨细生石粉应经4900孔/cm^2筛子过筛。

（4）砂浆的配合比可通过试验确定，并应满足规范中技术条件的要求。当变更砂浆的组成材料时，其配合比应重新试验确定。

（5）砂浆必须具有良好的和易性，其稠度以标准圆锥体沉入度表示，用于石砌体时宜为50～70mm，气温较高时应适当增大。零星工程用砂浆的稠度，也可用直观法进行检查，以用于能将砂浆捏成小团，松手后既不松散、又不由灰铲上流下为度。

（6）为改善水泥砂浆的和易性，可掺入无机塑化剂或以皂化松香为主要成分的微沫剂等有机塑化剂。

（7）砂浆配制应采用质量比，砂浆应随拌随用，保持适宜的稠度，一般宜在3～4h内使用完毕；气温超过30℃时，宜在2～3h内使用完毕。在运输过程或在储存器中发生离析、泌水的砂浆，砌筑前应重新拌和；已凝结的砂浆，不得使用。

（五）浆砌石块的技术要求

1. 一般要求

（1）砌块在使用前必须浇水湿润，表面如有泥土、水锈，应清洗干净。

（2）砌筑基础的第一层砌块时，如基底为岩层或混凝土基础，应先将基底表面清洗、湿润。再坐浆砌筑；如基底为土质，可直接坐浆砌筑。

（3）砌体应分层砌筑，砌体较长时可分段分层砌筑，但两相邻工作段的砌筑差一般不宜超过1.2m；分段位置宜尽量设在沉降缝或伸缩缝处，各段水平砌缝应一致。

（4）各砌层应先砌外圈定位行列，然后砌筑里层，外圈砌块应与里层砌块交错连成一体。砌体外露面镶面种类应符合设计规定，位于流冰或有严重漂流物河中的墩台，宜选用较坚硬的石料或高强度混凝土预制块进行镶砌。砌体里层应砌筑整齐，分层应与外围一致，应先铺一层适当厚度的砂浆再安放砌块和填塞砌缝。砌体外露面应进行勾缝，并应在砌筑时靠外露面预留深约20mm的空缝备做勾缝之用。砌体隐蔽面砌缝可随砌随刮平，不另勾缝。

（5）各砌层的砌块应安放稳固，砌块间应砂浆饱满，黏结牢固，不得直接贴靠或脱空。砌筑时，底浆应铺满，竖缝砂浆应先在已砌石块侧面铺放一部分，然后于石块放好后填满捣实。用小石子混凝土塞竖缝时，应以扁铁捣实。

（6）砌筑上层块时，应避免振动下层砌块。砌筑工作中断后恢复砌筑时，已砌筑的砌层表面应加以清扫和湿润。

2. 浆砌片石的技术要求

（1）片石应分层砌筑，宜以2～3层砌块组成一工作层，每一工作层的水平缝应大致找平。各工作层竖缝应相互错开,不得贯通。

(2)外圈定位行列和转角石,应选择形状较为方正及尺寸较大的片石。并长短相间地与里层砌块咬接。砌缝宽度一般不应大于40mm,用小石子混凝土砌筑时,可为30~70mm。

(3)较大的砌块应使用于下层,安砌时应选取形状及尺寸较为合适的砌块,尖锐凸出部分应敲除。竖缝较宽时,应在砂浆中填塞小石块,不得在石块下面用高于砂浆砌缝的小石片支垫。

3.浆砌块石的技术要求

(1)石块应平砌,每层石料高度应大致一致。外圈定位行和镶面石块,应丁顺相间或两顺一丁排列,砌缝宽度不大于30mm,上、下层竖缝错开距离不小于80mm。

(2)砌体里层平缝宽度不应大于30mm,竖缝宽度不应大于40mm,用小石子混凝土砌筑时不应大于50mm。

4.浆砌粗料石及混凝土预制块的技术要求

(1)砌筑前,应先计算层数,选好料,砌筑时应严格控制平面位置和高度。镶面石应一顺一丁排列,砌缝应横平竖直。砌缝宽度,当为粗料石时不应大于20mm,当为混凝土砌块时不应大于10mm;上、下层竖缝错开距离不应小于100mm,同时在丁石的上层或下层不宜有竖缝。

(2)桥墩破冰棱体镶面的砌筑应符合下列要求:

①破冰棱与垂线的夹角大于20°时,破冰体镶面横缝应垂直于破冰棱;夹角小于等于20°时,镶面横缝可成水平。

②破冰体镶面的砌筑层次应与墩身一致。

③砌缝宽度为10~12mm。

④不得在破冰棱中线上及破冰棱与墩身相交线上设置砌缝。

二、墩台身和盖梁施工阶段检测

(一)检测项目

墩台身和盖梁施工阶段的检测项目除了按试验检测频率对准备阶段的项目进行检测外,还应对表5-43中的项目进行检测。

墩台身和盖梁施工阶段的检测项目　　表5-43

检测项目	采用规程(标准)
钢筋加工及安装质量检测	《公路工程质量检验评定标准(土建工程)》(JTG F80/1—2004)、《金属材料室温拉伸试验方法》(GB 228—2002)、《金属材料弯曲试验方法》(GB/T 232—2010)、《钢筋焊接及验收规范》(JGJ 18—2012)、《公路桥涵施工技术规范》(JTG/T F50—2011)
模板、支架、拱架制作及安装质量检测	《公路桥涵施工技术规范》(JTG/T F50—2011)
混凝土浇筑质量检测	《公路桥涵施工技术规范》(JTG/T F50—2011)、《公路工程水泥及水泥混凝土试验规程》(JTG E30—2005)
砂浆稠度、分层度试验	《砌筑砂浆配合比设计规程》(JGJ/98—2000)、《砖石工程施工及验收规范》(GBJ 203—83)
砂浆抗压强度试验	

(二)检测方法

钢筋加工及安装质量检测、混凝土浇筑质量检测及模板、支架、拱架制作及安装质量检测已在本章第二节中讲述。这里仅介绍有关砂浆的检测方法。

1. 砂浆稠度和分层度试验

(1)目的和适用条件

本方法适用于确定配合比或施工过程中控制砂浆的稠度和使用过程中的保水能力,目的是为了控制用水量,以保证砂浆质量。

(2)仪器设备

①砂浆稠度仪:由试锥、容器和支座三部分组成(图5-30);试锥由钢材或铜材制成,试锥高度为145mm、锥底直径为75mm、试锥连同滑杆的质量应为300g;盛砂浆容器由钢板制成,筒高为180mm,锥底内径为150mm;支座分底座、支架及稠度显示三个部分,由铸铁、钢及其他金属制成。

②钢制捣棒直径10mm、长350mm、端部磨圆。

③秒表、木锤等。

④砂浆分层度仪(图5-31),由金属制成,内径为150mm,上节无底,高度为200mm,下节有底,净高100mm,由连接螺栓在两侧连接,上、下层连接处需加宽到3~5mm,并设有橡胶垫圈。

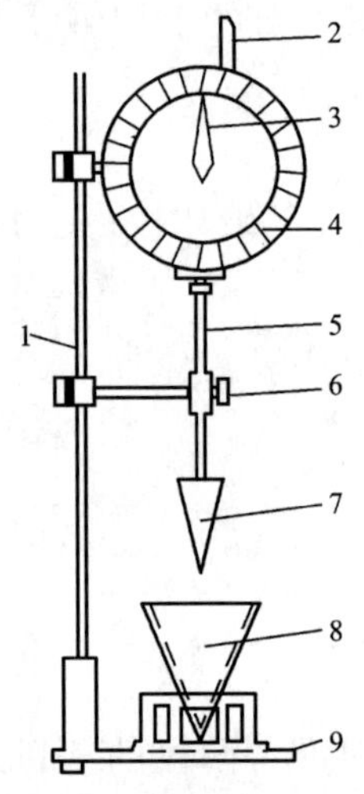

图5-30　砂浆稠度测定仪

1-支架;2-齿条测杆;3-指针;4-刻度盘;5-滑杆;6-制动螺钉;7-试锥;8-盛浆容器;9-底座

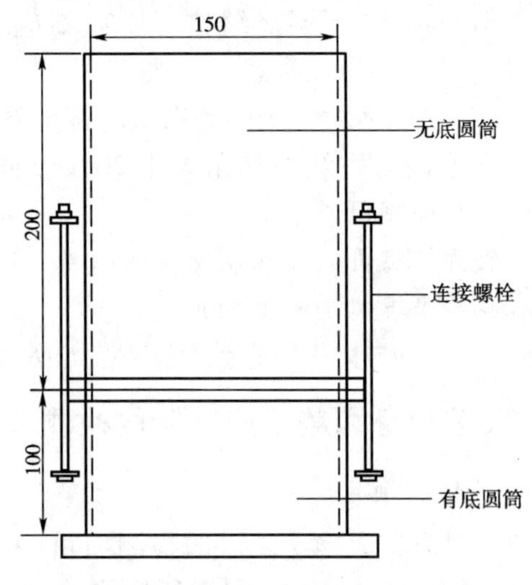

图5-31　砂浆分层度测定仪(尺寸单位:mm)

(3)砂浆的制备

试验室拌制砂浆进行试验时,拌和用的材料要求提前运入室内,试验室的温度应保持在20℃±5℃。试验用水泥和其他原材料应与现场使用材料一致。水泥应通过0.9mm方孔筛,细集料应采用干砂或饱和面干砂,能通过5mm筛,如砖砌体的砂浆用砂,须筛去大于2.5mm颗粒。

如为混合砂浆,需按选好的砂浆配合比,称出各种材料的用量,先在拌锅或拌盘上干拌均匀,在中间做一凹口,将称好的石灰膏或黏土膏倒入凹口中,再倒入一部分水,将石灰膏或黏土膏稀释,然后充分拌和,并逐步加水,直至混合料色泽一致,和易性凭观察符合要求为止,一般须拌和5min 。拌和好之后立即进行稠度测定。

(4)试验步骤

①盛浆容器和试锥表面用湿布擦干净,并用少量润滑油轻擦滑杆,后将滑杆上多余的油

用吸油纸擦净,使滑杆能自由滑动。

②将砂浆拌和物一次装入容器,使砂浆表面低于容器口约10mm,用捣棒自容器中心向边缘插捣25次,然后轻轻地将容器摇动或敲击5~6下,使砂浆表面平整,随后将容器置于稠度测定仪的底座上。

③拧开试锥滑杆的制动螺钉,向下移动滑杆,当试锥尖端与砂浆表面刚好接触时,拧紧制动螺钉,使齿条侧杆下端刚好接触滑杆上端,并将指针对准零点。

④拧开制动螺钉,同时计时间,待10s立即固定螺钉,将齿条测杆下端接触滑杆上端,从刻度盘上读出下沉深度(精确至1mm)即为砂浆的稠度值。

⑤圆锥形容器内的砂浆,只允许测定一次稠度,重复测定时,应重新取样测定。

⑥将测完稠度的砂浆,重新翻拌后一次装入分层度筒内,用木锤在分层度试筒四周距离大致相等的四个不同地方轻击1~2次,如砂浆沉落到分层度筒口以下,应随时添加砂浆,然后刮去多余的砂浆,并用抹刀抹平表面。

⑦静置30min,去掉上面200mm砂浆,剩下100mm砂浆重新拌和后再测其稠度,前后两次稠度差值即为分层度(mm),取两次试验结果的算术平均值为砂浆的分层度值。

(5)试验记录

试验记录格式,见表5-44。

砂浆稠度和分层度试验记录表 表5-44

水泥品种强度等级		砂产地、细度模数		
砂浆配合比	水泥(kg/m^3)	砂(kg/m^3)	水(kg/m^3)	外掺料(kg/m^3)
试验次数	稠度(mm)		分层度(mm)	
	第一次	第二次	第一次	第二次
1				
2				

(6)结果评定

①取两次试验结果的算术平均值,计算值精确至1mm;

②两次试验值之差如大于20mm,则应另取砂浆搅拌后重新测定。

2. 砂浆抗压强度试验

(1)目的和适用条件

本方法测定砂浆立方体的抗压强度,作为评定砂浆质量的一项指标。

(2)仪器设备

①试模为70.7mm×70.7mm×70.7mm的立方体,由铸铁或钢制成,应具有足够的刚度并拆装方便;试模的内表面应机械加工,其不平度应为每100mm不超过0.05mm;组装后各相邻面的不垂直度不应超过±0.5°。

②捣棒:直径10mm、长350mm的钢棒,端部应磨圆。

③压力试验机:采用精度(示值的相对误差)不大于±12%的试验机,其量程应能使试件长期破坏荷载值不小于全量程的20%,也不大于全量程的80%。

④垫板:试验机上、下压板及试件之间可垫以钢垫板,垫板的尺寸应大于试件的承压面,

其不平度应为每100mm不超过0.02mm。

(3)试验步骤

①制作砌筑砂浆试件时,将无底试模放在预先铺有吸水性较好的纸的普通黏土砖上(砖的吸水率不小于10%,含水率不大于20%),试模内壁事先涂刷薄层机油或脱模剂。

②放于砖上的湿纸,应为湿的新闻纸(或其他未黏过胶凝材料的纸),纸的大小要以能盖住砖的四周为准,砖的使用面要求平整,凡砖四个垂直面黏过水泥或其他胶结材料后,不允许再使用。

③向试模内一次注满砂浆,用捣棒均匀由外向里按螺旋方向插捣25次,为了防止低稠度砂浆插捣后,可能留下孔洞,允许用油灰刀沿模壁插数次,使砂浆高出试模顶面6~8mm。

④当砂浆表面开始出现麻斑状态时(约15~30min),将高出部分的砂浆沿试模顶面削去抹平。

⑤试件制作后应在20℃±5℃温度环境下停置一昼夜(24h±2h),当气温较低时,可适当延长时间,但不应超过两昼夜,然后对试件进行编号并拆模;试件拆模后,应在标准养护条件下继续养护至28d,然后进行试压。

⑥标准养护的条件是:水泥混合砂浆温度应为20℃±3℃,相对湿度为60%~80%;水泥砂浆和微沫砂浆温度应为20℃±3℃,相对湿度为90%以上;养护期间,试件彼此间隔不少于10mm。

⑦试件从养护地点取出后,应尽快进行试验,以免试件内部的温度、湿度发生显著变化;试验前先将试件擦拭干净,测量尺寸,并检查其外观;试件尺寸测量精确至1mm,并据此计算试件的承压面积;如实测尺寸与公称尺寸之差不超过1mm,可按公称尺寸进行计算。

⑧将试件安放在试验机的下压板上(或下垫板上),试件的承压面应与成形时的顶面垂直,试件中心应与试验机下压板上(或下垫板)中心对准;开动试验机,当上压板与试件(或上垫板)接近时,调整球座,使接触面均衡受压;承压试验应连续而均匀地加荷,加荷速度应为每秒钟0.5~1.5kN(砂浆强度5MPa及5MPa以下时,取下限为宜,砂浆强度5MPa以上时,取上限为宜),当试件接近破坏而开始迅速变形时,停止调整试验机油门,直至试件破坏,然后记录破坏荷载。

⑨砂浆立方体抗压强度应按式(5-31)计算:

$$f_{m,cu} = \frac{N_u}{A} \tag{5-31}$$

式中:$f_{m,cu}$——砂浆立方体抗压强度,MPa;

N_u——立方体破坏压力,N;

A——试件承压面积,mm^2。

砂浆立方体抗压强度计算应精确至0.1MPa。

以6个试件测值的算术平均值作为该组试件的抗压强度值,平均值计算精确至0.1MPa。

当6个试件的最大值或最小值与平均值的差超过20%时,以中间4个试件的平均值作为该组试件的抗压强度值。

(4)试验记录

砂浆抗压强度试验记录格式见表5-45。

砂浆抗压强度试验记录表 表 5-45

水泥品种强度等级		砂产地、细度模数		
砂浆配合比	水泥（kg/m³）	砂（kg/m³）	水（kg/m³）	外掺料（kg/m³）
试件龄期（d）	试件编号	破坏荷载（N）	受压面积（mm²）	抗压强度（MPa）
	1			
	2			
	3			
	4			
	5			
	6			

（5）砂浆强度评定

①评定水泥砂浆的强度，应以标准养生 28d 的试件为准。试件边长为 70.7mm 的立方体。试件 6 件为 1 组，制取组数应符合下列规定：

a. 不同强度等级及不同配合比的水泥砂浆应分别制取试件，试件应随机制取，不得挑选。

b. 重要及主体砌筑物，每工作班制取 2 组。

c. 一般及次要砌筑物，每工作班可制取 1 组。

d. 拱圈砂浆应同时制取与砌体同条件养生试件，以检查各施工阶段强度。

②水泥砂浆强度的合格标准。

a. 同强度等级试件的平均强度不低于设计强度等级。

b. 任意一组试件的强度最低值不低于设计强度等级的 75%。

③实测项目中，水泥砂浆强度评为不合格时相应分项工程为不合格。

三、墩台身和盖梁质量检验评定

墩台身和盖梁的质量检验评定标准（包括承台）见表 5-46 ~ 表 5-48。

承台的质量检验标准 表 5-46

项 目	允许偏差（mm）	项 目	允许偏差（mm）
混凝土强度等级（MPa）	符合设计要求	平面尺寸	±30
轴线偏位	15	顶面高程	±20

墩台砌体位置及外形尺寸允许偏差 表 5-47

项目		允许偏差（mm）
名称	类别	
轴线偏位		10
墩台宽度与长度	片石	+40，-10
	块石	+30，-10
	粗料石	+20，-10
大面积平整度（2m 直尺检查）	片石	30
	块石	20
	粗料石	10

续上表

项目		允许偏差(mm)
名称	类别	
竖直度或坡度	片石	0.5%H
	块石、粗料石	0.3%H
墩台顶面高程		±10

注:①H 为墩台高度;

②混凝土预制砌体允许偏差可按粗料石标准执行。

墩台安装允许偏差 表 5-48

检查项目	允许偏差(mm)	检查项目	允许偏差(mm)
轴线平面位置	10	倾斜度	0.3%墩、台高,且不大于 20
顶面高程	±10	相邻墩、台柱间距	±5

思考题

1. 地基容许承载力的确定方法有哪些?
2. 按桥梁规范确定地基承载力时,满足什么条件才可以提高容许承载力?
3. 如何用桥梁规范方法确定一般黏性土和砂土地基承载力? 各需要哪些物理指标?
4. 如何用荷载板试验绘制的 P-S 曲线确定地基承载力容许值?
5. 试描述地基在荷载作用下达到破坏状态的过程中 3 个阶段的特点。
6. 荷载板试验过程中出现哪些现象时,即认为土体已达极限状态?
7. 标准贯入试验所需要的设备有哪些? 试描述其试验方法步骤。
8. 标准贯入试验适用于什么场合? 可做哪些内容的测试?
9. 钻孔灌注桩施工过程中需要检测哪些项目?
10. 简述泥浆性能各指标的检测方法。
11. 如何检测钻孔灌注桩孔底沉淀土的厚度?
12. 试描述灌注桩完整性检测方法。
13. 简述基桩静荷载试验的原理和测试主要内容。
14. 用静载法检测单桩的垂直承载力时,对基准桩的设置要求有哪些?
15. 简述凯斯法判定单桩极限承载力的基本原理。
16. 利用实测应力波如何分析桩身缺陷?
17. 声测管的选择与预埋应注意哪些事项?
18. 如何利用超声脉冲法检测基桩完整性? 如何判断桩身缺陷?

参 考 文 献

[1] 中华人民共和国行业标准. JTG/T F50—2011 公路桥涵施工技术规范[S]. 北京:人民交通出版社,2011.

[2] 中华人民共和国行业标准. JTG F80/1—2004 公路工程质量检验评定标准[S]. 北京:人民交通出版社,2004.

[3] 中华人民共和国行业标准. JTG D62—2004 公路钢筋混凝土及预应力混凝土桥涵设计规范[S]. 北京:人民交通出版社,2004.

[4] 中华人民共和国行业标准. JTG D61—2005 公路圬工桥涵设计规范[S]. 北京:人民交通出版社,2005.

[5] 中华人民共和国行业标准. JTG D63—2007 公路桥涵地基与基础设计规范[S]. 北京:人民交通出版社,2007.

[6] 中华人民共和国行业标准. JTG/T F81 - 01—2004 公路工程基桩动测技术规程[S]. 北京:人民交通出版社,2004.

[7] 李辅元. 桥梁工程[M]. 北京:人民交通出版社,2005.

[8] 罗建华,付润生. 桥梁施工技术[M]. 成都:西南交通大学出版社,2009.

[9] 匡希龙. 桥涵施工[M]. 成都:西南交通大学出版社,2008.

[10] 王晓谋. 基础工程[M]. 北京:人民交通出版社,2003.

[11] 周先雁,王解军. 桥梁工程[M]. 北京:北京大学出版社,2008.

[12] 黄绳武. 桥梁施工及组织管理[M]. 北京:人民交通出版社,2000.

[13] 肖建平. 桥梁工程施工[M]. 北京:机械工业出版社,2007.

[14] 于忠涛,桑海军. 桥梁下部结构施工[M]. 北京:人民交通出版社,2010.

[15] 金桃,张美珍. 公路工程检测技术[M]. 北京:人民交通出版社,2009.

[16] 张宇峰,朱晓文. 桥梁工程试验检测技术手册[M]. 北京:人民交通出版社,2009.

[17] 刑世建. 道路与桥梁工程试验检测技术[M]. 重庆:重庆大学出版社,2005.

[18] 罗旗帜. 桥梁工程[M]. 广州:华南理工大学出版社,2006.

[19] 白宝玉. 桥梁工程[M]. 北京:高等教育出版社,2005.

[20] 张辉. 桥梁下部施工技术[M]. 北京:人民交通出版社,2011.

[21] 朱芳芳. 桥涵工程检测技术[M]. 北京:人民交通出版社,2010.

参考文献